LYNCH

Jürgen Lodemann

LYNCH

Eine wahre Begebenheit aus Irland

Roman

Büchergilde Gutenberg

Inhalt

Es war im Sommer des Jahres 1550,
am Westrand Europas,
in der irischen Hafenstadt Galway –

Vorabend

Patrick Lynch, der Junge mit dem dicken gelben Haar, legte sich einen neuen Schenkel zwischen die Zähne, sog und schlotzte das Fleisch und sah, daß Kirwan, der Priester, wenn er sich zu Lady Lynch hinüberbeugte, seine Finger, als müsse er sich aufstützen, auf Cousine Julias Knie drückte. Pat sah sich das an, zog sich das wippende Knöchelchen aus den Lippen, hielt es eine Weile zwischen Daumen und Zeigefinger still vor sich hin, warf es dann wie einen lästigen Gedanken fort, über die Schulter, hinter sich in den Raum. Betrachtete das Wasser an Priester Kirwans Kinn, ließ sich das seidenweiche Fleisch im Mund zergehen und zum Gaumen rutschen und hörte am Geheul und Gefiepe hinter sich, daß auch die Köter Geschmack fanden an der Mahlzeit.

Schaufelte sich einen frischen Haufen Schalentiere aus dem Kessel und sagte sich, daß Mutter Mary nun doch zu kurzsichtig geworden sei, als daß sie noch erfolgreich Lynchs Abendtafel hätte überwachen können. Früher wären verfrühte Übergriffe von Geistlichen und Sippenhäuptlingen und anderen Gevattern von Mary Lynch mit Knurrlauten gestoppt worden, und lächelnd hätte sie dann ihre Unterhaltung fortgesetzt. Inzwischen lächelte sie, fast blind, nur noch, ermunterte lächelnd den Priester Kirwan zu weiterem Geschwätz und sah weder dessen Finger zwischen Julias Röcken noch das Treiben am unteren Ende des Tisches.

Dort war man zwar ebenfalls der Meinung, es werde Zeit, daß Walter Lynch wieder heimkehrte und für Ordnung sorgte, aber man hielt sich wenig an solche Einsichten, goß Wein im gewohnten Unmaß durch die Gurgeln, verschüttete kostbaren spanischen Roten, machte lautstark Aufhebens von der Menge der Wildkeulen, Geflügelschlegel und Schenkelhaufen, die man verspeist zu haben vorgab, beteuerte einander, wie wenig man vom anderen hielt, im einzelnen wie im ganzen, ermunterte sich zwischendurch freundschaftlich, schneller zu stopfen und zu drücken, damit die nächstens heimkehrenden Spanienfahrer vom Besseren weniger vorfänden, und lallte sich Grobheiten vor den Freßlatz, scheinbar Beleidigungen, und versprach sich greifstarke Nachspiele nebenan im Badehaus. Als Betty, die volle Frau, über ein solches Angebot ihres Schwagers George kräftig kreischte und es sich anhörte, als meinte sie das abfällig, da sprang dieser fleischdurstige George auf den Tisch und wollte eben mit einer Gebärde, wie sie nur dem alten Walter Lynch zugestanden hätte, von oben herab eine Rede halten, als Mutter Lynch, ohne mit Lächeln aufzuhören, ihren Kopf hob: »George, ich sehe zwar nur noch wenig, aber dafür höre ich um so peinlicher, was für Reden Du mit den Frauen führst.«

Da grinsten die Tafelfreunde schadenfroh, sogar Frederic Fitzpatrick, der Sänger, verzog den tieferen seiner Mundwinkel. »Und«, fuhr Mary fort, »am Wackeln der Tischplatte spüre ich, wie Du unsere guten Abendsitten mit Füßen trittst. Komm auf den Boden, Junge.«

»Verehrte Mary«, widersprach George, dem noch nie niederstädtische Maulfäule aus dem Hals geschwiegen hatte, »was heißt hier ›gute Abendsitten‹, wenn wir hier seit zwei Stunden tafeln und Fitzpatrick noch immer nicht sein Gebet gesungen hat.«

Für diese kluge Ablenkrede bekam der auf dem Tisch Ertappte doch auch wieder Beifall, »Jawohl!« jaulte die Runde und »Fitzpatrick!« grölte es kommandostark, »weiß der Geier, George hat recht, wo bleibt der Sänger Frederic!« hieß es aus lauten Hälsen.

»Hörst Du, Frederic? Du bist dran!« schrie George, die Füße noch immer zwischen Schüsseln und Kesseln. »Und Du auch!« meinte er, stakste zwei rumpelige Schritte weiter vor, daß Teller und Messer hüpften, fiel auf die Knie, daß die Tafel bebte, beugte sich über die volle Betty und griff sich mit Ruder- und Küferklauen ihre Brust, die linke, weil an ihrer rechten ihre Piepsie saugte, und drückte sein Maul so breit auf die weiße Masse, daß Schwägerin Betty nach Luft schnappte, als müsse sie niesen. George gab nicht nach, Betty bog sich hoch und ließ einen solchen Schrei explodieren, daß die Hunde in der Halle jaulten und manch einer meinte, die Deckenbalken, da sie auch jetzt nicht herunterkämen, seien aus gutem Holz.

Zu diesem Spaß rutschte die Priesterhand auf dem Schenkel des Fräuleins ein Stückchen weiter nach innen, und Mary Lynch erkundigte sich bei ihrem Pat: »Sohn, ich vermute, George benimmt sich unziemlich?« – »Ich vermute, er benimmt sich lustig«, antwortete der Sohn und betrachtete interessiert die Gabel, mit der neben Mary der Pater Gonzales einen

Hähnchenschlegel zu zerteilen und zu essen verstand, dem Gast aus Malaga gelang das, mit Sorgfalt und mit Anstand.

George war zurückgesprungen auf seinen Platz, Betty verstaute ihre Massen, Piepsie hatte nicht aufgehört zu saugen, und Frederic Fitzpatrick stand schon da. Bevor der Sänger aber den Mund auftun konnte, hörten Pat und alle anderen, wie sich Pater Ricardo Gonzales, der Gabelkünstler, an Mary Lynch wandte: »Ihr seid die Herrin dieses Hauses und Euer Vorname ist derjenige der Gottesmutter. Noch nie sang in Lynch's Castle irgend jemand ein Lied zu Ehren der Maria.« Ehe Mary hätte antworten können, hatte Frederic Fitzpatrick seinen Mund tatsächlich aufbekommen und hatte etwas geredet, was sich höchstens einmal pro Woche ereignete. Diesmal sagte er: »Also singe ich von Maria.«

Der krumme Frederic, dessen schiefe Figur statt eines ordentlich gerundeten Kopfes die Krone der Schiefheit trug, wollte von Maria singen? Etliche Male schienen sich seine Linien von Kinn und Backen, von Stirn und Nacken zu überlegen, welche Richtung sie endgültig einschlagen sollten, immer wieder wählten sie eine überraschend andere. Jetzt stand er da, der alte, der winkelreiche Frederic Fitzpatrick, mit seinem roten Fleck über dem linken Backenknochen, riß sein Maul auseinander, heulte auf und sang.

Pat, der gelbe Junge, hörte unterdessen nicht auf, an Krebsscheren zu nagen, neben ihm schaute seine Mutter Mary lächelnd in sich hinein, unten kippte George sich Malaga nach, und Pater Ricardo aus Spanien tat weiter so, als säße außer ihm und Mary niemand an Lynchs Tafel. Kirwan, der Kirchenbruder, besprach stumm den Schoß seiner Nachbarin Julia, die jedoch stierte auf die edlen Züge des spanischen Paters. Gut besorgt's ihr Kirwan, sagte sich Pat und hatte deutliche und immer schönere Bilder seiner Agnes Joyes vor Augen.

Frederic, mit knäbischer Nasenstimme, hatte begonnen.

Vor Zeiten, Freunde, da gab es zwei Brüder,
in Galway gab's die, und zwar, ich meine,
James war der Große, mit dem ging es nieder,
und John, tatsächlich, so schlicht hieß der Kleine.
Maria, was hattest Du vor mit den beiden?

Diese Frage beschäftigte auf der Stelle die gesamte Runde und wurde vielstimmig nachgesungen. Der Krumme tat solange seine Nase in den Becher, ihre Fliederfarbe machte deutlich, daß er sie oft hineingetunkt hatte.

»Wo bleibt der Gnom!« schrie George. Unbeirrt sang Fitzpatrick weiter:

Der Vater, der liebte James, den Großen,
dem vermachte er Handel und Haus und Grund.
Den mickrigen John hat zwar keiner verstoßen,
doch bekam er die Klitsche mit Stroh von dem Hund.
Maria, was hattest Du vor mit den beiden?

Jetzt fragten alle schon gleich beim ersten Mal, was Maria mit diesen verschieden ausgestatteten Brüdern im Sinn hatte, und Fitzpatrick, vom Nachgesang entlastet, nutzte die längere Pause zu einem doppelten Zug aus dem Topf, den er, als die Tafelbrüder den Kehrreim zu Ende geschafft hatten, der Nachbarin Betty hinschob zum Nachfüllen. Die Stimmung war gut. Zwar Pater Ricardo, zwischen Pat und George sitzend, aufrecht wie ein Grabkreuz, der verzog noch immer keine Miene, aber er hatte das schöne Gesicht nun erhoben, von seiner Gabel weg blickte er zum singenden Gegenüber, und am Auf- und Zugehen seines feinen Mundes war zu erkennen, daß er den Refrain mitsingen wollte, was lange nicht vorgekommen war bei Frederics Liedern mit ihren zweifelhaften Bedeutungen und Schlüssen. Mochte sein, die Anrufung der Maria hatten den dünnen dunklen Mann in so leichtsinnige Stimmung gehoben.

Wer nahm ein Weib und kriegte zwölf Kinder?
John war's und kriegte sie selten satt.
Allmählich verreckten ihm Rinder und Kinder,
doch James, der war der Lord in der Stadt.
Maria, was hattest Du vor mit den beiden?

Nun sang auch Don Ricardo den Schluß sofort mit, und Julia, die glasige, schlug gar ein Kreuz – wie würde das wieder enden? Ungut, sicherlich. Fragte sich nur, ob mit dem reichen James oder mit dem armen John. Georges Mutter, die alte Blake am unteren Tafelende, die tuschelte aufgeregt in ihres Gemahls Miesmuschelohren. Offenbar hatte sie Fitzpatricks Abendlied schon durchschaut, Frommes kam da nur selten heraus.

»Wo bleibt der Gnom!« brüllte George wieder, rief das diesmal an die Hallendecke, ließ das achtlos an die Balken schallen, weil er mit einer Antwort gar nicht rechnete. Aber nach dem Gnom mußte er rufen, das verlangte sein Ruf als Maulheld.

Früh trieb der John sein letztes Rind
durch das Moor in die Stadt. Warum früh, fragt Ihr?
Weil am Markt dann erst wenige Viecher sind,
da bekommt man vernünftige Preise dafür.
Maria, was hattest Du vor mit den beiden?

Pat Lynch traute immer weniger seinen Augen, Julias glubschiger Blick galt Pater Ricardo. Statt den einheimischen saftigen Kirwan, der ihr den guten Griff machte, statt sich an den zu halten, versenkte sich diese Cousine in die südländische Fratze, zum Henker, mit trübem Kalbsglanz in den Augen.

Früh kam auch der Gnom durch den Nebel ins Moor,
der lockte den John, bot ein Faß für das Rind.
Da zauberst Du was Du willst draus hervor,
ob Reichtum, ob Glück, ob Gesundheit fürs Kind!
Maria, was hattest Du vor mit den beiden!

Pat mochte sich gar nicht beruhigen bei Julias Anblick und vergaß, den Kehrreim mitzuheulen. Den einen walken lassen, dem anderen sich auftun? Rätselhaft fand er diese halbgare Blake, schleunigst hinüber mußte er zu seiner Agnes, die wartete längst, er sah ihre hellen Augen und überhörte fast, wie gut es inzwischen dem armen John erging:

Der John, der griff zu, rollt' nach Hause das Faß
und lebte vergnügt und in gnomischen Freuden.
Doch der James bekam Wind. Den störte der Spaß,
der konnte Vergnügen bei anderen nie leiden.
Maria, was hattest Du vor mit den beiden?

»Fitzpatrick!« schrie nun wieder George, »wie fühlst Du Dich, seit Du in Galway der Henker bist?« Keine Antwort kam, kein Kommentar, das war auch besser so, zu ergriffen war die Runde vom Lied über die feindlichen Brüder, zu neugierig, wie's weiterging mit dem großen James und dem kleinen John und mit dem Faß, als daß sich jemand an Frederics neue alte Aufgabe erinnern lassen wollte. Wie's denn wäre, hatte George damals den Richter Lynch gefragt, als das neue Galway-Gesetz heraus war, wer denn, wenn's wirklich mal römisch-rechtlicher Ernst werden sollte, wer denn dann diese scheußliche Sache ausführen würde. »Wozu haben wir unseren Frederic«, hatte Lynch gemurmelt. Der sei schon immer für so etwas dagewesen, und Lynch hatte an die Geschichte vom Köhler David Gallagher erinnert, der vor fünfundfünfzig Jahren tatsächlich aufgehängt worden war in Galway, vorm Osttor. Und von wem? »Für sowas hatten wir schon immer unseren Frederic.«

Frederic Fitzpatrick, der winselte jetzt schwermütig seine Geschichte vom neidischen reichen James:

James handelte hoch und stapelte tief,
der bot unserm John halb Galway vor Haß,
doch erst als der James mit Johns Eheweib schlief,
da wußte er alles vom Gnom und vom Faß.
Maria, was hattest Du vor mit den beiden?

Fitzpatrick kam nun zum Schluß. Er trat nämlich hinter seinen Stuhl, was er immer tat vor der letzten Strophe, das wußte man hier so gut, daß Mutter Blake ihres Mannes Miesmuschelohren endlich in Ruhe ließ und daß sogar Julia ihren Blick von Don

Ricardo losmachte und sorgenvoll den krummen Sänger betrachtete, ein Kreuz schlagend.

Früh trieb auch der James ein Rind durch das Moor.
Und der Gnom gab auch ihm zum Zaubern ein Faß.
Doch sprangen elf Gnome daraus hervor,
die erschlugen den herrlichen James im Gras –
Maria, das hattest Du vor mit den beiden!

»Maria!« freuten sich da die Lynchs und die Blakes samt ihrem Priester, nur Ricardo blieb still, die anderen lehnten sich behaglich zurück, zufrieden, daß Maria wieder für Gerechtigkeit gesorgt hatte, man rülpste, gähnte, Pater Ricardo erhob sich, verbeugte sich stumm zur Lynchmutter, als würde sie was davon sehen, der Spanier hielt auch in liederlichen Stunden korrekte Formen ein, mochte das immerhin die himmlische Mary bemerken.

Pat und George sahen ihm nach, wie er gezirkelten Schritts aus der Halle ging. So gestochen und gerade setzte er die zierlichen Beine zwischen die verdauenden Hundebälger, daß George herausprusten mußte, aber stören ließ sich der Spanier davon nicht, anmutig vollendete der sein Schreitwerk, George lachte um so respektloser, sprang auf und zog seine Schwägerin vom Stuhl, stemmte die samt Piepsie vor sich her in Richtung Badehaus. Während die anderen dem quietschenden Strampelgespann nachblickten und auch Priester Kirwan sich am Tisch nicht länger aufhalten mochte und hinterdrein schwankte, dorthin, wo es plumpste und spritzte, unterredete sich Pat mit seiner Mutter. »Mutter«, sagte er, »erlaube, daß ich zu Pater Ricardo geh, ins Kapellenhaus, spanischen Unterricht zu nehmen.«

Ob Ricardo denn schon jetzt gehen, nicht lieber noch ein bißchen weiterfeiern wollte, fragte Mary, bedauernswert blind. – »Er ist weg, eben jetzt, als erster hat er sich von Dir verabschiedet«, sagte Pat und blickte zum anderen Tafelende, um zu sehen, wohin dort jetzt Mutter Blake und ihr Mann tappten, ja, ebenfalls hinter George und Betty drein, allesamt ins Badehaus, Dampf und Geschrei drangen aus der aufgestoßenen Tür, und Julia, die grüne Glasige: »Dann gehe auch ich«, säuselte sie zu Mary Lynch hinüber, stand auf, ging aber nicht etwa ins Badehaus zu ihren Eltern und ihrem Bruder, sondern stakste auf gezwirbelten Weinbeinen hinüber in die ganz andere Richtung, zum Hof hin, als sei sie es, die in Don Ricardos Kapellenhaus spanischen Unterricht zu nehmen hätte.

Frederic Fitzpatrick, außer den beiden Lynchs nun der letzte am Tisch, dem war das alles einigermaßen egal, der achtete auf keine Zwirbelbeine und auf keine Dampfschreie, der Sänger und Henker sah weder auf diesen noch jenen Umtrieb mit Geistlichen oder mit Schwägerinnen, sondern zog sich die Weinkanne an seinen Platz, damit sie nicht von Ann und ihren Küchenvetteln fortgeschleppt würde, zog sie heran, hängte sein falten- und winkelreiches Gesicht in den Bottich und soff sich neue Gnomenkräfte an.

»Dann geh nur, mein Jungchen«, lächelte Mary, »geh nur, Dein Vater wird sich freuen, wenn Du Dich mit Juan sofort gut unterhalten kannst, obwohl ich vermute, daß er das Englische beherrscht. Solltest Du aber, wie ich manchmal vermute, gar nicht zu Don Ricardo wollen, sondern zu –«, zog nun ihren Sohn so dicht zu sich heran, daß der saufende Frederic den Namen nicht würde verstehen können, den sie jetzt nannte, »– so will ich Dir nur sagen: Dein Herz magst Du elfmal riskieren. Doch niemals den Kopf verlieren.«

Pat nickte heftig, schlich sich hinaus, mit den Hunden zusammen in den Hof, am Kapellenhaus und an Fitzpatricks Kerker vorbei. Schon drei Jahre stand der graue Turm leer. Was scherte das ihn, den guten gelben Jungen. Der gab, weil er fast über ihn gestolpert wäre, einem schenkelverfressenen Köter einen Tritt, daß der schniefend hinters Kapellenhaus sprang.

Pat Lynch roch lieber die Mondnacht, den lauen Wind, Südwind war das, sprang mit dem Südwind über die Mauer auf die Hinterstraße, die zum Joyes-Haus hinunterführte, am stinkigen Bach entlang. Wie dieser Drecksbach heute so silbrig leuchtete. Heute, an einem Dienstag. Ekelhaft schön gluckerte der zwischen bleichen Schädelsteinen hinunter, tat edel und elfengrau. Dabei durfte in den nur donnerstags nicht geschissen werden, weil donnerstags in Galway noch immer gebraut wurde, nach altverteidigtem Vorrecht des Bierbrauers Douglas O'Donnoghue.

Was wußten von solchen Vorschriften Mond und Wasser, das Bachwasser gurgelte in sich herum und zerspiegelte den alten himmlischen Freund, zersplitterte den Nachtwächter dort oben hier unten zu hundert Lichterchen und ließ das Silbrige neben Pat zwischen den Steinen mit hinunterspringen, sah zu, daß es abwärtstrieb, wie Lynch.

Wie er so die Hinterstraße hinunterstolperte, die alte Abbeygate-Street Richtung Bowling Green, dem Corrib zu, da raunzten ihn aus der Ecke an O'Brians Schafstall einige Großväterchen an. Die hatten sich von zu Hause weggedrückt und sich's gemütlich gemacht hier in der Ecke, bei der warmen Nacht, ein Feuerchen zündelten die mit Holz und Torf, um zu räuchern und Bier zu bechern und über die neuen Zeiten zu grumbeln, und wie sie so gerade mittendrin waren im vorsichtigen oder frechen Gemäkel über Gott und Lynch und die Galwaywelt, gerade da kam Pat vorbei, der Kronprinz, na, da konnten sie den schlecht vorbeilaufen lassen und so tun, als wären sie gar nicht hier, nein, da hieß es: Komm her, Söhnchen, setz Dich zu uns, Jungchen, schau, da ist noch ein Becher, aus dem hat schon der Donnoghue getrunken, aber der mußte zu seinen Kesseln oder wer weiß, wohin er mußte.

»Nicht wahr, da staunst Du, daß wir mitten in der Nacht noch hier draußen rumsitzen?« – »Hoher Besuch«, knurrte MacBride. – »Und Du? So spät noch?« wollte O'Flaherty Genaueres wissen. – »Laßt Euch nicht stören. Guten Appetit.« – »Rendezvous, nicht wahr?« – »Zur Bucht. Schauen, ob sie vielleicht schon zu sehen sind, im Mondlicht, unsere Spanier.« – »Das würde gemeldet. Mit Geschrei. Keine Sorge.«

Die alten Knaben hatten sich aus Mauersteinen einen Ofen gesetzt, kniehoch nur, aber das reichte, um unten Holz und Torf einzulegen und rauchen zu lassen und um oben Heringe in den Qualm zu hängen, auf Weidenstöcke gespießt, gerade war wieder eine Runde fertig, da sollte er mal probieren, wurscht, ob er schon gegessen hätte, so gute frisch geräucherte bekäme er so bald nicht wieder, jedenfalls nicht in Galway, knurrte MacBride, und Märchenmann O'Brian nickte dazu und Gott sei Dank, übers Essen und übers Trinken hatte man was zu reden mit dem jungen Lynch.

»Nimm von unserm Hering«, sagte O'Brian. – »Danke, hab reichlich gegessen.«

»Aber trinken kann man immer, frisch gebraut vom O'Donnoghue.« O'Flaherty bot nochmal den Becher. MacBride aber wußte: »Ist ihm nicht gut genug. Bier und Hering. Dem Engländer.« – »Weil ich satt bin, bin ich Engländer?« – »Die Lynchs, die Joyes, die Blakes, sie alle bleiben Engländer.« – »Wie lange? Fünfhundert Jahre? Tausend?« – Dann nahm Pat aber den Becher und trank das Dunkle, nicht ungern.

Trank und schaute sich die alten Köpfe an, wie ihre Gesichter leuchteten vom Mond und ab und an vom Öfchen her, wenn der Deckelstein vom Feuer genommen wurde, wie da der Flammenschein über sie sprang und die wäßrigen Augen blitzten. Diese Nölpötte musterten umgekehrt auch den Junior sehr genau, als ahnten sie, wohin es den zog, jetzt noch in der Nacht, aber nein, da hätten sie erst recht zu maunzen gehabt und wären sie nicht auf ihre verknurrte Art so freundlich geblieben.

»Schönes Plätzchen habt Ihr.«

»Ja, ja«, seufzte O'Flaherty. Und der Rundkopf und Märchenerzähler O'Brian erläuterte: »Man sieht die Bucht. Das ist das wichtigste.«

In der Tat, fern über O'Brians Schafdach glitzerte es. Nachtwächters Silberlicht goß sich über die Galway-Bucht und hob den Black Head dahinten dunkel heraus, wie einen riesigen Gnomenbuckel. Und rechts sah man den Mount Golgatha. Das Wassergeglitze weckte den alten Jammer in den Bierköpfen. Und schon war's MacBride, der das nicht mehr zurückhalten mochte, nach einem Schluck aus dem Krug.

»Patrick Lynch«, holte Patrick MacBride bedeutsam aus, und weise und aufdringlich machte er weiter: »Unter Deinem großen Vater mag Galway blühen, mag es wachsen wie es will, er weiß trotzdem nicht, was er damit anrichtet. Du hörst es nicht gerne, aber hören solltest Du's. Rechtzeitig. In jungen Jahren mußt Du es begreifen, nicht erst, wenn alles ins Wasser gegangen ist. Wenn Dein Vater Dich zum Obersten gemacht hat hier, und das wird er tun eines Tages, schüttel nicht den Kopf, das wäre der erste Lynch, der das nicht versucht und das wäre der letzte, der das nicht geschafft hätte.«

Nach so viel Rede war Großvater MacBride die Kehle trockengelaufen, er schüttete sich nach, ächzte, hustete, fand aber die weiteren Worte nicht mehr. Mit blanken Mondaugen schielte er hinter sich, und darauf hatte der listige O'Flaherty, der rotglühende Vielweibermann, nur gelauert, ohne Zögern und langes Einleiten konnte der einspringen und fortsetzen: »Pat, hier beim Feuer, zur Totenstunde, da sagen wir Dir's offen – auch ohne daß erst Fee Banchee ihre Rufe hören lassen muß, die Todesfee – bevor Dein Vater heimkehrt, morgen oder den Tag drauf, schon jetzt sagen wir es Dir in aller Deutlichkeit, und uns verrackerten Alten kann keiner eine Wahrheit krummnehmen, wir liegen ohnehin bald unterm Hügel –«

»Nun sag's ihm schon«, brummte O'Brian.

»Teufel, laß mich ausreden«, giftete O'Flaherty, »schenk lieber dem Jungen nach. Was ich sagen wollte – es ist ein Affenleben in Galway. Und zwar seitdem wir Deinen Vater, der, Gott sei's geklagt, ein Ausbund ist an Vernunft, spätestens, seit wir den alles richten und regieren lassen. Ich weiß, was Du sagen willst, Pat, Du willst sagen, aber es geht uns doch gut, willst Du sagen, ja, besser als je zuvor geht es uns, in der Tat, es geht uns kurios, so toll geht es uns, daß jeden Morgen Euer Fitzpatrick nur eine von Eueren Hausvetteln rausjagen muß, damit sie bei uns zur Küchentür reinschreien kann, Graf Cluricaun auf Killmanroy oder sonst ein Adelssack hinter den Bergen brauche zwei Faß vom Einunddreißiger und zwar sofort, dann sucht man nicht lang und denkt nicht groß an unsere frühere Fahrensfreiheit, dann müssen wir ran, dann ist mein Sohn Edward oder die Söhne O'Brian oder Sohn MacBride gerade in wichtigen Soldatengeschäften unterwegs oder sie segeln um Andalusien herum, kurzes Elend: Ich alter Flann O'Flaherty und Du MacBride und Du oller Märchenmann William, wir sind dann dran. Großvater selber schirrt die Gäule vor und macht den Fuhrknecht für Väterchen Walters Goldenes Galway – na, ist es nicht so?«

»Es ist so«, bruddelte William O'Brian. – »Und man kann sagen, was immer, Engländer bleiben sie«, knurrte MacBride. – »So ist es«, befand O'Flaherty, »selbst wenn die Lynchs und die Blakes und die Joyes und die Skerretts, selbst wenn die noch weitere hundert Jahre spanische Schwimmpaläste bauen und am Ende aus Galway ein neues Rom machen.«

»Selbst dann bleiben sie Engländer.«

»Protestanten«, sagte MacBride. »Papst-Verräter.«

»Die alles Irische für barbarisch halten«, wußte O'Brian.

»Und lassen uns alte Fischer schuften wie Sklaven, als Fuhrknechte. Als Drecksarbeiter«, sagte MacBride.

O'Flaherty freilich meinte: »Das hat auch sein Gutes.«

»Wieso, Dummbeutel«, kodderte MacBride.

Flann ließ sich nicht aus der Ruhe bringen. »Ich sage, was Gutes hat es trotzdem. Die Sitten sind netter geworden, die Frauen und die Priester fröhlicher. Das Essen besser, die Häuser gemütlicher und regendicht.«

»Das stimmt«, gab O'Brian zu.

»Ist aber kein Trost dafür, daß wir Fuhrknechte sind.«

»Handelsknechte.«

»Das nennt Lynch: Galway aus dem Schlaf reißen.«

»Wehe, säh meine Mutter, für wen ich rackere, nach wessen Kommando.«

»Sie sieht es«, zischte MacBride.

»Im Fegefeuer sieht sie es«, bestätigte O'Brian, »und dort fegt sie Dir, sobald Du kommst, das Fell. Wirst sehen.«

Dann lenkte wieder Flann O'Flaherty seine blitzigen Wasseraugen auf Lynch junior und jaulte: »Du meinst, ob wir nun unsere Segelhooker über die Fischgründe steuern oder aber Faßfuhren in die Grafschaften, das sei gleich, wie?«

Pat zog es vor, nicht zu antworten und nickte nur. Wenn er doch endlich wegkönnte von diesen Brummbeißern, drüben wartete Agnes. Er konnte ihr Fenster von hier aus sehen, dahinter schien noch Licht, oder? Aus dem Schatten seines Räucherwinkels beugte sich jetzt noch einmal O'Flaherty vor, zeigte sein feuerrotes Triefgesicht und tätschelte Pats Schulter, gönnerhaft, der listige Vielvater O'Flaherty, dessen Familiensinn in Galway einen bedeutenden Ruf genoß, zumal bei den Frauen. Erzählten sie sich doch bis hinunter nach Limerick, daß O'Flaherty auch Isobella, die Schwester seiner Frau, verheiratet mit seinem Sohn Edward, mit drei Buben versehen hatte, alle drei mit der Neigung zu feuerroten Gesichtern und sämtlich, Frauen wie Kinder, gut versorgt in seinem Hause lebend, unten am Hafen, an der Grenze zum Claddagh, zur irischen Niederstadt.

O'Flahertys Familiensinn berechtigte ihn wohl zu altväterlichem Handauflegen, wenn auch kaum zu den Worten, die er jetzt meckerte: »Dein Alterchen Walterchen, der ist gewiß der Klügste zwischen Connemara und Dingle, nur – weißt Du, Pat, ich mache mir herzlich wenig aus ihm, und das ist die Wahrheit!« Zog die Hand zurück, rückte und ruckelte seine krummen Hüften zurecht und ließ zum Wort »Wahrheit« einen lang klagenden Arschwind in die Nacht, einen so traurigen und innigen, daß MacBride kopfnickend und lächelnd zugestehen mußte, Flann O'Flaherty habe trotz seiner ungehobelten Sitten in den meisten Fällen durchaus recht. O'Brian hingegen meinte: »Wahrheit? Die hängt bekanntlich ab von der Menge der Drinks in unserm Hirn.«

»Du hast es nie erlebt«, nörgelte wieder MacBride, »und darum kann man's Dir auch gar nicht verdenken, daß Du keine Ahnung hast. Du weißt nicht, was das heißt, eigener Herr sein auf eigenem Pott. Nicht gesteuert werden, sondern selber steuern. Selber bestimmen, wann und wohin die Reise geht.«

»Gott, es reicht«, mahnte O'Brian, »was kann das Jungchen dafür.«

»Am Ende ist das Jungchen ein Alterchen wie alle anderen Lynchs zuvor«, fauchte Flann O'Flaherty.

»Laßt ihn«, bat William O'Brian wieder. »Sind wir denn nicht selber Idioten? Seit der Kronprinz neben uns hockt, reden wir nicht mehr irisch, sondern englisch. Wir Idioten. Verwechseln Bierschaum mit Hirn.«

Pat schaute sich um. »Mein Vater hat im neuen Galway-Gesetz beide Sprachen anerkennen lassen. Sprecht über all das mit meinem Vater – ich muß heim. Und –«, er stand auf, »das frisch Gebraute ist tatsächlich gut, von dem versteht Ihr was.« Und ging davon, freute sich, daß er es ihnen gesteckt hatte, den Quengelbolden und Nörgelkrautern, ein Glück, da waren sie baff und bekamen in der Eile kein Wort mehr auf die zerfransten Lippen.

Weg war er, Pat Lynch, der ›Kronprinz‹, und hatte allerdings wieder die Richtung nach Hause nehmen müssen, denn die Mäkelväter durften natürlich erst recht nichts spitzkriegen von seinem Drang ins Joyes-Gelände. »Pat!« hatte ihn der Vater vor der Abreise an die Seite genommen, »ich bemerke mit Freuden, wie Du mit Agnes stehst.« – »Woher weißt Du das«, hatte er sich entrüstet und damit erst recht alles verraten, so daß sein Vater sein weises Lächeln zeigen konnte: »Sei auf der Hut, laß es vorerst niemanden merken.« – »Warum?« – »Weil die Joyes, neben den Blakes und nach uns, naja, das weißt Du doch, daß sie gut gestellt sind. Wenn rauskommt, daß Du und Agnes – Stadtpolitik laß lieber mich machen, warte, bis ich zurück bin, solange weck mir die schlafenden Hunde nicht und keine Haie.«

An diese Bitte hatte Pat ständig zu denken, auch jetzt, als er hinter O'Brians Anwesen über die Mauer ins sumpfige Schweinefeld springen mußte, das zum Glück nach der langen Dürre trocken lag, er kam durch, ohne daß ihm die Schuhe steckenblieben.

Vorm Garten der Joyes lag die nächste Mauer, schimmerte im blassen Licht, immerhin schien der

Mond hell genug, oben auf den Kanten war jeder Wackelstein genau zu erkennen. Pat balancierte drüberhin, zwischen Garten und Hof, auf das Haus zu. Unten im Joyes-Saal war noch Licht, oben, das Fenster zu ihrer Kammer, wenn das Mondlicht nicht täuschte, stand offen, wie verabredet.

Nur noch ein halbes Dutzend Schritte bis zur Hauswand – da brach unten die Hallentür auf und strömten mit krachendem Lachen Hausgeister in den Hof, fünf oder sechs Sklavenfiguren lärmten auseinander, wiehernd und stolpernd verkrochen die sich im Heuschuppen, nein, nicht alle, zwei gingen weiter, zu den alten Räucherfischern hinüber, und die beiden letzten? Zum Donner, die wollten sich's hier draußen machen, ekelhaftes Pack, Tobby Keats, sein Freund, den erkannte er an der Stimme, der vergriff sich an Elisabeth Joyes' neuer Küchenhilfe Helen, dem jungen Weib aus dem Connought, zugefahren war die mit einer Faßfuhre wie so viele, die von Galways Glück gehört hatten und Arbeit suchten, klar, daß sie jetzt diesem Tobby Keats zu Willen war, sie mußte, wenn sie was werden und bleiben wollte in dieser Stadt des Aufstiegs, wo man es auch noch als Magd mit Balg vom Keats besser hatte als die Leute in Cluricauns elender Grafschaft, dort, wo diese englischen Landlords herrschten, die Bauernschinder.

Aber mußte das nun ausgerechnet jetzt und hier sein, gleich vor seiner Nase unter der Mauer, auf Pats letzten fünf Schritten zum Haus seiner Agnes? Genau da schob Tobby die Neue an die rohe Steinwand, hob ihr den Rock, und die, so neu sie auch war, machte das schon sehr verständig mit, hielt sich mit den Händen an der Oberkante der Mauer fest und streckte dem Keats ihre Hinterkugeln hin, die schimmerten in der Mondnacht wie die Milch in den Wannen. Himmel, nun trieben es die schlafenden Hunde direkt vor Pats Nase, der sich runtergeduckt hatte, als könnte der Apfelbaum ihn verbergen, der Baum war kaum höher als die Mauer, wer im windigen Galway konnte schon frei über die Mauern wachsen.

Wartete kniend, drehte das helle Gesicht zur Seite, zum offenen Fenster dort oben, nun sah er es deutlich offen – aber vor sich sah er auch, fast zu greifen waren sie, die weißen Hände der tüchtigen Neuen, sah, wie die sich festkrallten an den Steinen und sah, daß sie eine Korbflasche abgestellt hatte, oben auf die Mauer, neben diese Hände, Pat hätte zugreifen, sich bedienen können, hätte ihn nicht die Ermahnung des Vaters starr gemacht und gehorsam, ach, ein Schluck jetzt wenigstens, in dieser verdammten Wartezeit, aber nein, ›sieh Dich vor‹, statt dessen hörte er nun immerzu dieses Ächzen, Grunzen, Brummen, nun von Freund Tobby, die Pferde, wenn sie die Fuhren ins Connemara hinaufzogen, in die Joyce-Berge, da schnauften die nicht so wie der, lange konnte das nun unmöglich mehr gehen, wenn wenigstens die Himmelslaterne nicht so stark geleuchtet hätte, das Gesicht ruhig halten, Gesichter schimmerten am hellsten.

So war hier äußerste Bewegung dicht beisammen mit äußerstem Stillehalten, und das Stillsein war sicherlich die schwerere Aufgabe. Pats Fuß begann zu kitzeln, das Gelenk einzuschlafen, wenn er den Fuß bewegt hätte, wären Brocken in den Hof gefallen, und am nächsten Tag die Nachricht in Galway herumgegangen, wo Pat Lynch nachts auf die Knie zu sinken pflegte.

Bevor Steinchen ins Rollen kamen und Haie oder Hunde geweckt wurden, war Tobby Keats am Ziel und bekam der Hintern seine Ruhe zurück, ein Seufzen und ein Japsen war da noch, Keats klatschte anerkennend auf das, was sich als Mondrundung oben im Fenster der Agnes zu spiegeln schien, Helen ließ ihren Rock runter, Tobby schloß sein Hosentor. Damit war aber noch nicht der Standort aufgegeben, der Joyesknecht kraulte seine Neue, sie ließ sich's gefallen, sollte etwa das Ganze – aber da warf sie den Kopf zurück, griff sich die Korbflasche, duckte sich unter Tobbys Kraulfingern hindurch und rannte, darauf hätte sie schon vorher kommen sollen, sprang ihm davon, durchs Törchen in den Baumgarten hinüber, zwischen die Bohnen und die Apfelbüsche, in Marias Namen, der Weg zur Hauswand war frei, Pat balancierte die letzten fünf Schritte weiter, stieg endlich auf das Stalldach, erreichte von dort das Wohndach und kroch auf allen vieren über die moosigen Steinplatten des Joyes-Hauses auf das offene Fenster zu, dorthin, wo im schwarzen Viereck Agnes auf ihn wartete.

»Küchenschaben«, ächzte er, »Ferkel.« Und rutschte ins Zimmer.

»Schaben und Ferkel brauchen's auch«, sagte sie und küßte und schmeckte ihn ab. »Bier? O'Donnoghues Bier trinkt man bei den Lynchs?«

»Großväter hielten mich auf, drei stinkgälische Großväter, oben bei O'Brians Schafstall, da hockten die vorm Räucherofen, deswegen der Biergestank und die Verspätung, O'Brian und seine Alten, die heizten da ihre Heringe und ihre Flausen –«

»Und da mußtest auch Du –«

»Mußte ich. Und wonach duftest Du? Ganz höllisch nach Agnes Joyes. Teuflisch nach dieser gewissen Agnes Joyes.«

Sie hatte schon Gürtel und Kittel geöffnet, aber neben ihm, in den Kissen, blieb ihre Stimme auch jetzt sehr ruhig. »Wann kommt er denn nun, Dein gewaltiger Walter?«

»Bei diesem Südwind? Vielleicht schon morgen.«

»Und wenn Ihr dann den Empfang gebt für den neuen Herrn aus Malaga? werden dann auch wir eingeladen? Auch die Joyes? Nicht bloß die Blakes?«

»Was für Holz zu redest. Warum nicht die Joyes. Merkst Du nicht, daß ich Dich in diesem Moment einlade? Höchstpersönlich, hier und jetzt besonders hier, erst recht hier unten, mit allen Komplimenten und Kratzfüßen und Teufel auch –«

»Die verreißen sich schon das Maul über uns.«

»Sollen sie.« Pat hatte alle Hände voll zu tun, sie abzulenken.

»Julia ist in St. Nicholas dicht an mir vorbei. Ohne mich anzugucken.«

»Die Glubschkuh. Sei froh.«

»Hat sich zu Isobella gesetzt. Die brabbeln schon.«

»Neid. Dummheit.«

»Bierberserker! Wehe wir sind nicht eingeladen beim Empfang.«

»Welch ein Empfang!« rief er, als meine er, was im Dämmerlicht sich ihm nun öffnete.

»Weißt genau, was ich meine. Lügenlynch. Den Empfang für den Prinzen.« – »Prinzen?« – »Für den aus Malaga. Wehe. Ich verrate alles Deinem Vater. Was Du hier tust. Und Deiner armen blinden Mutter. Hey, Ungeheuer, heute dachte ich, diesmal kommt er nicht, Pat ist heute bei Julia – bei Martha –«

»Beschwer Dich bei Euerm Tobby. Hier unter

der Mauer mußte der's tun, mit dieser Helen.« – »Wollte schon rüber zu George.« – »George Blake?« – »Brauchte Unsinn.« – »Mit George?« – »Riecht nicht nach Bier, der George.« – »Aber nach Deiner Schwester, nach Betty riecht er. Du und George? Ich warne Dich.« – »O ja, warne mich –«

– so ging das eine Weile, ging da als ein Warnen und Drohen und Ringen hin und her und aus Bauch und Brust sang das nun und schnurrte und fand Pat sich gepackt in seinen dicken Nackenhaaren, fand sich gedrückt und geknetet und umschlungen, daß dem Jungchen Hören und Sehen verging und bisweilen nur noch Seufzer laut wurden, die »Berserker« hätten heißen können, jedenfalls badeten und versanken beide in Wannen voller Milch und Mondlicht und leisteten sie, ohne die Hunde von Galway zu wecken, der handelspolitisch günstigsten Verbindung des Ortes die beste Vorarbeit.

Tag der Ankunft

Die Mittagsstunde war schon vorbei, da ging der Alarm durch die Stadt. Kinder schrien es von Haus zu Haus, sie seien zu sehen, die drei Schiffe, die Galeone des Richters und Lord Mayors Walter Lynch, aber auch das Joyes-Schiff, auch das der Blakes, deutlich zu sehen seien die drei am Horizont, Fitzpatrick, der Sänger und Henkersknecht, der habe sie als erster entdeckt, habe sie vorm Black Head erkannt, aber nur, weil Kate, die Hexe, ihn darauf gebracht habe, ihm erklärt hatte, nein, dies seien keine Wolken vorm Schwarzen Haupt, dies seien die drei Galway-Galeonen unter voller Besegelung.

Ja, wie sie da nun alle den gelb gebrannten Wiesenhügel bei der Fischerstadt hinaufrannten, erst aber mal durch die Tür in der Stadtmauer, die ließ immer nur einzeln einen hindurch, da war das ein Geschimpfe und Herumgeschiebe und eine allgemeine aberwitzige Aufregung.

Sogar Mutter Mary ließ sich hinaufführen auf diesen Hügel, von wo sie doch gar nichts sehen würde, von der Bucht und von dem, was da herankam, trotzdem, sie wollte dabeisein und ließ sich berichten. »Jawohl! Alle drei!« schrie Priester Kirwan in Begeisterung, und Pat bestätigte es der Mutter und von drüben her kamen nun auch die Blakes gerannt, um auch nur wieder dasselbe zu verkünden, als wären noch nie zuvor drei Segler auf den Hafen von Galway zugelaufen. Immerhin, drei Kauffahrtschiffe von dieser Größe? Daran konnte sich nicht einmal Großvater William O'Brian erinnern, der Märchenmann.

Aber mit dem Einlaufen war das an diesem Tag so eine Sache. Der laue Südwind, der die Dreierflotte früher als erwartet am Horizont in Sichtweite geschoben hatte, dieser Südwind flaute über den Tag vollkommen ab.

Die Luft stand. Und die Segler desgleichen.

Eine Stille legte sich übers Land. Und legte sich über die Menschen und das Meer, als hätten sich sämtliche Nebelfeen und Windgnomen in Sonnenfeuer aufgelöst und in Stillstand.

Von Kirwans rotem Schädel rutschten die Tropfen in den Nacken. Betty Blake, Tochter Piepsie am weißen Busen, ließ sich seufzend aufs harte Gras nieder, Flann O'Flaherty kniff die Triefaugen und murmelte im Verein mit Märchenmann O'Brian alte gälische Flüche. Da kratzte sich mancher den Kopf, und an die hundert Leute starrten eine träge Stunde oder zwei auf das graue Wasser hinaus. Da rührte sich nichts mehr. Aus war's. Oben, hinterm Claddagh, da krümmte sich auf dem Hügel das graue Trag- und Zugtier von Mike Pit, krümmte sich der alte Esel und rief Schreie herüber, als wollte er sie alle verhöhnen.

Aus war's. Selbst Mary Lynch, den Stillstand schnuppernd, hörte zu lächeln auf. Man sah, wie sie dem Wind nachspürte, keinen fand und den Kopf schüttelte. Jeder, der mitkriegen wollte, wie es nun noch weitergehen könnte, hielt sich in ihrer Nähe auf.

Und dann sagte sie leise: »George und Pat und Tobby«, sagte sie, »wann war Euer letztes Wettrudern? Ist denn Pat noch immer der Beste? Wie wär's, wenn –«

Weiter mußte sie nicht reden. »Ja!« schrien George und Pat, und im gleichen Augenblick waren sie davon, rannten den Hügel hinunter durchs kleine Tor und über die Wege und Straßen und fanden am Hafen schon Tobby Keats beim Ausführen der gleichen Idee – drei Boote ruderten schließlich hinaus in die Bucht, um sie heimzuholen, wenigstens die Kapitäne und den wichtigen Gast, wenn er denn, wie verabredet, wirklich mitgekommen war. Wenigstens ihn und die drei Haus- und Schiffsherrn, die mußten sie holen, nachdem ihre stolzen Schiffe, so kurz vor der Heimkehr, von sämtlichen Winden verlassen worden waren.

Wie kam es, daß es wieder mal drei gab, die voraus waren, diesmal nicht drei Handelsfamilien, sondern drei Boote, die vorwegruderten? Man fragte sich solches oft in Galway. Beim Bier, aber auch beim Wein. Hatte immer wieder Grund, über solchen Wettbewerb die unterschiedlichsten Betrachtungen anzustellen. Denn es war hier schon so mancher zur Spitze gelangt und Bester geworden und am Ende doch wieder ganz und gar verschwunden. Man schob das, besonders wenn man in der gälischen Niederstadt wohnte, im Claddagh oder in »Irish Town«, auf den Ungeist der Engländer, auf deren Kaufmanns- und Besitzstreben, auf ihren Ehrgeiz und ihren Unruhegeist, der sich seit kurzem noch verstärkt hatte durch die protestantischen Poltergeister in den Kathedralen.

Nun also lagen drei Ruderboote im Wettkampf,

im vordersten, das war klar, ruderte Pat Lynch, im zweiten George Blake, und hinterdrein schlug Tobby Keats mit seinen Wasserprügeln die blanke Fläche, offenbar sollten, so dachte dieser Knecht mit Herrensinn, auch die Joyes gut im Rennen liegen.

Vom Aussichtshügel herab waren auch alle anderen inzwischen zum Hafen geeilt, Mary, geführt von Don Ricardo, Betty mit dem Säugling und auch Bruder Kirwan, der sich einen Kasten zum Sitzen an den Kai bringen ließ. Schauten dort zu, wie sich noch weitere Ruderer bereit machten und stritten, wer einsteigen durfte und wer nicht, damit auch die John Browne und Ronald Skerrett und andere etwas weniger wichtige Herrschaften zu ihren Sippen zu holen wären.

Pat, an der Spitze noch immer, im Rücken die drei festliegenden Handelsschiffe, vor sich die Verfolger, spürte Unsicherheit in seinen Armen. Was zum Teufel trieb ihn, diesen ersten Rang zu halten und Keats, vor allem diesen Lüstling, diesen Joyes-Knecht Tobby Keats nicht herankommen zu lassen? George hatte da offenbar weniger Probleme, der zog fast gemütlich die Holzplatten durchs Wasser. Aber Keats, die Ruder dieses gelenkigen Keats, die ratterten laut über die stille platte See. Schon wieder setzte der Bursche seine Pferdestärke ein und kam dem George Blake immer näher und womöglich dann dem jungen Lynch.

Pat hätte es gern wie George gemacht, sich gehen lassen, was hinderte ihn? War er also doch ›Engländer‹? Hinderte ihn daran, daß er wußte, wer hinter seinem Rücken auf ihn wartete? Daß hinter seinem Rücken jetzt drei Schiffsbesatzungen das Ganze beobachteten? Zweifellos, Galways beste Leute, die schauten ihm zu, dem ›Kronprinzen‹, ihm und den beiden anderen. Pat warf kurz den Kopf herum – nur ja keine zu langen Pausen – und sah die drei goldbraunen Prunk-Galeonen noch verdammt weit weg, so ein Horizont liegt nicht gleich um die Ecke, also galt es, den Vorsprung noch lange zu halten, mit den Holzplatten weiter die walfischfarbene Brühe zu durchwühlen, zum Glück war ruhiges Wasser, da konnte man in großen Bögen lang durchziehen.

Inzwischen würden die auf den Schiffen über der Reling hängen und auf die Punkte zeigen und sich streiten oder wetten, welches Boot das erste war, ob er, ob Pat darin saß oder – ja, wer käme denn da sonst in Frage. Sprechbold George sah es nicht ähnlich, dem reichte es, wenn er mit dem Mund Erster war. Und für den Fischerbengel Keats gehörte es sich einfach nicht, und die anderen weiter hinten, das waren Ältere, wer gute Ruderarme hatte, der war halt mitgewesen in Cadiz und in Malaga, war mit dabeigewesen auf der größten Galwayer Handelsfahrt, die je ausgelaufen war und nun wieder heimgekehrt.

Wenn kurz vor der Heimkehr den Segeln dieser großartigen Flotte die Luft ausging, dann mußte eben seine, Pats Lungenluft aushelfen, und die sollten staunen. Auch dieser Gast aus Malaga sollte staunen. Ihn kennenlernen. Ja, der eigentlich vor allem. Oder noch mehr die Frauen, die am Kai stehen würden und warten und neugierig Ausschau halten, die würden dann sehen, wer da zuerst wieder zurück war. Diese Frauen, die über die Männer sich streiten und wetten würden und mit den Fingern hinauszeigen auf den Ersten, den Sieger, ungeniert mit denselben Fingern, mit denen sie sich sonst geschickt an Mauerkanten festkrallen konnten, ja, diese

Finger würden sie auf die zurückkommenden Boote ausstrecken und würden schreien, da ist er, nein dort, na wer wohl? Patrick, aber was denn, der Gast natürlich, dieser Juan Gonzales. Den nämlich würde jede als erste erkennen wollen. Glaubte Pat zu wissen.

Welcher Spleen ritt eigentlich seinen Vater, noch eine weitere südländische Fratze nach Galway zu bringen? Nach den Metz- und Baumeistern und dem Geistlichen nun wieder einen Weltlichen? Na wozu schon, eine Geschäftsbeziehung war dieser junge Gonzales, sonst nichts. Stadtpolitik, das laß lieber mich machen, mein Junge, jawohl Herr Vater, das lasse ich Euch, da seid Ihr in Irland der Größte.

Stimmen jetzt im Rücken? Nicht mehr vom Land her, sondern schon von den Schiffen? Jawohl, die Strecke war geschafft, da lagen sie, die drei Holzburgen. Vorn, wie konnte es anders sein, das mit dem Luchs als Galionsfigur. Die Joyes hatten am Bug ihre Meerjungfrau, so friedlich rundlich, das war nicht Lynch-Art, da mußte ein Raubtier her als Signal, oder?

»Pat!«

Die Stimme, das war doch – »Pat! hierher!« – natürlich war das die Stimme von Roy Gallagher, dem Bordjungen im goldbraunen Lynchpalast. Der hat eine Stimme, wie gemacht für den Atlantik, fand Pat, die sollte der auf Zuckerwasser ansetzen, um Likör daraus zu brennen, wie ihn die Frauen in Frankreich jetzt trinken. »Ho! Gratuliere!« schrie die Likörstimme, »ja wenn's den Pat Lynch nicht gäbe! Schleppt uns aus dem Atlantischen Ozean!« Unter solchen Sprüchen bebaumelte Roy ihn mit Seil und Strickleiter.

Pat fing das Seil, zog sich ganz heran an den tief

ins bleierne Wasser getauchten Riesenbauch, an den stolzen Bau aus Coolridges Werft, der konnte nicht vor und nicht zurück, alles, was Segel halten konnte, war behängt und bespannt, aber nichts tat sich, schlaff hing das alles herab, schlappte höchstens mal hierhin, mal dorthin, je nachdem wie diese pralle und schwere Weinwanne sich langsam hob und neigte in den letzten Resten einer alten Dünung – aha, das also war er, jetzt kam er über, stieg in die Leiter, als erster, Juan Gonzales, setzte die Füße flink in die Seilsprossen, na ja, von hier unten war nichts gegen die engen Beinkleider zu sagen, gegen das helle Leder, wenn der übrige Kerl so ähnlich war, so elegant, dann – nun wollte sich von oben auch schon der Alte einschalten: »Hee, Pat, halt fest!«

»Laß ihn erst mal ganz runter!« Aber da war der Gonzales schon unten: »Du bist Patrick?« und sah zum Glück nicht spitz und hohl aus wie der Pater Ricardo, sondern trug ein ganz normal ernährtes Gesicht, wie man es als Achtzehnjähriger zu haben hatte, so meinte jedenfalls Pat, rund und vergnügt schien der, bloß alles ein bißchen abgedunkelt, bierfarben von der Nase bis in die Fingerspitzen und auch die Haare verfinstert, wie bei Agnes oder ja, noch dusterer, klar.

»Sohn, da sind wir«, sagte der Alte, umarmte ihn und ließ sich im Boot gleich auf das Brett nieder, »komm, setz Dich auch, Juan, ja, das ist er, der Pat, ich denke, Ihr versteht Euch, nicht wahr?« Und verglich die beiden, als hätte er sie nie gesehen: »Mein Gott, wie ähnlich Ihr Euch seid, dunkler der eine, heller der andere, achtzehn Jahre ist Juan und ist Pat doch auch, wird erst im September neunzehn, wie gut, daß Du uns holst, herrje, ist das ein Empfang, kurz vor unserem Galway, von dem nur die Spanier glauben, daß es ununterbrochen im Sturm liegt, kurz davor läßt uns der Wind im Stich, da kommt ja auch George, halloo!«

So redete der Alte wieder ganz wie der Alte, und Pat legte sich in die Riemen und riskierte zwischendurch kleine Blicke auf diesen Malaga-Lackel, wirklich, es hätte schlimmer kommen können, mit dem ließe sich vielleicht reden und nicht wie mit dem Ricardo bloß spanische Weisheiten auswendig lernen aus Jesus- und Maria-Geschichten, die Pat nun schon zum zweitenmal in seinem kurzen Leben hatte durchbuchstabieren müssen, nunmehr in der anderen, in der handelspolitisch wichtigen Sprache.

»Was gibt's Neues? Alle gesund? Die Fässer leer, die Grafen voll?«

Bevor Pat Lynch antworten konnte, war Juan aufgestanden und machte Zeichen, wollte mit ihm den Platz tauschen. »Bitte! Läßt Du jetzt mich?« Der wollte an die Ruder, also gut, auch Pat stellte sich auf, und da standen sich nun beide für einige Augenblicke gegenüber, beide im schwankenden Boot, und schafften ihn schließlich ganz gut, diesen Tausch, der für Momente, als beide aneinander vorbei balancieren mußten, so aussah wie eine Umarmung. »Also? Was macht der Handel?« – »Seit fünf Wochen sammeln wir nur Bestellungen. Müssen vertrösten, weil nichts, so gut wie nichts mehr in den Kellern ist. Selbst bei Curtin, im Geheimkeller, nur noch knapp zwölf Gallonen. Stell Dir vor, eine Bischofsfuhre aus Dublin war hier, vor einer Woche, die mußte umkehren, leer. Der Fuhrmann war sehr erstaunt, als wir ihm sagten, daß wir's ihnen bringen würden quer hinüber, sobald Ihr zurück wärt, so baff war der, daß er meinte, da sollten wir doch gleich auch dem Rektor der hohen Universität und den Dekanen, denen sollten wir das Gleiche hinüberschaffen – «

»Frederic?« – »Hat alles notiert.« – »Und wie geht's Mary? Wie hat sie Galway regiert?«

»Bei Tisch, wenn die Holzplatte zu wild gewackelt hat, dann hat sie gedroht. Wenn Du kämst, ging's uns an den Kragen, Manieren sollten wir endlich lernen, für unseren edlen Gast.« Und schielte auf den, der da nun ruderte. »Spanien habe schließlich eine althöfische Kultur. Aber wir Iren sollten nicht so tun wie Hinterstraßenmischungen aus Normannen, Kelten und Wikingern, wo die Frauen nachts auf Besen über die Galway-Bay flögen.«

»Hat sie gesagt?«

»Exakt das. Hat sie gesagt. Sollten nicht so tun, als hätten wir Bierschaum als Hirn.«

»Bravo Mary.«

Da sagte der rudernde Gast, in einwandfreiem Englisch: »Deine Mutter muß wunderbar sein. Mein Vater spricht oft von ihr.«

»Juan hat recht. Sein Vater bewundert sie. Ich bin Zeuge. Er hat ihm sogar einen Auftrag gegeben.«

Der Ruderer lachte und nickte. »So eine wie diese Mary Lynch, hat er gesagt, die bringst Du mit hierher!« Lachte, ziemlich dreist lachte dieser Südling und fügte noch hinzu, auf kratzigeren Besen als die spanischen dürften auch die keltischen Hexen nicht reiten. Grinste und ruderte.

»Wie«, fragte nun Pat, »wie wird das gehen mit der Feier, mit dem Empfang? Heute abend noch?«

»Heute nur am Hafen. Hoffentlich haben Edward und Coolridge alles vorbereitet.« – »Haben sie.« –

»Aber das Nachtfest, nein, das heute nicht mehr, sowas gehört gründlicher besorgt, die Grafen sind einzuladen, die Landhäuptlinge. Außerdem sollten die Matrosen mitfeiern, nicht bloß die Sippen-Oberhäupter und Kapitäne. Erst wenn alle in Galway sind, geht's los, auch wenn's uns noch so juckt.«

»Das heißt also, erst müssen die drei Schiffe an Land?«

»Wenn die morgen im Hafen sind, erst dann wird gefeiert. Meinetwegen morgen abend. Heute, nein, da freu ich mich aufs Dampfbad, aufs irische Essen und aufs Bett.«

Neigte sich dann dem Sohn näher zu und brummte: »Wie findest Du ihn?«

»Gut!« Und nickte anerkennend. Dieser Juan hier, das sah er gleich, der würde sich anders ins Zeug legen als Ricardo, der würde offener sein, würde sicher viel öfter und eher seinen Mund aufmachen als dieser schleichende Pater und nicht solange warten, bis aus Versehen ein Maria-Refrain daherkam vom schlimmheiligen Sänger Fitzpatrick.

»Pat«, brummelte sein Vater wieder neben ihm und meinte es abermals vertraulich: »Was quaken die Frösche im Bierbach?« – »Das alte Lied.« – »Das vom Braumeister O'Donnoghue?« – »Eben das.« – »Haben sie weiter mitgebaut, die Niederstädter, am vierten Schiff?«

Pat zog die Schultern. »Coolridge hat nicht geklagt. Aber frag ihn selbst. Geklagt haben nur immer MacBride, Flann O'Flaherty, ja die, die würden am liebsten noch heute wieder aufs Meer raus, und wenn sie mit Händen rudern müßten oder Heringe, Makrelen und Kabeljau mit den Klauen fangen. So jedenfalls reden sie.«

Ein drittes Mal beugte sich der Vater zum Sohn, aber diesmal nicht sehr nahe, auffallend wenig, und fragte, viel zu laut, fand Pat, zu laut, als daß es hätte geheim bleiben können: »Und Du? Und Agnes?«

Der Sohn blickte verlegen, geradezu erschrokken zu Juan hinüber, der zwar mit spritzenden Ruderschlägen gehörig lärmte, aber wohl doch alles verstanden haben dürfte. »Keine Sorge. Juan kennt Deine Geschichte. Kannst reden. Also? Wie steht's mit dem Hause Joyes?« – »So gut wie nie.« – »Und die Hunde und die Haie? Schlafen noch?«

»Fragt sich, wie lange noch. Vielleicht tun sie nur so, als schliefen sie. Ich finde, jetzt, wo Du nun zurückkommst, als großer Handelsheld mit Armada, da könntest Du eigentlich –«

»Wart's ab«, raunzte Lord Lynch. Seine Lachfältchen rings in den Augenwinkeln, die verwandelten sich nun wieder ins väterliche Sorgenfeld. Lynch schien irgendwo weit hinten, weit hinter Pat den Horizont zu mustern. »Das wird«, sagte er schließlich. »Bin sicher, das wird. Mit Dir wie mit Agnes. Sehr schön. Das war ja mein eigener Plan, wie klug von Dir, selber darauf zu kommen. Nun warte nur ab bis zum Huldigungstrubel für Juan, morgen abend oder den nächsten. Vorausgesetzt, wir kriegen die Schiffe in den Hafen. Hat Bruder Kirwan eine Sankt-Galway-Ode in Auftrag gegeben und einstudiert?«

»Oden singt uns noch immer der Frederic. Fast jeden Abend eine neue.« – »Und Ihr merkt nicht, woher er sie hat?« – »Kirwan sagt, direkt von den Gnomen. Zumindest indirekt, über die alte Kate.«

»Hättest den Frederic sehen sollen, vor fünfundfünfzig Jahren. Wie er's damals gemacht hat. War kaum älter als Du jetzt. Und ich selber war damals erst sieben. Der alte Fitzpatrick, Frederics Vater Stephen, der es zu machen gehabt hätte, war vor Aufregung krank geworden. Nicht aus dem Bett zu kriegen. Dann hat's schließlich Frederic getan –«

»Mit achtzehn?« – »Wenig älter.« – »Kein Wunder, daß er spinnt.« – »Er war immer eine treue gute Seele.« Wieder schien der Vater bis zum Horizont zu blicken, über den Mount Golgatha hin, den Galgenberg.

Sie schwiegen eine Weile. Immerhin bemerkte dann Walter Lynch, wie häufig und unruhig Pat zurückblickte, dorthin, wo George Blake den Bruder Daniel, Bettys Mann, und Fitzstephen O'Malley, den Kapitän des Eulen-Schiffs der Blakes, heranruderte und Tobby Keats seinen Herrn John Joyes.

»Keine Sorge, Pat«, beruhigte ihn der Vater, »Deine Freunde holen uns schon nicht ein. Siehst ja, Juan ist ein starker Ruderer. Übrigens auch ein vorzüglicher Segler. Hochtalentiert.«

Pat biß sich auf die Lippen. »Und wann bitte –«

»Was wann?«

»Ach, nichts. Hatte nur wieder mal fragen wollen, wann wohl auch ich mal mitsegle, bis Spanien.«

Tief zu atmen hatte der Walter Lynch. »Nach Spanien nicht. Mit mir nicht. Du kennst den Grund. Ein Blinder in unserer Familie ist einer zu viel.«

Vor sich sahen sie die Stadt, aus dem grauen Wasser war sie herausgewachsen. Kirwans St. Nicholas-Kirche, die Tore, die vierzehn Türme in der Stadtmauer, und in der Mitte, alle anderen Dächer überragend, das Lynchhaus.

Unten aber, als bunter Saum, die winkenden Menschen am Kai, die Front der Tücher und Röcke mit den wimmelnden Kindern. Die Girlanden, die Fahnen – Edward und Zimmermann Coolridge hatten vorbereitet.

Auch Walter Lynch hob nun den Arm, wiegte ihn hin und her. Ein lebender Schiffsbaum. Dieser hier schwankte nicht unterm Wind, sondern unterm inneren Wetter. »Mein Gott, Juan, sieh Dir an, wie sie Dich empfangen!«

Kaum hatte Lynch den Arm gehoben zum Winken, da scholl ein vielhundertfacher Ruf über das Wasser, ein Schrei aus tausend Stimmen in allen Höhen und Begeisterungen. Am Hafen wuselten nun und wogten jetzt noch um vieles heftiger die Hände und Arme und Tücher, was brauchte es da eine huldigende Sankt-Galway-Ode. Der Juan Gonzales hatte auf den Schrei hin die Ruder sinken lassen und sich umgedreht, er schaute lange. Dann blickte er lächelnd zurück zu dem Mann, der ihn hierhergebracht hatte – da mochte es ja wohl seine Richtigkeit haben mit dessen gutem Ruf, mit den Sprüchen und Legenden über diese Lynchs, mit den Lobreden, die man auch über diesen Lord Mayor, Obersten Richter und tüchtigen Handelsherrn überall und von jedem hören konnte zwischen Genua und Lissabon, von den Herren der Hanse ebenso wie von Italienern, Portugiesen oder von Andalusiern.

Juan ruderte wieder weiter. Pat blickte verstohlen zum Vater, zum Mann neben ihm auf dem Sitzbrett. Der winkte weiter, mit großen langsamen Bewegungen. Diese Lynchs hatten geschafft, was vor ihnen, wie es hieß, kein Nordländer, auch keine Engländer je fertiggebracht hatten. Denen waren im Umgang mit mittelmeerischen Leuten höchstens Seeschlachten eingefallen und Raubzüge. Und diesem hier?

Galways wichtigster Partner, der Señor Christophoros Gonzales, ähnlich weitbekannt wie Lynch, ein Herr, dem rund um Malaga herrliche und fruchtbare Landschaften gehörten, der hatte diesem irischen Handelsmann seinen einzigen Sohn anvertraut, mitgegeben auf die lange Reise in den unbekannten Norden, weil – so hatten die beiden Geschäftsfreunde es sich beteuert und allen, die es wissen wollten, die gemeinsame Unternehmung erläutert –, weil aus der geschäftlichen doch auch eine menschliche Beziehung werden und weil die geschäftliche über die Generationen hinweg bestehen bleiben sollte.

Das schoß dem Pat Lynch jetzt so durchs Gemüt, als er seinen Vater neben sich betrachtete. Wie lange hatte der sich plagen müssen, wie sehr hatten schon dessen Vater und wiederum dessen Vater Anstrengungen und Mißgunst und Feindschaften auf sich nehmen müssen, bis so ein Augenblick wie dieser jetzige möglich geworden war – ein Einzelner vor dem jubelnden Hafen- und Stadtvolk, ein Einzelner, winkend verbunden mit Hunderten. Pat wußte nicht, wie es dazu gekommen war, aber er spürte Nässe in seinen Augen. Weil er in diesem Moment seinen Vater liebte?

Der Grund war ihm gleichgültig. Er fand diesen Augenblick schön und großartig und vergaß ihn nicht. Aber dieser Juan, der in der Tat stark ruderte, der schien Ähnliches zu empfinden und zu denken, denn der sagte nun: »Dich empfangen sie, Walter, Dich allein! Empfangen Dich wie einen König!«

Nun ja, Lord Walter wurde wohl wirklich empfangen wie ein Fürst, mit übermanierlichem Stimmaufwand. Als übertrieben jedenfalls wertete das der Heimkehrer, der schüttelte jetzt den Kopf und fragte: »Wie Möwen, wie Esel kreischen sie, meine Galwayer. Haben die etwa geglaubt, wir fänden nicht mehr zurück? Nicht mehr hierher nach Connemara? Columbus hätte nie und nimmer etwas entdeckt, hätte er nicht aus Galway drei Seeleute mitgenommen, die ihm halfen –«

So laut und unverhüllt die Freude dem Förderer des mächtigen Galway entgegenschlug, das damals im Reich der englischen Krone als zweitwichtigster Hafen neben London galt, mindestens ebenso forsch, ja drängend plagte die Leute am Hafen die Neugier auf den anderen im Boot. Freilich, in dieser Richtung tat sich nach außen kaum ein Mucks, da war alles stumm und manierlich und blieb alles Auge.

Bis in die Hebekräne waren sie geklettert und bis in die breiten Riesenräder mit den Sprossen, die sonst die Fässer zu hieven hatten und die nun von den Werft-Männern wie Leitern erklettert worden waren, so wie sie sonst bestiegen werden mußten, wenn sie sich drehen sollten und die Kran-Arme bewegen und hieven. Jetzt waren sie von den jungen Leuten besetzt.

Je näher sich das erste Boot heranschob an den Außenkai, um so stiller wurde die Menge, nun galt es, den ersten guten Blick auf das Wundertier zu tun, das da aus dem mächtigsten Land der Erde zu ihnen gekommen war, den ersten Blick, der bekanntlich der entscheidende war. Aber dieser Malaga-Fasan, was tat der? Ließ der sich rudern? Der zierte sich so wenig, daß er selber den Kahn bewegte, daß er den auch dann noch weiterruderte, als der fremde Hafen schon erreicht war, daß er ihn sicher durchs Tor ins Becken steuerte und so selbstverständlich an die Steintreppe lenkte und anlegte, als hätte er selten was anderes getan. An der Treppe stützte er die Hand auf die untere Stufe, um das Boot zu halten und Walter Lynch aussteigen zu lassen.

»Kein Grafengockel«, zischelte Betty Blake ihrer Schwester Agnes ins Ohr, die nickte und schaute mit kaum bemerkbarem Interesse. Georges Mutter wiederholte Bettys Erkenntnis so laut, daß viele es hörten. Das war's, das machte die Runde. Das erste Urteil war gefällt: »Kein Grafengockel. Zum Glück.«

Pat, noch unten im Boot, suchte unter den Gesichtern das von Agnes. Das war nicht leicht zu finden, die Menschentraube um Walter Lynch versperrte ihm den halben Himmel, aber nein, da stand sie, mit ihren dunklen Haaren stand sie halb hinter Elisabeth Joyes und tat nun so wie ihre Mutter, ganz und gar uninteressiert. Was blieb ihr auch übrig, den Pat durfte sie nicht beachten und den Juan konnte sie auch zwischendurch, nur mal so, bei zufälligen Kopfdrehungen und Seitenblicken mitbekommen, das reichte fürs erste.

Lady Marys »Jungchen« stieg nun ebenfalls, als letzter, die Steintreppe hinauf, machte oben das Boot fest und durfte sich für Agnes ebenfalls nicht interessieren. Ging immerhin im Menschengedränge so dicht an ihr vorüber, daß – und Mutter Elisabeth bekam es nicht mit – ihre Hände sich rasch berührten.

So war Patrick denn doch, gegen die trägere Hälfte seines Gemüts, erster geworden im Kampf der Boote. Freilich sah es für die im Hafen so aus, als habe der Spanier gewonnen. Mit dieser Vorliebe für den Neuen mußte man sich offenbar abfinden, das würde sich legen. Drüben umarmte jetzt Walter Lynch inmitten der rufenden Leute seine Mary, neben ihr stand der spanische Pater, der segnete seinen Vetter Juan, und der verbeugte sich tief und küßte dem, der doch sein Vetter war, den Ring. »Willkommen, Juan! In Galway erwartet Dich hochinteressante Politik!« – »Ich hoffe, hier gibt's auch anderes.« – »Diese Lady hier ist für acht Wochen Deine Mutter, Mary Lynch!«

»Diese ehrenwerte Lady«, sagte Juan und wandte sich der Blinden zu, »die habe ich zu grüßen, auf das allerfreundlichste und respektierlichste von meinem Vater!« So redete er und verbeugte sich nun auch vor Mary, küßte auch ihr die Hand. Die lächelte und meinte: »Nicht nur der Schnellste ist er also, sondern auch mit meinem schwachen Augenlicht und am Gesäusel ringsum meine ich zu erkennen, wie hübsch er geworden ist, Juan Gonzales – willkommen in Galway und Dank für die Grüße! Ich hoffe, Du fühlst Dich wohl in dieser eigenartigen Stadt, nicht gerade bei der Politik, sondern bei allerhand Vergnügungen.«

Den Pat Lynch begrüßte eigentlich keiner. Obwohl doch eigentlich er derjenige war, der das Boot am schnellsten gerudert hatte. Nur die volle Betty, die furchtbar aufgeregt war und, mit Piepsie im Arm, immer wieder zur Molenspitze vortrabte und nach Georges Boot mit ihrem Gatten Daniel Ausschau hielt, allein diese kräftige Betty fiel Pat um den Hals und drückte ihn an ihren Busen, als habe sie schon jetzt ihren Mann im Arm, wie komisch doch so ein schlechtes Gewissen sich abstrampeln muß, dachte Pat, wie sehr solche heimlichen Umtriebe beunruhigen können, selbst wenn es wie gestern abend nur Badehaus-Umtriebe waren unterm öligen Segen von Bruder Kirwan. Als Betty ihn dann ein zweites Mal knautschte und preßte und seine Hand an ihren Venushügel führte, nun ja, das sollte wohl alles nur heißen: Wir zwei sind uns ganz vertraut, nicht wahr? Ich sage nichts von dem, was ich von Dir ahne und von Agnes, und Du – wir beiden können uns aufeinander verlassen, ist das klar, wir tun uns nichts, auch wenn es jetzt dicke kommen sollte, wenn nämlich Schwager George meinem Daniel im Boot dort bereits irgendwas gesteckt haben sollte aus purer Protzerei und mir das jetzt gleich frischwarm wieder ausgespuckt wird von meinem lieben Daniel – ein Segen, da war sie schon wieder fort, trabte wieder zur Molenspitze mit dieser Piepsie, von der die Frechsten in der Stadt, zum Beispiel Isobella O'Flaherty, bereits die Ähnlichkeit mit George erkannt haben wollten.

Pat verzog sich in den Hintergrund und erholte sich von der unruhevollen Betty beim stillen Fitzpatrick. Erholte sich vor allem bei der wunderbaren Vorstellung, daß er morgen abend, o ja, vielleicht schon morgen abend Agnes endlich ohne jede Vorsicht und Heimlichkeit würde umarmen können, ihren quirligen Leib und nicht diesen zupackenden Fleischsack Betty.

Pat strich um die Gruppen herum, streunte zur Steintreppe zurück, half dort dem Knurrvater John Joyes beim Anlegen und Aussteigen. Dankbar ließ sich der Vater der Agnes hinaufziehen, sank oben ächzend in Elisabeths Arme – das waren sie also, Agnes' Eltern, warum sahen die nun so anders aus? Seit je bekannt und nun doch fremd? Schwiegereltern? Wieder ein Eindruck, der Pat forttrieb, auffallen durfte er in der Nähe der Joyes-Familie ohnehin nicht, und so reihte er sich, noch rasch bei Agnes den kleinen Spott in den Mundwinkeln bemerkend, in den Zug ein, der zum Hafenplatz hinüberging.

Für Augenblicke sah man sie nun nebeneinander

gehen, die beiden jungen Männer, die Gleichaltrigen, denen ihre Väter bestimmt hatten, Freunde zu sein. In der Gestalt einander tatsächlich sehr ähnlich, beide schlank und gleich groß, trugen sie auch ähnliche Kleidung, den gegürteten Kittel der jungen Leute, der schon an den Hüften endete, darunter die ledernen engen Beinkleider.

Den Unterschied zwischen Pat und Juan, zwischen diesen beiden ansehnlichen und erfreulichen Erscheinungen, den machten nur die Farben. Während der dunkelhaarige Juan ein hellgelbes Hemd trug in einem breiten roten Leinengürtel mit vielen offenen und geheimen Täschchen, einen gelben Kittel also mit tief herablappendem Kragen am weit offenen Hals, und während auch seine Beinkleider die helle, die gebleichte Lederfarbe zeigten, bevorzugte der hellhaarige Pat auch an diesem Tag die unveränderten Farben von Wolle und Leder, Ockerfarbe und Erdfarbe, zum Beispiel im kragenfreien Kittel, der gehalten war von einem breiten Gürtel aus dunkelbraunem Leder, ebenfalls mit kleinen Taschen innen und außen, aus dem gleichen Leder, aus dem auch die schlanken Hosen geschnitten waren. Als auffälliger mochte der elegante Mann aus Malaga gelten. Urwüchsiger, ja wilder wirkte der Jüngling aus dieser denkwürdigen Festungsstadt am Südrand des kargen und kahlen Landes Connemara.

Walter, Mary und Pat Lynch hatten den Juan in ihre Mitte genommen, diesen neuen Gonzales, den führten sie durch die Menschenmauern am Hafenrand hinüber, auf den weiten quadratischen Platz hinter den Lagerschuppen, ach, wer hätte in diesen strahlenden Augenblicken auch nur ahnen können, daß wenige Tage später wiederum ein Zug mit den

Lynchs fällig war, wiederum durch das Spalier der Galwayer, dann aber mit welch schauerlichen, mit welch grauenvollen Veränderungen –

An diesem sonnigen Nachmittag war der Platz hinterm Hafen von vier Fahnenmasten abgesteckt, an zweien hing die spanische Königsflagge, die zwei anderen zeigten die Banner der freien Stadtrepublik Galway, auf denen eine Galeone zu sehen war, das stolze Handelsschiff der Lynchs.

Zwischen den vier Masten an den Ecken des Platzes, da hatte sich mit ihren blinkenden Hellebarden die Stadtgarde aufgestellt, jene gut achtzig jungen Spießgesellen aus der Niederstadt, merkwürdig hellhäutig standen sie da unter den Nasenhelmen und der dunklen spanischen Kriegstracht, die Lynch, wie er Juan und Pat gern erläuterte, eigens in Cadiz hatte anfertigen lassen.

Der Anführer der Stadtsoldaten, der grimme Edward O'Flaherty, Sohn des rotgesichtigen pfiffigen Flann, der schwenkte nun, Juan zum Gruß, über seinem Haupt einen prächtigen Stab mit Falkenfedern, machte aber dazu, dem schmucken Stab und dem hellen Tag zum Trotz, das finsterste Gesicht, das sich denken läßt, weil, wie jeder rings ums Viereck wußte, seit Jahren sein listiger Vater ihn bei seiner Frau Isobella auszustechen wußte.

Davon allerdings, von den Ursachen des Edwardschen Grimms, erläuterte der alte Lynch seinem Gast nichts, führte ihn statt dessen ins Innere des Vierecks, wo an drei Seiten je ein langer Tisch stand, bedeckt mit den Galwayer Handelsgütern.

Auf dem vordersten Tisch, gleich an der rechten Seite, da lagen die Dinge, die aus Spanien nach Galway gelangten: Seidenstoffe, Samt, Teppiche in tiefroten Mustern, Gewürze und vor allem die Fässer für den Malaga und den Jerez und den Sevilla-Wein. Allein vom Malaga seien in der letzten Zeit, sagte Lynch, in jedem Jahr mehr als tausend Tonnen nach Galway gefahren worden.

Auf dem hinteren der drei Tische, fast schon im harten Schatten der Stadtmauer, hatte man die Handelsgüter aus dem übrigen Europa ausgebreitet, dasjenige, was mit Gewinn in den Süden zu bringen war, nach Portugal wie nach Spanien, auch nach Italien: Spitzen aus Flandern, Tuche aus England, Schmuck, Granat und Glas aus Böhmen, Salz, Kupfer, Silber aus Deutschland – Lynch zeigte und erklärte seinem Schützling alles, die Kannen auch und die Teller und die Ringe und schöne Ketten, aber auch die Waffen, ließ ihn alles anfassen, hochheben, schätzen, vieles kannte der junge Mann von daheim, manches noch nicht oder in anderer Güte.

Und führte ihn schließlich links hinüber zum dritten Tisch. Tausende Augen von außerhalb des Vierecks, aber auch von der Mauer herab, von wo man den Auftritt gut überschauen konnte, beobachteten jeden von Juans Schritten und Gebärden. Auf dem letzten der drei Tische glänzte in der Sonne, was direkt von Galway aus nach Spanien, was aber auch ins restliche Europa zu liefern war, Bauholz lag da, Schafwolle in großen Ballen, Felle und Häute, dazu Honig, getrockneter Fisch und Getreide. »Jährlich viertausend Malter Getreide liefern wir aus«, sagte Lynch, und zu den Rinderhäuten bemerkte er, die seien aus Connemara, zum Teil direkt erhandelt von den wilden O'Malleys, die manche für Räuber hielten. »Mit denen treiben wir lieber friedlichen Handel, was beiden Seiten ungleich besser bekommt.« –

»Was verkaufen die?« – »Am besten dies lebende Vieh, nicht nur Rinder, auch Pferde und dann diese hier!« Dazu zeigte er auf die Falken, die auf den Ästen von Eichen und auf den Fäusten von Falknern standen. Und er zeigte auf die Meute der Jagdhunde.

Juan beugte sich hinab, griff sich eines der jüngeren Tiere heraus, nahm es bei den Vorderpfoten, kraulte ihm den Nacken und spielte mit ihm – die Menge ringsum sah es gern.

Zuletzt führte Lynch den jungen Gonzales in die Mitte des freien Platzes: Geschmückt von frisch gebrochenen wilden Fuchsiensträuchern voller blutroter Blütenkugeln warteten da auf einem kleineren Tisch drei Dinge auf den Gast, drei Geschenke für Juan, von jedem der drei großen Tische ein kostbares Beispiel: Ein Teppich aus Arabien, eine blutrote Granatbrosche aus Böhmen und ein schweres geschnitztes Eichenholz aus Galway, das zwei Arme zeigte, die ein Herz fest in beide Hände nahmen.

Auf ein Zeichen des Bürgermeisters blies nun vom Hafentor herab der Wächter ein Signal, es wurde still, Lynch stieg auf ein kleines Podest neben dem mittleren Tisch, stand nun im Schmuck der leuchtend roten Blüten, und er redete. Dieser Juan Gonzales, sagte er, sei nicht sein Gast allein, sondern als Gast anbefohlen allen, die ihn hier umstünden. »Bürger«, rief er, »Bürger der freien Stadtrepublik Galway, nur wer sein Herz in beide Hände nimmt, gewinnt das Glück. Wieder haben wir es gewagt, haben ferne Freunde gewonnen und diese Freundschaft vertieft – heißen wir ihn von Herzen willkommen, diesen teuersten, wichtigsten Freund, den Galway je zu begrüßen hatte!« – »Willkommen«, rief die Menge nochmal wie beim Eintreffen des ersten Boots.

»So wie Pat mein einziggeborener Sohn ist, so ist dieser Juan einziger Sohn und Erbe des Señor Christophoros Gonzales in Malaga, unseres bedeutendsten Geschäftsfreunds. Daß sein Juan mitkam in dies für ihn so ferne und fremde Land, sollten wir ihm danken mit der großzügigsten Gastfreundschaft, deren wir fähig sind! Umsorgen wir ihn, diesen Gewährsmann unseres Glücks, hüten wir ihn wie unser eigenes Kind! Denn es ist wahr, mit unseren Freunden im Süden haben wir Großes erreicht und haben wir weiterhin Großes im Sinn – Galways Goldenes Zeitalter!«

Da lärmten die Leute auf dem neuen quadratischen Platz, da riefen sie ihren Beifall, als hätte schon jetzt das allgemeine Trinken und Feiern begonnen. »Das Haus«, sagte Lynch, als wieder Ruhe eintrat, »das Haus, in dem vor dreihundert Jahren die ersten Lynchs in Galway wohnten, das zeigt sie noch heute, die kapitolinische Wölfin, an deren Zitzen Romulus und Remus saugen, die Begründer des ewigen Roms. Großes also hatten sich schon die Gründer vorgenommen. Und zwar –«, Lynch hielt sich die rechte Hand aufs Herz und rief: » – erstens: Gerechtigkeit!«

»Für alle!« antworteten in guter Übung die Galwayer, rings legten auch sie sich die Hände auf die Brust, dorthin, wo das Herz schlägt.

»Zweitens«, rief Lynch, »Wohlstand!«

»Für alle!« kam von allen Seiten das Echo.

»Und drittens: Verfassung!«

»Für immer!« schrie die Menge, die genau zu wissen schien, was ihr Oberhaupt jeweils zu hören wünschte. Erst jetzt, nach dem dritten Zuruf, sanken die Hände wieder von den Herzseiten.

»Als besonderen Willkommenssegen für unseren

Gast, für seinen Schutz vor jeder Art von Unbill wird jetzt unser Stadtpriester Kirwan den ältesten Segen sprechen, der in gälischer Sprache überliefert ist, und es wird alsdann ein im Neumond geborenes Tier zum Schutz des Gastes sein Blut lassen.«

Walter Lynch verließ das Fuchsien-Podest, statt seiner betraten es Kirwan und Juan. Der Stadtpriester hob seine linke Hand hoch über seinen Kopf empor, spreizte alle fünf Finger, legte dann diese Linke so, mit diesen gespreizten Fingern, auf den dunklen Haarschopf des jungen Mannes aus dem fernen Land und sprach in feierlichem Ton den alten Segen:

Freund Juan Gonzales, dies schützt Dich!
Dies schließt Dir das Tor der Wellen!
Dies schließt Dir das Tor der Waffen!
Ich segne Dir Seele wie Körper!
mit meinen geweihten fünf Fingern!
Aus diesen fünf Fingern bekommst Du
nun fünf und fünfzig fröhliche Feen!
– von fünf Fingern fünf mal elf Elfen!
Amen!

Dann erhob er die Linke wieder, die Segenshand abermals, hob sie mit den gespreizten fünf Fingern nochmal hoch in die Sonne und siehe, auch all die vielen Leute ringsum hoben jeder die linke Hand und spreizten die Finger zu einem Wald von vielen tausend beschwörenden Fingern – beschworen aus jeder Hand ›fünf mal elf Elfen‹.

Aus dem Dunkel des Stadttors führte nun die schwankende Gestalt des Frederic Fitzpatrick ein Kalb, dem die Augen mit einem schwarzen Tuch verhängt waren, Frederic führte es zu Priester Kirwan in die Mitte des Vierecks, führte es vor den Fuchsientisch, wo der grimme Edward bei einem alten Steinkreuz schon auf sein Opfer wartete. Der Türmer gab wieder sein Zeichen, der finstere Lanzenmann senkte die Waffe gegen das Tier, das lustig seinen Schwanz hin und her schlug und an Frederics Seil noch einen bockigen Sprung tun wollte, ehe es getroffen wurde. Es fiel um und machte mit den Beinen zwei, drei weglaufende Bewegungen.

Als es sich nicht mehr bewegte und sein warmes Blut floß, schossen von den Stadtmauern elf Kanonen Salut. Nach dem Donner und dessen Widerhall tönte von Kirwans Kathedrale die Glocke, die dem St. Nicholas geweiht war.

Pat versuchte, in Juans Gesicht zu lesen, suchte zu erkennen, welchen Eindruck ihm all diese Handlungen machten, doch der Spanier verzog keine Miene. Auch Walter Lynch blickte eher unbeteiligt, schaute vor sich hin auf den Tisch mit den drei Geschenken. Hatte zwar ebenfalls, als alle das taten, die gespreizte Hand gehoben, doch ihn hatte Pat vormals recht unzweideutig das alte gälische Segensopfer bedauern hören, nur schweren Herzens lasse er das noch zu, den Bewohnern der Unterstadt zuliebe, noch sei es einfach nicht so weit, noch könne er sowas nicht einfach verbieten und durch seinen vernünftigen dreifachen Stadtwunsch ersetzen. Immerhin, im neuen Galway-Gesetz wurde das Tier-Opfer nicht mehr vorgeschrieben, ja nicht mal mehr erwähnt.

Walter Lynch hatte es dann eilig, von dem roten Rinnsal fortzukommen, das vom Steinkreuz hinab zur Tiefe des Hafenbeckens sickerte. Führte den Juan aus dem Fahnenviereck heraus in das Stadttor, Pat und alle übrigen Heimkehrer und Begrüßer folgten ihnen, nur die Garde blieb zurück. Diese finsteren Edward-Gesellen paßten aber auch zu schlecht zum Häuserschmuck, zur Pracht der Girlanden und Blüten und zu den Fahnen über der Straße, die hinaufführte zum Kastell des Richters.

Aus den Häusern schauten Kinder und Greise, die Mütter mit den Kleinsten. Gleich unten hinterm Tor, in Flann O'Flahertys Haus, sah man die drei streng behüteten Frauen des listigen Alten, Isobella, Myra und Jane, und dicht überm Fensterbrett die Galerie ihrer rotgesichtigen Kinder, von denen Edward, der Stadthauptmann, fünf grimmig als die seinen bezeichnete.

Rings aus den Gassen tönte das Geschrei der vorausgelaufenen Kinder, aber auch das Gebrüll von Schweinen, denen es ans Leben ging fürs große Fest, ja, oben unterm Lynchhaus empfing sie bereits Bratenduft, der lagerte über der Straße und alles, was an mißratenen Jagdhunden umherstreunte, jappte und fiepte vor Gier und Appetit und biß sich aus dem Weg, jaulte auch unterm Schmerz der Tritte, mit denen die Vierbeiner aus den rauchenden Höhlen vertrieben wurden.

Vorm Lynchhaus hielt Juan an, ohne daß jemand ihn dazu aufgefordert hätte. Mehrstöckig erhob sich die Steinburg der wichtigsten Galwayer Sippe, höher als ihre Umgebung, aus grauen und grünlichen Kalkquadern massiv gebaut mit Erkern und gedrehten Zinnen und Simsen und Säulen im maurischen Stil, mit Rankenwerk aus steinernen Weinblättern, mit Löwen- und Luchs-Häuptern und Drachenköpfen als Wasserspeiern – als Wunderwerk war dies Turmhaus über Connemara und das Connought hinaus bekannt. Die ganze Stadt rings mit ihren ähnlich geschmückten Palästen galt als Wunder im Land der niedriggeduckten Strohhütten, die sich quer durch Irland weit voneinander entfernt hinter felsigen Buckeln duckten. Mitten in der weiten Einsamkeit der Moore und Heidehügel erhoben sich hier diese prächtigen Häuser, die Festungsstadt der Galwayer Kaufleute und über allen dies Lynchhaus, mit seinem Flachdach so überraschend und in der Wirkung so südlich, daß selbst Juan, der Herrensohn aus Malaga, stehen bleiben und daran hinaufblicken mußte.

»So ein Haus? Hier?« – »Baumeister war der Vater Deiner Mutter, Alvarez Gomez.« – »Und das Bild dort? Überm Eingang? Was ist das?« – Juan war näher herangegangen, war unter den Steinbogen des Eingangs getreten und sah verwirrt zu der steinernen Skulptur hinauf, die über der Tür angebracht war, als sollte jeder, der diesen Burgturm betrat, einen Moment erschrecken oder wenigstens stehenbleiben und nachdenken. Die Skulptur zeigte ein Wesen – ob Tier oder Mensch, schien unklar –, das ein kleineres ähnliches Wesen in den Armen hielt wie ein Baby, um es entweder zu küssen oder zu fressen, aufs Fressen deuteten im Mund des Größeren die vielen Zähne.

»Gälisch ist das«, sagte Pat, »also keltisch. Alvarez hat den Steinmetz ein altes keltisches Bild benutzen lassen, das brachte er dem Handwerker aus der wilden Gegend hinter den Joyce-Bergen, wo noch jetzt die gälischen Häuptlinge hausen, die O'Flahertys und die O'Malleys.« – »Und?« Juan schien sich von dem Anblick nicht trennen zu können. »Küßt das Große das Kleine? Oder aber frißt es –«

»Jeder sieht das so, wie er's braucht. Sagt Vater.«

Walter Lynch schien dann ablenken zu wollen und zeigte dem Gast auf die Schar der Mägde, der Küchen- und Hausknechte, die sich unter Fitzpatricks Kommando an der Hauswand, die Gosse entlang, aufgereiht hatten und den ›Prinzen‹ aus Andalusien anstarrten, Lynch stellte sie vor als seine und damit auch als Juans Dienstgeister und sagte ihnen, dies also sei er, der nun für gut zwei Monate mit ihnen unter einem Dach wohne. Und als er dann seine Mary beim Arm genommen hatte, um mit ihr sein Haus zu betreten, unter dem zweifelhaften Steinbild hindurch, empfahl er noch einmal den Juan Gonzales seinem Sohn, Pat möge ihm nun alles zeigen in der Lynchburg.

Pat, froh, sich aus dem allgemeinen Wirbel endlich verziehen zu können, zeigte Juan die große Halle mit den Balken, die bislang alle Lügenballaden von Frederic und alle Lachschreie von Betty Blake überstanden hatten, zeigte ihm die Küche mit den Feuer- und Wassergeistern, die mit ihnen hereingekommen waren und unter den Augen des Gastes rasch wieder in die Dämpfe und Dünste tauchten, zu den Bratspießen griffen, zu den Würzdosen, Messern, Wasser- und Weinkannen und die aus den Torffeuern grünbläuliche Flammen lodern ließen. Pat zeigte ihm auch den Innenhof, Ricardos Kapellenhaus, den Kerkerturm, den Stall mit den Pferden, dem Federvieh und den Milchschafen, das Badehaus, den Weinkeller, das Zimmer des Vaters mit dem merkwürdig bemalten Bleifenster und schließlich den Schlafraum, in dem mit Pat nun auch Juan wohnen sollte.

Der ging an das Fenster und schaute auf die Straße hinunter, über die lange Reihe der festlichen Banner und leuchtend roten Blütenzweige, die bis fast zum

Hafen hinabreichte und sah die Dächer im gleißenden Licht.

»Ich hatte gedacht, hier wird's Nebel geben, nur Regen und traurige Gestalten, vermummt. So sagten sie mir zu Hause. Und Dein Vater sogar, auch der hat erklärt, wenn bei Euch die Berge dort hinter der Bucht klar zu sehen seien, dann würde es bald regnen. Wenn sie nicht zu sehen seien, dann regne es schon.« Juan drehte sich zu Pat zurück und schien recht zufrieden. »Ich weiß«, sagte Pat, »nur Armut und Gebet gibt es hier, wissen die in Dublin oder in London. Aber diese Zeiten sind vorbei. Statt dessen regiert hier die Hölle. Nämlich vierzehn uralte englische Sippschaften.« – »Für die Iren die Hölle?« – »So sehen das einige noch immer. Aber das neue Galway-Gesetz öffnet auch den Ureinwohnern die Stadt und den Markt.«

»Deine Mutter, ich glaube, die ist wirklich zauberhaft. Mein Vater hatte recht.« Juan ging im Zimmer herum, sah, wohin die nächsten Türen führten, auch die Wendeltreppe nach unten, jetzt solle Pat ihm den Gefallen tun und ihm das Dampfhaus aufmachen und nutzen, Schiffsschmiere und Hitze klebten ihm am Körper. Und stand schon da, ausgezogen. Pat hatte kaum Zeit, sich zu wundern, da sprang der, nur mit seiner dunklen Haut bekleidet, die Wendeltreppe zum Badehaus zurück, unten durch die große Halle. Jetzt war also so einer im Haus, ein Schneller, nicht mehr nur der geziert düstere Herr Ricardo mit seinen zart gestochenen Schritten, nicht mehr nur die Alten und Trottel und die Geduckten und seltsamen Heiligen, ob er denn, fragte Pat und riegelte im größten Baderaum die Dampflöcher auf, ob sie bei sich zu Hause ebenfalls solche Badehäuser hätten, aber ja, wo denke er hin, doch dürften bei ihnen Männer und Frauen nicht zusammen baden. »Seit in Spanien die alte kirchliche Vernunft wiederentdeckt worden ist, seitdem hat man durchschaut, daß alles Übel vom Weibe ausgeht.«

Pat dachte an die Hexen auf den kratzigen Besen, traute sich aber noch nicht, Juan nach dieser Reitschule zu fragen, er lachte nur und stieg auf die Bank, um den warmen Wasserstrahl vom Deckenträger platschen zu lassen, herunter auf Juan, der sang unter der prasselnden Fülle, sang und schrie und lachte, Pat solle sich zu ihm stellen, doch der legte sich auf den heißen Dampfrost. Als der Warmwasserschwall zu Ende war, sprang Juan in den Rundbottich, ins Kaltwasser, kniete und tauchte japsend bis zu den Schultern ein und kam wieder hoch, schnappte nach Luft und legte sich auf das Lattengerüst neben Pat. Der sprang auf, nahm ebenfalls ein Wechselbad aus Heißem und Kaltem, legte sich dann aber doch neben den Gast.

Eine Weile stiegen still die heißen Lüfte zwischen ihnen auf. Während Pat Bewegungen nicht für angebracht hielt, ruckte und streckte sich der andere immer aufs neue. »Ich glaube«, sagte Juan schließlich und schien zur Ruhe zu kommen, »ich glaube, Ihr seid noch katholischer als wir.«

Pat dachte eine Weile nach und zog es vor, diese Vermutung nicht auf sich zu beziehen. »Du meinst den alten gälischen Segen? Nimm das nicht so ernst. Kirwan glaubt nicht dran, nehme ich an. Macht das nur für die Iren. Allerdings, die wollen katholisch bleiben und zugleich keltisch. Und die wollen noch immer das Opfer, sagt Kirwan. In Wahrheit –«, Pat war froh, über solche Dinge reden zu können, »in

Wahrheit, na, wie schlau unser Stadtpriester ist, Du wirst es sehen.« – »Zum Beispiel?« – »Zum Beispiel hält er sich nicht wie die anderen Priester von Irland bis Schottland eine Konkubine, denkt gar nicht dran, sondern erfreut sich mal mit dieser, mal mit jener Seele, segnet den Mädchen die Unschuld, so nennt er das. Auf jeden Fall betrügt er so seinen armen Bischof in Dublin um den Konkubinenzins, den die anderen Brüder immer noch zahlen müssen. Im vorigen Sommer war ein Prälat hier, der sollte ihn zur Ordnung rufen, dem bekam die Nacht mit Kirwans Freundinnen schlecht, der und Flann O'Flaherty, die haben den Dubliner dermaßen verwirrt und überfordert, daß sie ihn am anderen Tag halb tot davonkarren mußten. Seitdem ist keiner mehr gekommen, den Zins zu holen. Kirwan und katholisch? Er ist jedenfalls der schlimmste und schlauste unter den Priestern, und man kann wunderbar mit ihm singen und feiern.«

»Vergelt's ihm der Teufel. Und unser Ricardo?« – »Schlimmer.« – »Schlimmer?« – »Gleich schlimm, nur merkst Du es nicht, wie schlimm er ist, und darum ist er schlimmer.«

Juan, auf dem Rücken liegend, faltete die Hände, unter seinem Kopf. Blickte an die Decke. Pat schielte zu ihm hinüber, biß sich auf die Lippen und kratzte sich mit den Fingern durch sein dickes Haar. »Du mußt wissen, bei uns, da geht es ziemlich verwickelt zu, diese Verhältnisse hier, ja, wie soll ich die beschreiben, diese verwickelten alten Familiengeschichten, die begreife ich selber kaum. Aber mein Vater ist da anders, sowas, das liebt der, da macht ihm keiner was vor.«

»Nicht umsonst versteht er sich gut mit meinem.«

Juan schaute den Pat an. »Keine Sorge. Ich mache alles, wie bei Euch üblich. Na klar. Eh tatsächlich die Hölle los ist. Oder die Familien. Was bei uns dasselbe ist.«

Pat lag eine Weile ruhig. Versuchte die Worte, die er gehört und diejenigen, die er gesagt hatte, noch einmal zu hören, abzuhorchen. Es war ihm nicht recht wohl bei seinen Reden und er wußte jetzt auch nicht mehr so ganz genau, ob er dieses Leben da neben sich begrüßen sollte oder ob es richtiger wäre, etwas vorsichtiger zu sein. Eh tatsächlich die Hölle los war.

Er hätte gern mit Juan mehr über ihre Väter geredet. Was hielt ihn ab? Die Befürchtung, er überschaue hier zu wenig? Was hätte er Juan fragen wollen? Zum Beispiel, ob der ebenfalls seinem Vater nachfolgen werde, als Handels- und als Landesherr, oder ob er es machen werde wie in Galway der junge Browne, der abgehauen war, als sein Vater Jonathan im Sterben lag und die Frauen ihn angestarrt hatten als den ›Kronprinzen‹, abgehauen war der nach England, nach London, um nur ja nicht Handel und Amt des Vaters übernehmen zu müssen. Von solchen Geschichten hätte er gern mit Juan geredet, ob auch der so einen wie diesen Jack Browne verstehe, fürchtete aber, daß er bei solchen Fragen die Übersicht verlieren könnte.

Wo war Juan Gonzales? Davongeschlichen hatte der sich, unterm Wasserrauschen unbemerkt, aber hinter der halb geöffneten Tür des Badehauses, da gellte jetzt, drüben in der Halle, ein Schrei, Küchenvettel Ann war das, die polterte einen Eimer in die Ecke, hatte den losgelassen, als die dunkle Haut vor ihr aufgetaucht war, na sollten die Hausleute sich doch gewöhnen an diesen Neuen, dachte Pat, und trabte hinter dem Südmann her. Ann aber, als sie, ihren Eimer wieder in der Hand, ihn so sah, wie sie den Juan gesehen hatte, tat ihm keinesfalls den Gefallen, das Blech abermals schreiend fallen zu lassen.

Als Juan in den Schlafraum zurückgekehrt war, hatte Pater Ricardo im Zimmer gestanden, der Vetter. Stumm sah er Juan zu, wie er sich ankleidete. Als Pat hinzukam, bat Ricardo den Juan, mit ihm hinüberzugehen ins Kapellenhaus. Pat glaubte zu spüren, daß Juan nur ungern mitging. Noch beim Hinausgehen griff der sich – »Darf ich?« – Pats Leier von der Wand und nahm sie mit.

Oben, im Zimmer über der Kapelle, zwischen Stehpult und Büchern, erklärte Ricardo, als Verwandter fühle er sich verpflichtet, ihm, Juan, Aufklärung über die wichtigsten Verhältnisse in dieser Stadt zu geben, in der nun auch er einige Zeit leben müsse. Ricardo wisse zwar, daß Juan sich aus alter Abneigung für seine, des Vetters Aufklärungen wenig interessiere, doch empfehle er dennoch, ihm in dieser fernen Weltgegend genau zuzuhören. Dazu blickte er seitlich, aus den Augenwinkeln heraus, auf das, was der junge Mann inzwischen machte.

Juan hatte sich auf einen Hocker in der hinteren Ecke des Zimmers gesetzt und suchte die Sperre, mit der die Instrumentenkurbel festgehalten wurde. Ricardo ging, die Hände auf dem Rücken, dicht an ihm vorbei und wieder zurück in den Raum, ging hin und her und redete: »Walter Lynch ist dabei, in Galway eine ›Ordnung des Glücks‹, wie er das nennt, zu schaffen, eine, die unabhängig machen soll, mußt Du wissen, unabhängig von dreierlei: Unabhängig von der römisch-katholischen Kirche, unabhängig von Macht und Gesetz Englands und unabhängig von der übrigen irischen Insel und ihren Grafschaften. Die Dynastie der Lynchs betreibt diese Politik seit dreihundert Jahren. Der gegenwärtige, Richter und Stadtoberhaupt zugleich, treibt sie auf den Gipfel.«

Juan Gonzales hatte die Sperre nun gefunden, konnte jetzt die Kurbel einsetzen und drehen, doch schien er mit dem, was da an Tönen zu hören war, wenig zufrieden.

Der Pater schritt weiter durch sein Zimmer, ging zur Marienstatue, bekreuzigte sich vor der Mutter Gottes und wandte sich wieder an seinen Vetter. »Die Lynchs haben es fertiggebracht, daß in dieser einstigen Fischersiedlung heute nur noch so viele Fischer leben, wie für die Versorgung der Stadt und für einen geringfügigen Handel gebraucht werden. Diesen wenigen, da sie in der Stadt kaum Konkurrenz haben, bringt das Fischen Wohlstand, wenn auch nicht so reichlichen wie den Kaufleuten das Handeln und den Handwerkern ihr Handwerk. ›Wohlstand für alle.‹ Du hast es gehört. Die zweiten und dritten Söhne und die weniger entwicklungsfähigen Sprößlinge aus den alten Fischerfamilien steckt Lynch in seine Stadtgarde oder –«

Ricardo hielt inne, betrachtete Juan und sein Spiel, schien einen Moment lang gewillt, seinen Vortrag abzubrechen, fuhr dann aber, im Ton eine Spur heftiger, fort: »Ich mache es kurz. Wie läuft nun der hauptsächliche Handel in Galway. Jede der größeren Sippen hat entweder ihr eigenes Kauffahrtschiff, oder sie ist dabei, es sich zu bauen. Der Handel, dessen Güter Du heute gesehen hast, wird vom Lynchhaus zentral vermittelt, organisiert und verteilt. Wer noch kein Schiff hat, mietet Platz auf den vorhandenen. Schiffs-Besitz ist der entscheidende Vorteil, den Lynch jedem empfiehlt.« Er drehte sich auf dem Absatz um, ging zur Mutter des Christus, kam aber von der Maria wieder zurück: »Das Wurschtigsein –«

Pater Ricardo brach ab, hoffte wohl, durch eine solche Unterbrechung Juans Aufmerksamkeit zu gewinnen, doch der spannte nur weiter die Saiten, drehte wieder das Rad, drückte verschiedene Tasten, stimmte die Saiten zum Akkord.

»– das Sich-gehen-Lassen ist, was den irischen Galwayern als wahres Glück vorschwebt. Lynch weiß das und rechnet damit, wann immer er wirbt und redet. Er rät, leiht Geld, will, daß am Ende jede größere Familie sich den Bau eines Handelsschiffes leisten und sich am Umsatz beteiligen kann. So wie das derzeit nicht viel anders auch in den großen Hafenstädten Italiens, Spaniens und Portugals geschieht.«

Juan hatte endlich Zusammenklänge gefunden, die ihm angenehm erschienen, die er nun leicht variierte und in eine Melodie auflöste. Mit der Rechten drehte er das Kurbelrad, mit der Linken drückte er an dem länglichen Kasten die Hebel. »Aus all dem ergibt sich eine Dreiteilung der Galwayer Bürgerschaft. Zuunterst jene Fischer, irische oder, wie man hier sagt, gälische Leute, wohllebend und leidlich zufrieden, mit einer eigenen Muttersprache. Im Herzen sind sie noch keltisch, erzogen sind sie römisch-katholisch, sind aber derzeit – wäre ich nicht hier – ohne Hirte. Wohnen unten in der Fischerstadt, hinterm Corrib, im sogenannten Claddagh.«

Ricardo unterbrach abermals, vielleicht, weil er, was Juan nun spielte, von früher, von Malaga her kannte. »Genannt wird die Iren-Stadt Unterstadt.

Aus Irish Town kommen die meisten Stadtsoldaten, fast alles gälisch sprechende Iren, sämtlich hörig dem Lynch-Knecht Edward O'Flaherty und seinem Drill. Dieser Finsterling Edward glaubt, je schwachsinniger die Disziplin, desto englischer sei sie. In der Mitte der Galway-Gesellschaft, größer an Zahl, leben Leute, die früher ebenfalls Fischer waren, die im Lauf der dreihundert Lynch-Jahre eingegliedert wurden in den Betrieb der Handelsstadt. Die meisten sprechen inzwischen neben dem Irischen das Englische. Sind dem anglikanischen Reformgeist verfallen.«

Juan sang einen spanischen Text, hörte aber nach den ersten Worten gleich wieder auf, fast erschrokken, schaute den Priester an, lächelnd. Da nun auch der schwieg, wiederholte Juan die Weise, ohne zu singen, wiederholte sie auf der Leier und spielte sie zu Ende. Von zwei der vier Saiten tönte dazu ein gleichbleibendes Intervall.

»Diese Mittelschicht, auf die ich Dich hinweisen möchte, wohnt nicht mehr in Irish Town, sondern schon im inneren Stadtmauer-Ring, in der Oberstadt. Viele sind Handwerker, einige ebenfalls Händler, sie besorgen den inneren, den irischen Handel, liefern den Wein und die anderen Waren an die Grafschaften oder holen die Güter nach Galway, die mit den Schiffen hinausgehen sollen, die Wolle, das Vieh, die Häute. – Zuoberst regiert hier die schmale Schicht jener Familien, die vor Jahren aus England in den irischen Westen geschickt wurden, damit diese wilde Region endlich zivilisiert und der Widerstandsgeist im Zentrum gebrochen werden sollte, damit er verwandelt würde in den englischen Händlergeist. Diese Herrenfamilien waren vormals selber Landräuber oder Seeräuber oder dergleichen, das sind also diese Kirwans, Skerretts, Brownes, Blakes, Joyes oder Joyce und die Lynchs selber. Vom Reformgeist besessen und seit den Umtrieben in den protestantischen Deutschländern und in Britannien erst recht auf Unabhängigkeit sinnend. Auch auf Unabhängigkeit von Gott. Ihnen und ihrer Vernunftreligion huldigt der unwürdige Stadtpriester, dieser Kirwan. Ein Schwächling, weltlichen Genüssen verfallen.«

Ricardo blieb vor Juan stehen: »Ich weiß, daß Dich die Töne auf dieser barbarischen Bauernleier mehr interessieren als alles, was ich Dir hier gesagt habe. Aber Du wirst mir von nun an keine Vorwürfe mehr machen können, ich hätte Dich nicht gewarnt. Hab Dich hiermit ausreichend hingewiesen auf Unterschiede, auf Spannungen, auf mögliche Gefahren.«

Juan schien nicht bemerkt zu haben, daß sein Vetter den Vortrag beendet hatte und ihn nun direkt angeredet hatte. Er schaute verwundert zu ihm hoch, nickte ein wenig, lächelte, stand auf und sagte ja. Und danke sagte er noch. Und blickte staunend von Ricardo, der sich an sein Schreibpult neben das Fenster stellte, zurück auf sein Instrument, tastete daran herum, als sei etwas daran entzweigegangen oder gefährlich. Da er das nicht bestätigt fand, nickte er noch einmal ein »Danke, Vetter!« und ging, spielend, hinaus, zurück zu Pat.

»Komm mit!« rief er dort, hängte das Instrument zurück an den Nagel, »jetzt will ich sehen, wo sie hausen, Eure barbarischen und gefährlichen fünf mal elf Elfen, die mir Euer gottloser Stadtpriester in das Hirn gebetet hat!«

Aber ja, mit Wonne würde er mitkommen, am besten auf den Pferden, ob der Spanier den energischen Schwarzen nehmen wolle? Gern, die quirlige Sorte habe er lieber, jedenfalls bei den Pferden, und dazu lachte Juan wieder auf eine Art, die Pat vergessen ließ, mitzulachen. Zumal der Rappe, der quirlige Schwarze, den Joyes gehörte, und zwar, genauer gesagt, ihr, der Agnes Joyes, wovon aber bislang niemand was wissen durfte.

Juan also auf dem Schwarzen, der setzte unterm kurzen Zügel in Wechselsprüngen über den Hof, sprengte zwischen Kapellenhaus und Küche hinaus auf die Straße, daß Frederic Fitzpatrick sich in der Einfahrt an die Wand drücken und im Schreck das Kreuz schlagen mußte, der Hengst zitterte und tänzelte übers krumme Pflaster die geschmückte Straße hinunter, rutschte und stolperte dann über die Corrib-Brücke durch das Iren-Dorf und scheute so vielfach, daß Hunde und Kinder zwischen die Häuser flüchteten und Juan, gleich hinter den letzten Fischerkaten, meinte, nun endlich, auf dem guten Boden, müsse das Tier haben, was es unbedingt brauche: freien Auslauf. Und jagte davon über die Heide, daß der Staub stieg, durchs Birkengestrüpp hinter der Ruine von O'Brians Mühle, dort hinaus ging's, sie flogen in der Hitze dahin, und ehe Pat mahnen konnte, waren beide schon tief in die Weite hinaus.

Juan hetzte querfeldein, als ginge es auch jetzt, bei diesem Ritt, um die Wette, jagte schließlich den Mount Golgatha hinauf, den alten Galgenberg. Von dieser Kuppe über dem Meer hatte Fitzpatrick manchen Abend schon gesungen und immer dazu beteuert, auch die wüsten und wunderbarsten Ereignisse, die so oft auf diesem Berg ihre letzte Station fanden, seien die reine Wahrheit, er habe diese Geschichten von seinem Henker-Vater, einige auch von der Kate. Die wohnte bei ihren Wurzeln dort draußen und die müsse es wissen, die Hexe. Und ›Hexe‹, das war für den Frederic wie für alle mit gälischem Gemüt keinerlei Beschimpfung.

Bergauf, den gelben, strohig vertrockneten Wiesenhang hinauf ging es nun langsamer, gegen die Sonne glänzte die verdorrte Fläche braunrot. Unter den Hufen wirbelten Halmbüschel auf, federleichte und bleiche. Pat schaute zur Seite, über die Ebene im Osten und sah Rauchsäulen stehen hinter der Stadt, schwarze Türme bis in den Himmel, über brennenden Wäldern.

Auf der halben Höhe des Galgenberges stand, halb in den Hang gedrückt, ein niedriges Steinhaus. Aus dem Kamin rauchte es, als blauer Strich stieg der Rauch steil hinauf in die windstille Höhe. Juan und Pat sprangen ab, zogen die Pferde am Halfter, die dampften und keuchten, Nässe lief ihnen in Striemen die Felle hinab und – eben wollte Pat noch sagen, Juan hätte gut getan, die Tiere rennen zu lassen, als beide Pferde wie auf ein Zeichen Widerstand leisteten, an den Riemen rissen, Juans schwarzer Hengst drehte die Augen ins Weiße, warf den Kopf, und plötzlich stiegen sie zugleich senkrecht auf, da gab's kein Halten, da rasten die Tiere davon, galoppierten mit hochgestellten Ohren und Schweifen den Berg hinunter, den Weg zurück, den sie gekommen waren.

Unten, in der Senke, wo es feuchter und das Gras besser war, beruhigten sie sich, liefen einige Male im Kreis mit schlagendem Schweif, wurden dann ganz ruhig und begannen nach kurzem Stehen und Kopfschütteln zu grasen.

In der Tür des Hauses stand die alte Kate. Klein war sie, aber nicht etwa krumm und verbogen, sondern klein und dünn wie eine Zwölfjährige. Auch so gelenkig schien sie und fix, nur an den hellgrauen Haaren und an der verknitterten Haut war ihr Alter zu erkennen, es hieß, älter sei sie als Fitzpatrick, aber auf Pat wirkte sie jünger. Wenn sie so wendig und so zwölfjährig weitermachte, würde sie hundert Jahre alt werden und mehr, wenn sie's nicht schon war.

»Kate, Du verjagst uns die Pferde!« beschwerte sich Pat. – »Unsinn«, sagte sie leise, »sie mögen den Geruch nicht.« – »Geruch?« – »Zwiebelgewächse. Kräuterrauch. Das beißt ihnen in die Nasenhäute. Wer ist das?«

»Das ist Juan. Kam mit Vater, aus Malaga. Was sagst Du zu ihm?«

Die Alte trat etwas näher, die Tür fiel hinter ihr zu. »Geburtstag?«

»Wann Du geboren bist, will sie wissen.«

»Im September, am neunzehnten.«

Kate legte die welke Hand übers welkende Gesicht, über die Augen gegen die Sonne, schaute Juan eine ganze Weile stumm an, ließ dann die Hand langsam herab und drehte sich zurück zu ihrer Räucherhütte, wollte gehen.

»Halt!« rief Pat. »Gefällt er Dir nicht?«

Sie ging weiter. »Abhaun soll er!« knurrte sie und öffnete die Tür, in der Tür kratzfußte sie gegen den Lynch junior mit ihrer zwölfjährigen Gelenkigkeit: »Gebenedeiter Knabe!«

»Antworte!« Pat ging auf sie zu, rasch, als wollte er sie beim dunkelgrauen Kittel packen, aber dicht vor ihr blieb er doch lieber stehen. Zumal sie nun redete. »Stimmt alles nicht, Wetter nicht. Der Mann nicht.

Schick ihn weg, Pat.« Und flüsterte, daß es der andere nicht hören sollte. »Paß auf, Patsie! Ich sehe acht Sonnen.« Und dann wieder: »Weg mit dem!« schrie sie und schien den Verstand zu verlieren, so drohend schwang sie ihren dürren Arm. Und verschwand mit geschickter Drehung in ihrem Schuppen, ehe Pat die Kate hatte packen können.

Der stieß gegen die Tür, die schon versperrt war, warf sich dagegen, daß es krachte, griff sich vom Stapel unter der Traufe ein paar dicke Prügel Brennholz und schmetterte sie gegen den Eingang. Schließlich gab er's auf, blieb stehen, schaute zurück auf den Spanier, der grinste. Pat klopfte sich die Hände sauber und ging, etwas verlegen, zum Gonzales zurück und versprach, in Irland dereinst die Sitten aus den Deutschländern einzuführen, wo, wie er gehört habe, solche Frauen verbrannt würden.

Juan nickte, wies aber auf den Berg, hinauf gegen den Himmel. Dort hatte sich in den feinen hohen Dunstschleiern das Sonnenlicht gebrochen. Zu acht Nebensonnen. In weitem Kreis umgaben sie ihren Ursprung, wie ein riesiger glitzernder Himmelskristall.

Den Rest des Weges, zum Gipfel hinauf, gingen sie zu Fuß. Schweigend. Rappe und Apfelschimmel grasten unten bei der Senke, in Ruhe. Aber Brandgeruch lag in der Luft.

Schließlich hatte Juan doch eine Frage gestellt. Nein, antwortete Pat, oben auf der alten Schädelstätte gebe es vom Galgen keine Spur mehr. Fitzpatrick hätte den Gallagher damals schon vorm Ost-Tor aufgeknüpft, auf dem Irischen Platz. Was dieser Gallagher verbrochen habe? Seine Frau habe der erwürgt, weil auch sie eine Hexe gewesen sei, und zwar eine von den unangenehmen, wie zuzeiten auch diese Kräuter-Kate. Gallaghers Meiler hätte sie verhext, David Gallaghers Arbeit von Monaten verdorben. So eine Banchee-Fee aus der Welt zu schaffen, wofür ihn die deutschen Bischöfe in Ehren gesetzt hätten, dafür sei dieser Gallagher in Galway, o Maria, gehängt worden. Unterm Großvater Frances Lynch, als Walter Lynch erst sieben Jahre alt war und der junge Frederic erst neunzehn.

Pat konnte diese Geschichte, da er sie einige Male gehört hatte, ohne Stocken erzählen und so ausschmücken, daß sie bis zum höchsten Punkt der Kuppe reichte. Dieser Mount Golgatha erschien nur von Land her wie eine freundlich zugerundete Kuppe. Der war in Wahrheit in der Mitte halbiert, der Gegenhang war verschwunden, das fiel von der Spitze weg senkrecht in die Meeresbucht.

Als sich im sanften Erdbusen plötzlich dieser Abgrund auftat, mußte Juan sich auf den Boden stützen, sank auf die Knie. Pat hatte keinen Schreck oder Schwindel zu überwinden, kannte sich aus hier. Sonst, erklärte er, an anderen Tagen höre man schon auf hundert Schritte, bevor man es sähe, unter sich das Meer toben, nur heute, bei diesem Bleiwetter, da habe sich die Erde wohl ein bißchen unvorbereitet vor Juans Füßen aufgetan.

Auch hier oben ging keine Luft. Den Himmel bedeckte von Horizont zu Horizont ein dünner Schleier. Die Fahlheit des außergewöhnlichen Lichts erinnerte Pat an den Tag, an dem die Sonnenfinsternis gewesen war. Da hatten sich die Hühner in ihre Ställe verkrochen, weil sie meinten, der Tag sei zu Ende.

Heute, wo sie sich verachtfacht hatte, schien die

Sonne scheinbar achtfach schwächer. Das Meer sah tot aus und grau. Nur im Westen, am Ende der Galway-Bucht, beim Buckel des Black Head, da schimmerte auf der Oberfläche als großes mildes Oval eine achtfache Sonnenspiegelung. Und im matt glänzenden Bereich dieser Spiegelung standen die Schiffe. Noch immer unbeweglich, nur wenig nach Norden und Osten gerückt. Lagen fest im Eingang der Galway-Bucht.

Wo hinterm Black Head der Dunst an diesem Tag bis an den Ozean reichte, dort, so erklärte der junge Lynch, seien sonst die Aran-Inseln zu sehen. Stunden, ja halbe Tage schon hätte er im Sturmwetter hier oben, auf dem halbierten Buckel gesessen, hätte die Brandung gehört, aber auch das Krachen und Bersten der abwärtsgehenden Brocken und Platten. »›Die See keilt‹, sagen dazu die Alten, sie laugt und wäscht, holt sich den Kern aus dem Berg. Der Kern dieses Hügels, so erklärte mir unser Märchenchronist O'Brian, besteht aus Salz.«

Allerdings, da waren Risse im Boden. Zu ihren Füßen, in der Hitze, da lösten sich Moos und Graspolster vom weißgrauen Fels, da öffneten sich Steinspalten und wurden Untergründe sichtbar. Die Felsplatten waren, je weiter man sich nach vorn an die Kante wagte, von Rissen durchzogen. Durch die vordersten sah Juan hindurch, bis hinab aufs Meer.

»Ist er nicht wundersam, unser alter Galgenberg? Unser Märchen-Großvater, der alte O'Brian, der erzählt, früher hätten sie hier die Opfer runtergeworfen. Wenn sie genügend lang gehangen hatten. Wenn sich die Raben und Möwen bedient hätten.«

»Wunderbar. Märchenhaft«, sagte Juan. »Und wie zum Possen jetzt ohne jeden Wind, extra für mich.«

»Es war noch niemals so still hier. Meist, wenn man hier steht, hörst Du Deine eigenen Worte nicht, so laut tobt das. Als ich zur Welt kam, sagt O'Brian, war Orkan. Springflut. Da schützten auch die Aran-Inseln die Galway-Bucht nicht. Das Unwetter hätte hier oben den alten Galgen in die Tiefe gerissen. In der Nacht, als ich zur Welt kam. Erzählt O'Brian.«

»Was das bedeutet, hat er gewiß ebenfalls erzählt.«

»Das bedeutet, hat er gesagt, ich würde irgendwann Galway vollkommen verändern. Behauptet er. Glaube ich aber nicht. Bin alles andere als ein Veränderer.«

Juan legte die Hand über die Augen. Versuchte wohl, in den Spiegelungen zu erkennen, ob sich die Schiffe vorm Black Head nicht doch ein wenig bewegten. Noch immer hatten die sämtliche Segel gesetzt. Ließ die Hand sinken, schüttelte den Kopf.

»Der Berg dort unter der Sonne heißt zwar Black Head, aber das Gestein ist bleich, wie Knochen. Die Kelten sagen: Zu wenig Bäume, um jemanden zu hängen. Zu wenig Wasser, um jemanden zu ersäufen. Zu wenig Erde, um jemanden zu verscharren.«

»Was muß ich tun, um von Deinem Vater gehenkt zu werden?«

»Jesses – Fitzpatrick ist der Henker.«

»Dein Vater der oberste Richter.«

»In der neuen Verfassung ist nach Mord das zweitböseste Vergehen dasjenige gegen Handel und Wandel. Wer dagegen verstößt, ist offenbar des Teufels.«

»Wenn Du mich jetzt hier runterstößt?«

»Doppeltes Verbrechen. Zweimal müßten sie mich hängen.«

Das Meer glänzte wie Pech. Pat stellte sich breitbeinig über einen Spalt und spürte die Tiefe zwischen den Beinen. Dort unten, unterm Kliffrand stand das Meer lichtlos. In den Kesseln, unter den Brücken und in den Löchern lagerte es schwarz. Wie Eingänge zur Unterwelt.

»Seit meiner Geburt bricht es hier kirchturmhoch ab, versichern mir die Alten. Noch Frances Lynch hat als Mayor verfügt, den Richtplatz auf die andere Seite der Stadt zu verlegen, auf den Platz, der ins irische offene Land hinausführt und der darum der Irische Platz heißt. So wie die gälischen Fischer den Galgenberg unter sich immer nur Salzhügel nennen. Mit diesem Galgenberg oder Salzhügel, sagt Märchenmann O'Brian, mit dem würde es, wenn erst die Urenkel alt wären, aus sein. Weil, munkelte O'Brian, weil der Berg im Kern aus Salz sei. Aber auch schon einfach deswegen, weil er zu hoch sei für diese Küste. Hat er gesagt, der O'Brian. Und hat dazu seine Augen fast geschlossen gehalten, als sehe er schon jetzt, wie flach alles dereinst wird bei Galway. Jawohl, hat dann auch diese Kräuter-Kate gesagt, zu hoch! Viel zu hoch für Galway! Am Ende, so hat O'Brian prophezeit, am Ende werde hier alles platt und seicht sein, flach und langweilig wie sonst nirgends an Irlands Küsten.«

»Und für diese Veränderung sorgst irgendwann Du?« – »Ausgerechnet ich.«

Inzwischen, nach den Wiedersehens-Geplänkeln mit den Hausleuten, nach den Duschen und Dämpfen, die Frederic Fitzpatrick seinem Herrn Lynch wieder auf den Leib mischte wie eh, nach einem guten krachenden Heimatbrot und Kohl mit Speck und Lachs und Whiskey in der Halle, zusammen mit Mary und Frederic und Ricardo, wobei die schwierige Landung der Schiffe in allen Einzelheiten neu erörtert wurde, nach diesem ersten Wiedereintritt in die alten Gewohnheiten zog sich Walter Lynch zurück in jenen Raum mit dem großen Fenster aus spanischem Glas, bemalt mit der siegreichen Schlacht Fürst Philipps des Vernünftigen, mit seinem Sieg über eine extrem fanatische Vorhut der Mauren 1207. Lynch hatte das Bild vor zwei Jahren Stück für Stück von einer andalusischen Reise mitgebracht und in seinem Galwayer Haus von spanischen Handwerkern zusammensetzen lassen, zu diesem dunklen, seltsam aufgeregten Fenster. Vor dies ›Fenster der Vernunft‹ also zog er sich zurück, nicht ohne zuvor Pater Ricardo einen Wink gegeben zu haben, mitzukommen.

Lynch schloß die Tür, bot Ricardo einen Stuhl und setzte sich, schüttete sich Wein aus der Karaffe – der Pater trank keinen – und fragte: »Wie wird es weitergehen mit Galway?«

Ricardo betrachtete in Ruhe den Herrn des Galwayer Glücks, dem die Haare grau geworden waren und der in seinem schwarzen spanischen Kostüm ein fast ebenso gestrenges Bild abgab wie sein geistlicher Ratgeber und wie der vernünftige Philipp im Fenster.

»Eure Ordnung, solange Ihr sie mit Eurer leibhaftigen Person ausfüllt und verkörpert, so lange wird sie bestehen. Aber, Gott möge es verhüten, sobald Euch etwas zustößt, Krankheit, Alter, Unglück, wird auch das Glück von Galway verschwinden.«

»Warum?« fragte Lynch. Der Pater hatte seine langen Sätze leise und in Ruhe gesprochen. Die beiden hier hatten es nicht eilig mit ihrer Unterhaltung. Hatten schon oft auf diese Weise miteinander nachgedacht. Da wollte keiner einen Punkt überhören oder unterlaufen.

»Warum?« wiederholte Lynch. »Inzwischen haben alle meine Ordnung, wie Ihr sie nennt, erkannt und anerkannt. Nicht nur die alten Sippen, nicht nur die Blakes, Joyes, Skerrets und Coolridge –«

»Erkannt? Anerkannt? Auch die O'Flahertys, O'Brians, MacBrides, O'Donnoghues, Mac Mahon, MacDonagh?« – Der schmale Mann machte eine Pause, als wollte er mit weiteren Namen den armen Gesprächspartner nicht vollends erschlagen. »Wann hat man etwas erkannt? Wenn man einen Ablauf begriffen hat und ihn nachmachen kann wie ein Papagei? Oder vielleicht doch erst dann, wenn man diesen Ablauf in seine Seele genommen und zum Ablauf seines Daseins gemacht hat.« Wieder setzte der Geistliche eine seiner Pausen. »Zum Ablauf seines Daseins hat das in Galway nur einer gemacht. Ihr. Die übrigen haben einige Regeln verstanden, die sie aber lieber heute als morgen über Bord werfen würden. Als erste die gälischen Katholiken.«

»Dagegen habt Ihr mir Euren Rat schon vor der Abreise gegeben. Die katholische Kirche sollte ich wieder in ihre Rechte einsetzen. *Romam aeternam.* Ich fürchte, da kommen wir nie zusammen. Hab das während der Reise nochmal gründlich überdenken können. Unser vernünftiges und gerechtes Miteinander halte ich für die bestmögliche Kirche. Und dieses Licht –«, Walter zeigte auf das dunkel aufgeregte Glasfenster mit der Schlacht des tüchtigen Philipp, als leuchte von dort, wovon er sprach, »dieses Licht hoffe ich noch anzuzünden in allen Galwayer Seelen, auch in den verstockten, die bis jetzt noch immer dies armselige Brimborium bevorzugen.«

Der Pater blickte nicht in die Richtung, in die Lynch gewiesen hatte. Schaute vielmehr aus dünnem, unbewegten Gesicht auf den Mann mit den kräuselnden Fältchen rings um die Augen und sagte: »Dieses Licht reicht ihnen nicht. In den Menschen, in den klugen wie in den verstockten, ist ein Wunsch nach etwas ganz anderem. Nach Geborgenheit. Nach der heiligen allumfassenden Liebe. Nach Trost aus der Höhe, gegen den allmächtigen Tod. Geborgenheit wünschen sie sich, vor der Todesangst.«

»Vor der Angst, die Eure Kirche über die Jahrhunderte in ihnen geschürt hat. Mit Höllenbildern.«

»Ich will nicht streiten, wer von beiden älter ist, die Angst oder die Religion. Aber sie sind da, beide. Tief drinnen sind sie vorhanden. Selbst dann, wenn eines Tages tatsächlich die Vernunft über die Leute kommen sollte.«

»Was ist da zu tun?« Lynch nahm einen Schluck. Schien seine Frage nicht gestellt zu haben, weil er etwa nicht gewußt hätte, was da zu tun sei.

»Solange Ihr, als ein strahlender Stadtpatriarch, allen, auch den schwächlichen Figuren, leibhaftig vorlebt, was zu tun ist, so lange wird Galway sich weiterhin günstig entwickeln. Die Geschäfte werden noch mehr florieren, und jeder alte Krauter und Kleingläubige wird sich vollauf damit beschäftigen, ein kleiner Walter Lynch zu sein oder zu scheinen. Das hat aber nichts mit Vernunft und Einsicht in die Regeln Eurer Ordnung und Wohlfahrt zu tun. Selbst wenn Ihr ihnen diese Regeln in drei Vernunftsätzen vorsprecht und sie nachsprechen laßt. Das ist nichts weiter als Nachmachen. Kindliches Nachäffen eines Vorbilds.«

»Und wenn dies Vorbild eines Tages fehlt?«

»Zerfällt die Stadt. Weil Ordnung allein blaß ist und anstrengend, für die Menge ein Nichts.«

Lynch schwieg eine Weile. Dann sagte er: »Es ist eine alte Ordnung. Schon die ersten Lynchs hatten sie im Kopf. Freilich, endgültig verwirklicht hat sie erst unser neues Gesetz.« Er sprach nicht weiter. Setzte seinen Römer langsam neben die Karaffe und blickte auf das Fenster, dorthin, wo Philipp die Blindwütigen unter den Mauren fortgesetzt besiegte. Dieser Philipp hatte da nicht etwa, wie es ihm Vernunft wohl ebenfalls hätte raten mögen, ein sicheres Feldherrnzelt bezogen, um von ferne zu sehen, wie seine Ritter rackerten und rauften, stachen und säbelten, sondern dieser Philipp stürmte selber auf seinem Apfelschimmel als leuchtendes Vorbild voraus gegen die Schar der offenbar Vernunftlosen, ja, er schlug sich vorbildlich, vorneweg hieb er zu, in der ersten Reihe gegen Blindheit und Dumpfheit.

Walter Lynch nahm sein Glas wieder und wandte sich zurück an den klugen Pater, gab ihm ein Seufzen zu hören und fragte: »Was also ist zu tun?«

Während der Richter sich voll in seinen Stuhl zurücklehnte und, den Ellenbogen auf der Lehne, sein Kristallglas in der Hand balancierte, saß sein Ratgeber aufrecht, auf der vorderen Kante seines Stuhls, die zierlichen Beine überkreuz gestellt, und sprach seine einsichtigen Worte in ausgewogenem Ton: »Eure Ordnung überfordert die Natur der Leute. In Vernunft und in Klarheit allein fühlen sie sich nicht geborgen. Von Einsichten werden sie niemals glücklich. Sie wollen ihren großen dumpfen Leib fühlen und pflegen und in Sicherheit wiegen. Wollen ihren dumpfen Schlaf in Sicherheit schlafen. An Licht und an Aufhellungen und an Wahrheit sind sie gar nicht interessiert. Ihr aber reißt sie aus ihrem Schlaf heraus, zerstört ihre Träume, zerteilt ihre Arbeit, macht eine ›Ordnung‹, macht ihnen fremd, was sie täglich zu tun haben. Und darum respektieren Sie Euch bloß. Aber lieben Euch nicht.«

Nun warf sich Lynch in seinem Stuhl, in seinem spanisch geschnitzten ebenholzfarbenen Lehnstuhl herum, wandte sich dem Geistlichen zu und hob die Hände: »Aber es geht ihnen so gut wie nie zuvor! Und, weiß der Himmel, ich laß ihnen ihren Irrsinn, ihre Träume, ihren gälischen Fünf-Finger-Segen, lasse sie alle ihre Veitstänze toben, wann immer sie wollen, lasse sie sogar Blutopfer und tage- und nächtelange Feste feiern, lasse sie saufen, erzählen und keltisch singen und sagen, was sie wollen, mir scheint, noch nie war so viel Wahnsinn öffentlich im Schwange wie zu meiner Zeit!«

»Aus Berechnung«, antwortete der trockene Mann. Und sah zu, wie Lynch einen tiefen Zug aus dem Becher tat. »Aus schierer Vernunft laßt Ihr sie ihre Irrlichterei ausleben. Die Leute spüren es, daß es Dreingaben sind. Zuckerbrot zur kalten klaren Knute. Wissen genau, daß es Euch nicht um die Hand mit den gespreizten Fingern zu tun ist, sondern um die Hand auf dem Herzen.«

»Um das Herz in den Händen.«

»Aber dorthin, wo die Hexe Kate hinlangt, die Lieder von Fitzpatrick und die Märchen von O'Brian und die Späße von Kirwan genau so wie die Reste an altem Kirchengut in ihren Herzen, dies alles, was ihre Tiefen beschäftigt, ihre Träume, dahin, in die Seelen nämlich, dahin gelangt Ihr nicht mit Eurer herzergreifenden Ordnung und mit Euren Vernunft-Begriffen.«

Nun bevorzugten sie beide eine Pause. Don Ricardo wartete ab, ob Lynch vielleicht ein drittes Mal fragen würde, was zu tun sei. Aber der schwieg. Und betrachtete den rechten unteren Winkel seines Vernunftfensters, eine mathematische Zeichnung, die zeigte, wie Kapitäne ihren Kurs berechnen, am Westrand Europas entlang. Und als Lynch nur immer weiter schwieg, da setzte der Pater selber nach: »Aus all diesen Gründen hatte ich schon vor Eurer Abreise gemeint, Ihr dürftet die alte Kirche nicht ignorieren. Wohlstand, Gerechtigkeit und Verfassung, das wird zerfallen. Für sich allein muß das untergehen. Weil in Galway die Richtung fehlt, die zugleich in die Tiefe führt und in die Höhe.«

»Vernünftige Menschen vermissen sie nicht. Weil diese Menschen eine klügere Klarheit erleuchtet, eine bessere als die von jenseits dieser Welt. Die Klarheit über ihr Diesseits. Ich habe gar nichts gegen das Paradies. Aber warum soll es nicht, ausnahmsweise mal, auf Erden gebaut werden. Und treibt nicht auch die römische Kirche all Ihren Spuk und ihr Brimborium nur aus Berechnung? Gaukelt nicht auch sie mit Bildern, Weihrauch und Gesängen in rattenfängerischer Absicht? Weil sie die Menschen bannen will, berauschen und trunken machen?«

Walter Lynch blickte kurz hinüber auf seinen katholischen Freund, schien zu lächeln. »Pater Ricardo, wer will von mir erwarten, daß ich unsere gut und lang durchdachten Dinge wie das Neue Galway-Gesetz oder mein vernünftiges Handelssystem, von dem alle im Ort profitieren, das die meisten schon zu Wohlstand gebracht hat, wer erwartet von mir, daß ich diese segensreiche Ordnung im Ernst auf pure Unaufrichtigkeit baue? Auf Spuk, Lügen, Aberwitz und Gespenstermärchen?«

»Ich«, sagte der Pater. »Ich erwarte das. Und lasse Euch gerne die Meinung, es sei die Kirche ein kindischer oder märchenhafter Spuk. Bleibt nur bei Eurer Meinung, Ihr hättet es bei uns Kirchenleuten mit Kopfmenschen zu tun, die unter all ihrem Schnickschnack verbergen, daß es ihnen um Macht geht. Wer sein Leben in dieser Welt so führt, daß er seinen kindlichen Seelenvorrat ständig verleugnen muß, wer dieses Kerngehäuse aus sich herausschneidet, mag zwar vernünftig leben, aber in Wahrheit lebt er hohl und ungeborgen und ungeliebt. Der scheint zwar vor Kraft zu strotzen wie eine alte Eiche, aber er steht nur noch aufrecht – in Wahrheit hohl, verstockt und erstorben –«

»Fürs liebevolle Leben redet ausgerechnet Ihr? Wo, bitte, steht der Don Ricardo im Saft? Nicht mal diesen hier trinkt er!«

Der Pater ging auf diesen persönlichen Anwurf nicht ein und sprach leise weiter: »Ich biete sie Euch an, die Geschichten und Bilder und Gesänge der Kirche. Der ewigen Mutter, der alleinseligmachenden. Auf daß sie Eure Ordnung mit Leben erfülle. Freilich, dies Angebot muß gegenseitig sein.« Pater Ricardos Stimme wurde sehr leise. Verengte sich zugleich zu unangenehmer Schärfe. »Denn wir haben uns beide nötig. Weltliche Herrschaft richtet nichts aus ohne geistliche.«

»Umgekehrt! Die Geistlichen sind hilflos ohne die Weltlichen.«

»Ihr solltet wissen, wie es in den Deutschländern gegangen ist, wo die Dümmsten, wo die Bauern sich von der Vernunft haben erleuchten lassen. Blutig sind sie zu Felde gezogen gegen kirchliche und gegen weltliche Obrigkeit. Auch diese Bauern für eine bessere ›Ordnung‹. Haben gewütet, gebrandschatzt. Und sind untergegangen. Im Wahnwitz endet es, wenn gesunde Menschen die Ausrechnungen ihres Gehirns für Wahrheit halten und über ihre Seelen herrschen lassen. Und seien diese Ausrechnungen noch so verständlich, und seien sie noch so vorbildlich verkörpert in einem Kopf wie dem Euren. Lynch, Ihr seid der erste, den die MacBrides und die O'Flahertys am Tage des Zorns aufhängen werden auf dem Irischen Platz!«

»Wenn sie nicht aus Versehen erst einmal Euch packen.« Lynch trank wieder einen ruhigen Schluck und betrachtete den bleichen Pater mit Gelassenheit. »Ricardo, Euer ›Angebot‹, das ist mir zu durchsichtig. Ein letztes Rettungsmanöver fürs lecke Kirchenschiff. Hängt Euer Seelenbordell an alles, wo immer sich ein Tau bietet und ein Haken. Mal an Fürsten- und Kriegsglück. Mal an den Erfolg einer Handelsstadt. Nein, mein Lieber, Euer Angst-Angebot, Euer Seelen-Geschäft, das lehne ich ab. Und für Euer kindisches Brimborium, für Farbe, Spuk und Witz, für Geschichten, Gesänge und Zauber will ich selber, wollen wir Bürger ganz allein sorgen, in aller Freiheit, ohne Euch. Aus purer Vernunft. Denn von unserem Zauber, Freundchen, muß niemand Angst leiden und Höllenfurcht oder Gewissensnot.«

Sprach's, trank aus und stand auf. Geleitete Ricardo, aus Höflichkeit weitere Gespräche in Aussicht stellend, aus dem Philipps-Raum und begab sich dann zu Lady Mary, der er noch vieles zu erzählen hatte.

Patrick hatte die Hand über die Augen gelegt, um die Ruder zu erkennen. Aus dem Holzbauch des vordersten, des Lynch-Schiffs, das die Öffnungen hatte an den Seiten, schlugen Hölzer in die See. Das älteste und größte, das Luchs-Schiff, es kehrte heim aus eigener Kraft. Ohne Wind zog es seine Spur durch die graue Galwaybucht.

Eine Wildente, zwei Erpel hinter ihr her, flog dicht unter ihnen die Felsküste entlang. Patrick sah ihnen nach und wunderte sich über den schweren schnellen Flügelschlag. Dachte daran, wie er heute beim Rudern Erster hatte werden müssen.

»Und warum eigentlich hier?« fragte Juan plötzlich. »Warum war der Galgenplatz auf dieser Seite der Stadt?«

»MacBride und Flann und andere Boshafte im Ort meinen, er liege halt Irish Town am nächsten. Da man die Kleinen eher hänge als die Großen, sei dies der günstigste Platz gewesen.«

Die Nebensonnen waren verblaßt. Unten im Tal, wo in Ruhe die Pferde grasten, zogen Schatten auf. Der Rauch von Kates Zwiebel- und Knoblauch- und Kräuterhaus stieg weiterhin dünn und steil aus dem Hügelschatten in die Höhe und verteilte sich oben zart nach allen Seiten, als Dunstschicht. Sie ist es, sagte sich Pat, sie macht den Schleier. Macht selber den Sonnenspuk.

Da der Don Juan nicht ohne Unterhaltung bleiben sollte, erzählte er ihm noch ungefragt einiges aus seines Vaters Rechtspraxis, wieviel Aufhebens der davon mache, daß in Galway Urteile nach eigenen Gesetzen gesprochen würden, zum Beispiel die Erbschleicherei, die würde in Galway auch noch nach drei Jahren mit Geldstrafen belegt, während man in Dublin oder in Limerick oder in Cork davonkäme, wenn binnen drei Jahren das Fälschen des Erblasser-Willens unbemerkt geblieben sei. Was jeder bereit sei, als Dickköpfigkeit des Walter Lynch auszulegen, dieses Beharren auf der eigenen Rechtsprechung, das nenne Lynch selbst dann, wenn es um solche Kleinigkeiten gehe, Republik-Politik, denn dieser Eigensinn habe nicht nur die Unabhängigkeit der Stadt Galway begründet, sondern schließlich auch, unter ihm, Lynch, den neuen Aufschwung des Handels, weil die Marktfreiheit in diesem neuen Stadtgesetz besonders großzügig geregelt sei. Seit sich die Stadt dem Handel mit den gälischen Leuten geöffnet habe, auch denen in Connemara, seitdem sei eben das zweitschlimmste Verbrechen, hinter Mord, das Verbrechen gegen Handel und Wandel – wer zum Beispiel Preise unterbiete und an Abmachungen sich nicht halte, für den gebe es Kerker oder den Verweis aus der Stadt.

Pat schwieg, hatte den Eindruck, selten so viel geredet zu haben und mußte sich eingestehen, daß er das meiste nur den Tischreden seines Vaters nachgesprochen hatte. Juan schien zugehört zu haben. Sagte jetzt: »Und so fort. Immer so fort.«

Pat zog mit den Schuhspitzen Linien durch den Sand. Schaute zurück und am Horizont herum, als wollte er prüfen, ob wieder Wildenten um die Wette mit den Flügeln schlügen. Aber der Dunsthimmel war leer bis zum trüben Horizont hin. Die Linie zwischen Meer und Himmel war in der Dämmerung nahezu verschwunden. Ja. Warum ›immer so fort‹. Das wußten die Hexen.

Da räderten sich unter Pats dickem gelben Schopf rasch und kräftig die verschiedensten Sprüche und Widersprüche. Um da wieder herauszukommen, vielleicht auch, um diesem Juan zu zeigen, wieviel er von ihm hielt oder halten wollte, stand er auf und hob eine Steinplatte hoch. Darunter, aus einem Erdloch, holte er ein Ziegenfell. Das wickelte er auseinander und hatte dann ein Holzstück in der Hand, das zeigte er dem Juan. Ein Schiff würde das werden. Ein Segler, ein Hooker mit rostroten Segeln, einer wie ihn Tobby Keats fuhr, Jessy Murray und Mike Pitt und alle, die noch immer als Fischer hinausfuhren. Im Fell, in einer Lasche, steckte ein Messer.

Pat zog es heraus, schnitt ein bißchen an dem Hooker herum, tat, als höhle er weiter aus, etwas verlegen machte er das und mit Glühbacken. Was wohl dieser Fremde von seinem Schnitzversteck denken würde. Außer Agnes, mit der er schon einige Male hier heraufgeritten war, außer ihr wußte kein Mensch, wie oft und wie lange er hier oben hockte überm Krachen der Brandung und des Berges, um zu sinnieren und laut zu reden und um zu schnitzen. Hooker. Fischerschiffe.

So wie mit Agnes, so saß er nun auch mit diesem Juan schon eine gute Weile hier oben. Pat machte sich an seinem Holz zu schaffen. Verbesserte nur das Vorhandene. Riskierte jetzt, wo Juan ihn beobachtete, nichts Neues.

Bis der meinte, daß man, weil es dunkel werde, zu den Pferden und in die Stadt zurückkehren sollte.

Pat hat dann noch beim Heruntergehen Geräusche gehört in der Kräuterhütte, ja, er glaubte fest, zischende von heulenden und heulende von klappernden Geräuschen unterscheiden zu können.

Noch während Lynch mit Frau Mary durchsprach, was alles in den letzten vier Monaten sich ereignet hatte, kam die Nachricht ins Haus, die Crew rudere das Lynch-Schiff in den Hafen, worauf Walter und Mary ihren Rapport unterbrachen und Lynch mit vielen anderen die bunte Straße hinunterlief, um unten am Kai den Schluß des Manövers zu beobachten. Der goldbraune Galeonen-Palast schwebte schon dicht auf die Einfahrt zu. Bei der hochstehenden Flut ragten die vielfenstrigen Aufbauten weit über die Vormauern des Hafenbeckens, das sah aus, als gleite da ein hundertäugiges Untier auf die Stadt zu, ein im letzten Abendlicht glänzender Riesenkäfer mit steilen Masten als Fühlern.

Die Segel waren gekappt, die Ruder blieben noch hinter den Mauern verborgen, man sah vom Hafenplatz aus nicht, mit welchen Bewegungen sich das Schiffstier heranschob. Vorm Eingang in den Hafen zog die Mannschaft die Ruder ein, Taue warf man an Land und dann, von der Mole her, wurde der Koloß von Coolridges Werftleuten endgültig hereingezogen.

Als alles beigebracht und geglückt war, beriet Lynch noch am Hafenplatz mit seinen Männern, wie sie am anderen Tag auch die beiden übrigen Schiffe hereinholen könnten. Doch da wußte niemand Rat. Da blieb nur, für den nächsten Tag auf den Wind zu hoffen und daß über Nacht nicht Räuber aus Connemara kämen mit ihren raschen Ruderschiffen.

Aber mit den Häuptlingen O'Flaherty und O'Malley hatte Lynch Frieden geschlossen, trieb mit denen seit Jahren guten und ehrlichen Handel und keinen Kleinkrieg mehr wie noch Frances Lynch und die anderen Älteren.

Lynch, da er nun schon mal außer Haus war, ließ sich auf der Werft von Coolridge den Fortgang beim Bau des vierten Schiffes zeigen, beriet mit ihm und den anderen Zimmerleuten die Besorgung neuer Holzarten, nachdem im Connought die letzten Wälder brannten, und beriet auch den Einsatz der zurückgekehrten Matrosen auf der Werft, beim Bau des vierten und möglichst bald des fünften Handelsschiffs.

Auf dem Rückweg kehrte er in einigen Häusern an den fahnengeschmückten Hafenstraßen ein, zuerst beim O'Flaherty, dem Querkopf mit dem seltenen Familiensinn, ermahnte den mit Geduld ein weiteres Mal, die Untertiefung seines Hauses zu beginnen, damit auch bei ihm ein größeres Weinlager eingerichtet werden konnte. In derselben Sorge um die ständig zu kleinen Fassungskräfte zog er zwei Häuser weiter Erkundungen ein über die anderen, über die fast fertiggestellten Keller unter den Gebäuden der O'Brians und des Jeremiah Curtin. Nirgends vergaß er neben den besorgten und mahnenden die freundlichen und die ermutigenden Worte. Und jeden, den er sah, lud er auf den anderen Abend ins Lynchhaus. Denn dort sollte der Spanier und die Rückkehr der Schiffe gehörig gefeiert werden. Fast überall hatte er Geschichten zur Hand, Schilderungen des südlichen Lebens in Lissabon, in Cadiz und Malaga, und versprach, jeden, der sich stark genug fühlte und an dem etwa die Reihe noch nicht gewesen war, das nächste Mal mitzunehmen auf die große Fahrt. Freilich, aus seiner eigenen Familie, das wußte man, würde er nie jemanden mitnehmen. Und der Grund blieb rätselhaft. Weil im Süden Insektenstiche drohten? Die blind machten? Der alte Flann

O'Flaherty, kaum hatte Lynch dessen Haus verlassen, entwickelte seinen Frauen eine ganz andere Theorie.

Inzwischen kehrte Walter Lynch in seinen Burgturm zurück, zurück zu seiner Frau, und ließ sich von Mary den Stand der seit fünf Wochen aufgelaufenen inländischen Bestellungen erklären. Schnell war mit ihr und Fitzpatrick die Reihenfolge abgemacht, wer als wichtigster Kunde zuerst zu beliefern sei und wer diese dringlichsten Frachten zu übernehmen hätte. Nachdem diese Verfügungen vom Schreiber Frederic in Listen eingetragen war, damit es vom Hausfaktotum persönlich den Ausführenden weitergesagt werden konnte, sprach Lynch mit Mary über das Fest für den jungen Gonzales, fragte, was schon getan sei, was nicht, redete mit ihr über die Küche, die Vorräte, die Sitzordnung in der Halle, im Hof, über die Ausstattung und die Anordnung der Tische, über die Gäste und über die Einladungen im Ort und im Umland.

Und dann, als die letzten Anweisungen getroffen und alle hinausgeschickt waren mit Botschaften oder Aufträge hatten als Schlachter, Koch oder in sonstigen Diensten, da nahm Lynch seine Frau in seinen Philippsraum hinüber und fragte sie in der Stille, ob ihr an Patrick eine Veränderung aufgefallen sei.

Mary Lynch schwieg eine Weile und lächelte. Dann meinte sie, es sei ihr in den letzten Wochen wohl einiges merkwürdig vorgekommen an dem Jungen. Unter anderem, daß er sich bei Tisch nicht mehr lauthals wie sonst an den Unterhaltungen über die Frauen beteiligt und dies zuletzt dem Schwätzbold George ganz allein überlassen hätte. Daraus vermute sie, daß Pat dieses Thema Grund zu ernsteren Überlegungen gebe.

Lady Mary setzte sich auf jenen Stuhl, auf dessen Vorderkante zuvor Pater Ricardo gesessen hatte, und fuhr fort, leider könne sie ihm, Lynch, beim besten Willen nichts Genaueres verraten. Erstens wolle sie sich darum gar nicht besonders kümmern, weil diese neuen jungen Leute heutzutage lieber selbständig miteinander umgehen wollten, und zweitens, weil sie in ihren Pat genügend Vertrauen hätte und so etwas dann, wenn es Gewicht habe, eh von allein herauskäme. Drittens fehle ihr nun mal zum Überprüfen seit langem das nötige Augenlicht, etwa, um im Gesicht des Jungen bei Erwähnung bestimmter Namen Veränderungen ablesen zu können.

Sie sann nach und setzte dann fort, es sei ihr aber aufgefallen, daß Patrick neuerdings den spanischen Unterricht beinahe pedantisch selber verlange und Stunden ansetze, wozu sie ihn früher, wie Lynch wohl wisse, habe drängen müssen. Sie vermute, daß hier so manche Stunden nur nach außen als spanische angesetzt worden seien und in Wahrheit sehr irisch gewesen seien, doch wolle sie deswegen Pater Ricardo durch Nachfragen nicht in Verlegenheit bringen. Sie habe zuletzt ihrem Sohn nur raten können, zwar sein Herz zu riskieren, nicht aber den Kopf zu verlieren.

»Mary«, sagte Walter und schmunzelte und trat langsam vor sie hin. Davon schien sie so sehr angesprochen, daß sie sich von ihrem Sitz erhob. Er legte den Arm um sie. »Mir hat er's heute gestanden.«

»Jesus«, sie schnappte nach Luft, »nun? Was? Wer?«

»Agnes Joyes.«

»Ach, also doch. Wie schön. Agnes.« Sie lehnte sich an ihren Mann. Dann meinte sie leise: »Sie sollen glücklich werden.«

»Du weißt ja noch kaum, daß er tatsächlich – möglichst noch heute will er, mindestens morgen möchte er alles herausposaunen –«

»Natürlich. Wer ihn kennt, kann sich das denken. Der weiß, daß er's eilig hat. Und daß es ihm ernst ist.«

»Dann sollten wir ihn auch nicht noch länger warten und hoffen lassen und es morgen abend tatsächlich bekannt machen.«

Mary löste sich ein wenig von ihm und neigte den Kopf. »Wenn Du das für richtig hältst.«

»Einen günstigeren Zeitpunkt wüßte ich nicht, und einen größeren Gefallen hätte er uns eigentlich gar nicht tun können.«

»Und die Joyes?«

»Wir sollten zu ihnen rüber, noch heute. Sonst beißt uns Knurrbart John das dünne Band wieder durch, ehe –«

»Maria, das hattest Du vor mit den beiden«, sang Mary.

»Wie bitte?«

»Das war eines von Fitzpatricks Tischgebeten, noch gestern abend.«

Walter Lynch machte einige ruhige Schritte auf das wild-finstere Bild aus den frühen spanischen Maurenkriegen zu. »Bin froh, daß der Junge es mir gesagt hat.« Kam wieder zurück, blieb stehen neben Mary, ging erneut fort und erklärte, nachdem er es sich selber offenbar genügend klar gemacht hatte, ihm scheine, Patrick habe in dieser delikaten Situation respektable Übersicht behalten. Habe ihn, den Vater, einbezogen, habe mit ihm sogar die Geheimhaltung verabredet, Geheimhaltung über vier Monate. »Und er hat es geschafft, hat es für sich behalten. Bis zu diesem Moment. Bravo. Wunderbar.«

»Und morgen abend, meinst Du, ist der richtige Moment?«

»Das Fest wächst sich aus. Wird zur doppelten Demonstration.« Ging gemächlich hin und her. »Dieser Besuch des Gonzales bei uns, das ist schon für sich allein ein Triumph. Signalisiert unser wunderbares Wohlergehen. So einzigartig, daß die Räte in Limerick, der Bischof in Cork und die Kanaillen in Dublin klüger täten, sie würfen sich gemeinsam vom Mount Golgatha, weil sie dann Aussicht hätten, in der Geschichte Irlands doch noch zu irgendeiner Bedeutung zu gelangen.«

Walter Lynch blieb vor Mary stehen: »So einzigartig ist das, daß es genügend Schutz bieten wird gegen Unwillen und Mißfallen, die gewiß hochkommen, wenn heraus ist, welche Verbindung sich obendrein anbahnt, zwischen Lynch und Joyes.«

Mary richtete ihre schwachen Augen zu ihrem Mann empor, schien ihm ins Gesicht sehen zu wollen und schüttelte schließlich den Kopf. »Daß selbst Du mit Mißgunst rechnest?«

»Selbst wenn ich am Ende fünfzig Jahre lang diese Stadt ohne einen Fehlgriff regiert hätte – was mir niemand nachsagen wird, am wenigsten ich selber –, wenn es mir tatsächlich an jedem Tag und in jeder Entscheidung gelungen wäre, gerecht zu sein, selbst dann – und vielleicht sogar gerade dann – würden sich die Neider zusammentun – gerade dann. Und würden meine Schritte in die Richtung deuten, die sie für die Auswürfe ihrer Neidhammelei benötigen. Nein, bis zuletzt braucht auch der, der den Gemeinnutz über den Eigennutz stellt, braucht gerade der Wachsamkeit. Darf sich jedenfalls nie einbilden, wenn er selber menschenfreundliche Absichten hat, deswegen hätten sie auch die anderen.«

Walter Lynch blickte über seine Frau hinweg. Sah hinüber zum Fenster seines stürmisch-vernünftigen Philipp, der auf seinem springenden Apfelschimmel zurückschauend nach vorne wies. Und Mary Lynch sah zu ihrem Mann auf und schien von seiner Rede bewegt.

Schon während dieses vertraulichen Gesprächs der Gatten drehte sich in Halle, Hof und Küche und rings durch die Stadt das Mühlenwerk der Anordnungen und Ausführungen. Frederic Fitzpatrick, der alle Lieferverfügungen und Einladungen hatte austragen lassen und der eben selber von den Blakes zurückkehrte, begegnete den beiden Lynchs vor dem Philipps-Zimmer, hatte Anlaß, ein weiteres Mal persönlich fortzugehen, diesmal zu den Joyes, um ihnen den Besuch des spanischen Gastes und aller Lynchs anzukündigen, noch für diesen Abend.

Nach Pat wurde geschickt. Der war, kaum mit Juan heimgekehrt, eben im Begriff, den Botenritt zum Haus Killmanroy, zum Grafen Cluricaun zu übernehmen. Als er nun vom Besuch bei den Joyes hörte, lief er rot an, was in der Dunkelheit niemand bemerkte, und war auffallend schnell bereit, dem Roy Gallagher den lustigen Weg nach Killmanroy zu überlassen, wie sehr der Gallagher auch, kaum zurück von Larminie, knötterte, wer denn nun zum Torfholen noch wegführe und was denn wäre, wenn morgen um Mitternacht das Badehaus kalt stünde, die Bescherung und die Beschimpfung durch Fitzpatrick und die Gäste möge dann der junge Lynch bitteschön auf die eigene Kappe nehmen.

Nun, Frederic beruhigte den Gallagher, zum Torfholen wäre auch der Hütejunge Ronn in der Lage, der maulte zwar, weil Roy mit seiner nervsägenden Stimme ihm, kaum war der aus Spanien wieder da, zum Torfholen nur den Ochsen zurückließ.

Am Ende zog noch jeder mit seinem Viech und Auftrag durch Tore und Höfe und Hinter- und Hauptstraßen, und selbst die älteren Einwohner erinnerten sich nicht, je so viele verschiedene Umtriebe in, vor und rings um das Lynchhaus beobachtet zu haben, und das bedeutete einiges, denn geruhsam war es dort seit Hunderten Jahren nicht zugegangen.

Die Tage waren lang im späten Juni, es war immer noch nicht vollkommen finster geworden, als Walter Lynch seine Mary beim Arm nahm und sie aus der Hofeinfahrt heraus die Straße zu den Joyes hinunterführte, Patrick und Juan folgten. Die vier gingen gern die sumsende duftende Straße hinab, da hatte man zu grüßen, in den Eingängen standen die Leute, redeten miteinander. Einige mußten schon jetzt musizieren.

Pat war sich sicher, in der Dämmerung Kate erkannt zu haben, behielt das für sich. Diese kleine Figur mit den hellen Haaren, die da in Jeremiah Curtins Kellerneubau verschwand – schließlich hatten auch O'Brians Zwillinge Samuel und David so helles Haar.

Kate oder nicht, diesen Lynchs schauten genug zu, und die Abordnung hatte kaum das Joyes-Haus erreicht, da war es auch schon herum in der Stadt, wem Lynch die Ehre des ersten spanischen Besuchs zugedacht hatte. Wäre nur erst herumgewesen, was in Wahrheit dahinterstand und was nun verabredet werden sollte, kein Maul in Galway wäre so schief gewachsen, wie es dann hätte aufgerissen und verzogen werden müssen, wozu man übrigens wissen sollte, daß die in Limerick, in ihrer heillosen Dummheit, noch immer den ›Galway‹-Namen mit ›scheel‹ oder ›schief‹ übersetzen. Dieses Galway, sagen sie, sei die Stadt der Schiefmäuligen oder Scheeläugigen.

Nun, auch an diesem Tag lief im alten Galway noch alles gerade und gut, ohne ›Auswürfe der Neidhammelei‹ und ohne bellende Hunde und bissige Haie. Wenn man's richtig überdenkt, dann war in diesem Moment neben dem stets grimmen Edward höchstens noch einer mißgestimmt, der Brauer Douglas O'Donnoghue. Denn dessen Bierhaus stand an diesem Tage vollkommen leer. Woher auch hätte er wissen können, wie sehr und wie bald und warum sich das ändern würde.

Brauer O'Donnoghue war, obgleich kein Engländer, ein tüchtiger und ehrgeiziger Mann. Darin stand er nur wenig hinter Walter Lynch zurück, aber dieses Wenige hatte ausgereicht, den O'Donnoghue mit seinem Bierbetrieb in einer Stadt immer mehr ins Hintertreffen zu bringen, die zwar in Überfülle Wasser gehabt hätte für den Braubetrieb, in der sich aber fast alles um die damals vorzüglichsten Weine drehte, um die Südweine. In Galway erinnerte nur noch donnerstags ein sauberer Bierbach an die alte Brauherrlichkeit.

Nun veranstaltete dieser Lynch seinen spanischen Demonstrationszug ausgerechnet am seit alters festgelegten Brautag, am Donnerstagabend, der früher im Ort immer noch ein Abend in O'Donnoghues Bierhalle gewesen war. Nicht nur, daß unter diesen Umständen niemand mehr daran denken würde, den Brauereibach sauber zu halten, nein, dieser feierliche Wirbel um den Spanier, also bloß um den Sohn eines Geschäftsfreundes, der sprach allen Vorstellungen Hohn, die da großtönend Wohlfahrt und Gerechtigkeit für alle verkündeten.

Doch Douglas O'Donnoghues Grimm hielt sich unter der Oberfläche, und Lynch konnt wohlgestimmt sein wie selten, als Tobby Keats sie nun eintreten ließ ins Joyes-Haus. Walter Lynch betrat diese Halle zum erstenmal mit angenehmen Gefühlen, heute hatte er im Glücksspiel seiner Stadtpolitik zwei Trümpfe auszuspielen, die den widerspenstigen und schwer berechenbaren John Joyes, diesen Zweiten im Ort, die diesen Knurrbart John endgültig auf seine Seite bringen würden und für alle weiteren Unternehmungen entscheidende Erleichterungen schafften, zum Beispiel bei den Entscheidungen im städtischen Rat.

Mit solchen Überlegungen warteten die drei Lynchs mit ihrem Gast in der Joyes-Halle, warteten mit Juan auf die neue Verwandtschaft. Von nun an gab es unter den sechs Weisen in Galways Gericht und Stadtrat, in denen Lynch mit seiner siebten Stimme jeweils den Vorsitz hatte, nur noch drei Schwierige: den alten irischen Familienquerkopf O'Flaherty, den Frömmler Jeremiah Curtin und den Brauer O'Donnoghue. Wenn nach Pats Verlobung mit Agnes das Wohlergehen der Joyes mit dem der Lynchs verbunden war, blieben die Störenfriede für immer in der Minderheit, drei gegen vier.

Patrick Lynchs Jungengesicht war mit seinen ein wenig nach oben gesetzten Wangenknochen, mit der schlitzartig verschmitzten Augenpartie und dem gelben Haarberg ein liebenswertes, ein ganz normalenglisches Galway-Gesicht. Daß aber John Joyes, als er nun mit Elisabeth und Agnes die Halle betrat, um den bedeutenden Besuch aus Malaga in seinem Haus willkommen zu heißen, daß er dieses Gesicht vor allen anderen stehen sah, dazu noch mit unruhigen Augen und mit zum Sprechen geöffnetem Mund, das verwirrte ihn. Er hätte mit dem alten Lynch gerechnet oder mit dem Spanier selber oder, wenn schon, zuerst mit Lady Lynch, aber da stand ihm dieser grüne Junior im Weg und begann nun auch noch zu reden: »John Joyes«, begann der mit verquiekster Stimme, »ich halte heute um die Hand Eurer Tochter Agnes an!«

»Donnerwetter!« platzte es aus dem Knurrbart heraus, und hinter ihm meinte das Landfräulein Helen, Tobbys Neue, die zum Getränke-Servieren eingeteilt war, die meinte später, Tochter Agnes hätte in diesem Moment einen leichten, einen sehr leisen Schrei getan oder sogar einen kleinen Hüpfer, wie es halt aussieht, wenn eine Neuigkeit durch den Menschen hindurchfährt und das Zwerchfell vor Schreck oder Freude zucken muß.

Vater John dagegen war auf einen Stuhl gesunken, stand aber ganz fix wieder auf: »Na, jetzt macht Ihr mich aber fertig, wie? Elisabeth! Agnes, was sagt denn Ihr? He! Ja Patrick, zum Donner, kann man denn Euch Youngsters keine paar Monate mal allein lassen? Und zum Teufel, wenn sie Dich haben will? Wie? Elisabeth?«

Gemahlin Elisabeth stand noch immer dort, wo

die Anfrage oder Mitteilung des Pat Lynch sie hingebannt hatte. Nun sagte sie, stockend und vor Rührung bereits ein bißchen weinend, in der Aussage aber doch sehr deutlich: »Wie sollen wir – John, warum sollten wir denn was dagegen haben – wenn's der Betty schon bei diesem Daniel gutgeht, wie sehr dann erst der Agnes beim Pat, oder? Na! Nun komm doch!«

Sie zog Agnes aus Helens Armen – die hatte die Küchensachen auf den Tisch stellen müssen und Agnes ein bißchen festhalten –, zog also ihre Tochter zu sich herüber und drückte sie an ihre Brust, deren Ausmaße zu Patricks Glück nur Tochter Betty geerbt hatte, nicht Agnes. »Also Kind, Vater hat gesagt, wenn Du ihn haben willst – wie? Willst Du?« Agnes wendete den übrigen fast den Rücken zu, grinste ein bißchen unpassend frech zu Helen herüber. Und nickte.

»Donnerwetter!« sagte noch einmal ihr Vater, »Ihr macht hier Geschichten, ich denke, dieser Besuch ist also der Antrittsbesuch von Señor Gonzales Junior, was weiß denn ich, ein bißchen rasch zwar, aber naja, wenn man die ganze Stadt durchbesuchen muß, fängt man am besten früh an – statt dessen nun dieses Familientheater! Ein Kreuz ist das mit dieser Kinderpest, daß sich das alles immer wieder kopulieren muß, kommt, nun setzt Euch doch, ich muß hier sitzen, mir wackeln die Knie von diesem albernen Getu, Helen, mir zerreißt es die trockene Gurgel –«, er setzte sich, stand jedoch abermals auf, »ja, Juan, Du lieber Gast, Dich übergeht man hier völlig – Elisabeth! Agnes! Hier haben wir ihn also, den Wunderknaben, den Lynch und ich Euch aus Malaga mitgebracht haben!« Und nun ergriff er auch noch, immer weiter schwadronierend, um seinen verwirrten Kopf wenigstens mit Wörtern zu beruhigen, die Hände seines alten Wiedersachers Lynch und schüttelte sie, übertrieben heftig, aufgeregt geradezu: »Mein Gott, ich kann noch überhaupt nichts Vernünftiges sagen, Walter, Du hext und schubst mich ganz schön ins Wasser, alter Streitbock Du, jetzt hast Du wohl gewonnen, wie?« – »Du nicht?«

Während die beiden Weisen sich zu solchen Frotzeleien mit Hingabe die Hände schüttelten und sich auch noch im Platz-Nehmen, auch noch am Tisch die Hände weiterschütteln mußten, ging Mary Lynch dorthin, wo sie Elisabeth hatte sprechen hören. Lady Mary ertastete und umarmte sie und ihre Tochter und sagte: »Ja, Elisabeth, hier können wir Frauen mal wieder gar nichts machen, glaub mir, ich habe bis zu diesem Nachmittag nichts davon gewußt, höchstens was geahnt, bin genauso überrascht worden wie Du – Kind, Agnes, Ihr sollt glücklich sein! Und, nicht wahr, wir dachten, wenn sowieso morgen abend alle bei uns eingeladen sind, dann verkünden wir Euren guten Entschluß gleich mit, ist Euch das recht?«

Elisabeth wollte antworten, aber die Antwort dröhnte aus John Joyes' Kapitänsmaul: »Ja wenn zwei so pfiffige Hunde in einer einzigen Hütte sich nicht beißen, dann meinetwegen alles beides morgen abend – aber Elfendunst und Galgentod, jetzt Schluß mit diesem weinerlichen Seelenkäse, diese grünen Kinder, die drängen sich vor unsere Hauptfigur!«

Ähnliches meinte auch Mary: »John hat recht, Juan zu ignorieren ist herzlos und kulturlos – Juan, Du wirst es registriert haben, dieses hier ist Elisabeth und das dort, das ist Agnes Joyes.«

Juan hatte sich im Hintergrund gehalten, trat nun vor, begrüßte Elisabeth und Agnes mit schönen, zweifellos althöfischen Bewegungen und nahm Mary Lynch beim Arm, um sie dorthin zu führen, wo sich die beiden Väter niedergelassen und inzwischen auch schon einigermaßen beruhigt hatten. Statt sich weiter die Hände zu schütteln, hatten die ihre energischen Armbewegungen und verlegenen Gebärden ganz und gar eingestellt und an den Weinhumpen Halt gefunden.

Pat stand derweil vor der großen Elisabeth, die er eigentlich nie gemocht hatte, weil sie ihm, wenn er sie mit seiner Mutter verglich, zu groß und zu streng erschien. Nun strich ihm diese breite Frau durchs dicke Haar, als wollte sie irgendeinen Schaden, den er angerichtet haben mochte, doch noch verzeihen. Pat zog seinen Kopf zur Seite, wohl etwas zu auffällig, aber das war ihm egal, er setzte sich zu den Männern an den Tisch. Da drängte Elisabeth ihre Agnes auf den Sitz neben ihn, und sie selber setzte sich an die Schmalseite der Tafel, ihrem John gerade gegenüber, dorthin, wo, übers Eck, auch Mary saß.

So saßen sie nun endlich alle beisammen, hockten um Joyes' Tafel herum und tranken und versuchten, unbefangen miteinander zu reden. Mochte sein, die Zwänge der Stadtpolitik, die Notwendigkeit, schlau bleiben zu müssen in jeder Situation, die hinderten erst mal daran.

Walter Lynch, plötzlich auffallend ungelenk, zog aus dem Bauchbeutel seines schwarzen Rocks ein Kästchen hervor, anderthalb Hände lang war das und eine Hand breit, ein edles Möbelchen, auf dem kostbare Steine blinkten. Das stellte er vor sich hin auf den Tisch und sagte: »Überall in der Stadt seht und hört und riecht Ihr jetzt die Vorbereitungen für das Gefeiere morgen abend. Fast alle in Galway zischen und qualmen und brodeln, und wenn bis dahin die beiden anderen Schiffe ebenfalls im Hafen liegen, gut geschützt vor allen, die sich für die neuen O'Malleys halten, dann wird rundum und pausenlos gefeiert, klar. Und damit dann auch Du, Tochter Agnes, einigermaßen vorbereitet bist, hab ich aus dem Süden eine Kleinigkeit mitgebracht, schließlich war außer Pat ich der einzige, der wußte, daß Du diejenige sein würdest, die es trifft.«

Er stockte, hob das Kästchen, öffnete es und zeigte es so, geöffnet, der jungen Nachbarin, schob es ihr hinüber – es wird schon stimmen, wenn Helen oder Eileen, wie die Gälen sie nannten, behauptet, in diesem Moment habe Agnes abermals diesen Freudenhüpfer getan, dieses leise schreiende Schreckenszukken, denn was sie nun zu sehen bekam, das war ein Diamant-Collier, ein Geschmeide von ungeheurem Wert, das hob Agnes aus dem Kästchen, das zeigte sie mit offenem Mund ihrem Vater, ihrer Mutter und legte das dann rasch zurück, klappte den Kästchendeckel zu und sprang zu dem hinüber, der ihr das mitgebracht und geschenkt hatte, küßte den und umarmte den. »Jaja«, murmelte der und wieder ein wenig verlegen, »bitte seid langsam mit dem Freuen und Juchzen, erst mal müssen alle Schiffe in den Hafen, erst dann, erst dann kann alles losgehen, das Gefeiere und das Geküsse.«

Und lächelte und beklagte, wie John Joyes, daß man keine vier Monate von zu Hause wegbleiben dürfe, und schon stellten die Kinder, unbekümmert um Staats- und Handelsregeln, die Programme auf den Kopf. Das Kästchen wurde wieder geöffnet, wanderte um den Tisch, jeder bestaunte den Schmuck, auch Juan, der von den blitzenden Steinen zu Agnes aufblickte und meinte, das passe. Zauberhaft sei das.

Da fiel Elisabeth ein, Juan zu bitten, von seinen Eltern zu erzählen und von seinen Geschwistern und wie sie wohnten in Malaga. Nein, er habe keine Geschwister, sei der einzige Sohn bei den Gonzales. Und schilderte mit Vergnügen und nicht ohne Stolz, wie bei ihnen zu Hause Feste gefeiert würden, neugierig sei er, wie so etwas in Galway sich abspiele, wo er schon jetzt spüre, wie auch hier Lust zum Feiern fast überall fiebere und drängele. Während dieser Erzählungen lehnte Agnes ihren Kopf schon einmal ganz kurz an Pats Schulter, dann nahm sie unterm Tisch seine Hand, sah den Spanier an und hörte zu, wie der redete. Tuschelte dazu dem Pat ins Ohr, er möge Juan bitte fragen, ob er mehr seiner Mutter ähnlich sehe oder seinem Vater, sie jedenfalls glaube, Juan sehe aus wie seine Mutter.

»Warum?« zischelte Pat. – »Er hat ein Mariagesicht.«

Ob er sich nun genierte, eine solche Frage weiterzugeben oder was sonst ihn bewog, er stellte die Frage nicht, sagte, er fände sie kindisch, nur Tanten und Ammen redeten diesen Quatsch von der Ähnlichkeit. Agnes kniff ihn unter dem Tisch in den Handrücken, daß es ihm weh tat. Überm Tisch trank sie aus ihrem Becher und betrachtete den jungen Mann mit dem Mariagesicht.

Die Handelsherren unterdessen hatten sich von Juans Schilderungen seiner väterlichen Güter anregen lassen zu Betrachtungen über die eigenen Besitzungen. Der gegenwärtig so reich strömende Geschäftsfluß aus den Quellen des Señor Gonzales berechtigte, da waren sie sich einig, zu den schönsten Hoffnungen für Galway, wohlwollend schauten die beiden Männer auf ihre beiden Kinder, und jeder kraulte sich weintrinkend Bart oder Backe, als sähe man die Brautleute schon als gekröntes oder fertig gebratenes Wachtelpaar auf einen Galwayer Thron zufliegen. Ähnliche Bilder jedenfalls schienen sie zu wiederholten Malen zu genießen bei diesem Bart- und Backenstreicheln, das sie eine Weile schweigend betrieben, schweigend und weintrinkend.

Schließlich berichtete Lynch, wie stark die Bestellungen in den vier Monaten ihrer Abwesenheit gewachsen seien, als hätte die große Sommerhitze über der irischen Insel alle Fässer in Klöstern und Schlössern ausgetrocknet. Bei weiterer Vergrößerung der Flotte und der Vorratskeller glaube er noch an eine Verdoppelung des bisherigen Geschäfts. Dazu beeilte sich Lynch, die Geschichte vom Entgegenkommen der vornehmen Dubliner Herren aus Episkopat und Dekanat zu erzählen, die um schneller Lieferung willen eigene Transportwagen nach Galway geschickt hätten.

Unter solchen Aussichten verstanden sich die Väter immer besser und tranken einander eins ums andere Mal zu. Elisabeth und Mary hatten ebenfalls eine Menge miteinander zu bereden, Anordnungen für den nächsten Abend vor allem, die Elisabeth wissen und akzeptieren und mitbestimmen wollte, den Frauen gelang dies im Vergleich zu ihren Männern im doppelten Tempo. Ja, die Joyes-Lady war einverstanden, auch die irischen Galwayer, auch die nicht-englischen Familien sollten eingeladen werden, sollten freilich, bei diesem Sommerwetter, im Hof tafeln.

Pat sah einige Male Agnes von der Seite an und konnte, wenn er an die vergangene Mondnacht auf der Mauer und an all die anderen hindernisreichen Nächte dachte, dann konnte er an diese traumhafte Wendung der Dinge gar nicht recht glauben.

Elisabeth und Mary berieten unterdessen, wer am besten den Hochzeitsstein Joyes/Lynch meißeln könnte, der Dun MacDonald aus Galway, dessen Spezialität die Meerjungfrauen waren, von denen eine den Bug des Joyes-Schiffs zierte und von denen er gewiß eine auf den neuen Stein meißelte, oder aber Costa, der spanische Metzmeister aus Cadiz, der überm Lynch-Portal das rätselhafte Doppeltier geschaffen hatte und der zuletzt das Blake-Kastell so ansehnlich hergerichtet und geschmückt hatte. Hochzeitssteine waren bislang immer noch im heimischen Stil geschlagen worden, aber Dun MacDonald erschien ihnen als ein Ire von zweifelhaften Gesinnungen, schon deswegen, weil er sich bis heute weigerte, auch nur ein einziges Wort englisch zu sprechen. Der Meister aus Cadiz dagegen war ein gewandter, ein manierlicher Mann, und wenn einer das Recht hatte, einen Hochzeitsstein nicht im keltischen, sondern im spanischen Stil in Auftrag zu geben, dann doch wohl die Familien Joyes und Lynch.

Von der Gegenseite des Tisches lehnte sich Juan Gonzales zu Pat hinüber und sagte ihm, er, Pat, habe eine beneidenswerte Wahl getroffen, er gratuliere ihm. Dann bat er ihn flüsternd, Agnes ebenfalls seine Gratulation zu vermitteln und ihr zu sagen, sie sähe einem schönen andalusischen Mädchen ähnlich, das er verehre.

Das war nun wohl kein Tanten- und Ammengerede, eine Ausrede schien hier nicht möglich, Pat gab das also weiter, ließ nichts aus und beobachtete, wie Agnes am Hals einen roten Fleck bekam, dort, wo nur Pat es sehen konnte.

Derweil gelobten sich Walter Lynch und John Joyes, den Wein im kommenden Winter an die Grafen keinen Deut billiger zu liefern als an die Klöster und Bischofssitze, niemand sollte mehr bevorzugt werden wie noch im vorigen Winter die Grafen Cork und Cluricaun, nur weil sie das neue Galway-Gesetz abgesegnet hatten, nein, nun war Schluß mit dergleichen Zugeständnissen, sowohl für den irisch-irdischen Segen wie für den im Himmel. Aber alles für den Segen im Hause! So gelobten sie sich's. Und beschlossen, auch die anderen in Galway auf diesen Grundsatz einzuschwören.

So endete dieser Abend in Harmonie. Länger wollte man ihn, im Gedenken an den folgenden, nicht dauern lassen, man nahm sich beim Abschied in die Arme, beteuerte sich neue und alte Zuneigungen. Pat und Agnes küßten sich zum erstenmal vor aller Augen, ohne sich dabei von den Foppereien der Alten stören zu lassen. Dann gingen die Lynchs mit ihrem spanischen Gast hinaus in die Dunkelheit.

Die Nachtluft tat den warmgeredeten Köpfen gut. Inzwischen schien der volle Mond auf die Dächer und auf die stillen Fahnen. Es war hell genug, es brauchte ihnen nicht heimgeleuchtet zu werden.

Juan griff, das war wohl einer seiner althöfischen Manieren, Lady Mary unter den Arm. Pat schaute auf den schimmernden Turm von St. Nicholas und sah, daß am Himmel der Dunstschleier vom Tag sich verzogen hatte. Luftbewegung aber war auch jetzt nicht zu spüren.

Die Wappenbanner der Joyes wie die der Lynchs

hingen schlaff herab. Immer noch wußte man keinen Weg, wie die beiden Schiffe, die nach wie vor draußen in der Bucht lagen und die nicht gerudert werden konnten, morgen hereinzuholen wären. Ein solcher Fall war noch nie dagewesen in der Geschichte der Stadt. Kein Wind. Dennoch, man ging die kurze Strecke zum Lynchhaus hinauf in guter Stimmung.

Nur in O'Donnoghues Bierhalle schien noch Licht.

In der Toreinfahrt zur Lynchburg begegneten sie Roy Gallagher, der die letzte Einladung nach außerhalb überbracht hatte. Ja, auch der Graf Cluricaun aus Killmanroy habe zugesagt, werde morgen abend mitfeiern. Alles ließ sich aufs beste an.

Patrick und Juan lagen in den gegenüberliegenden Ecken ihres Nachtzimmers noch lange wach. Das Fenster stand offen. Vielleicht war es der starke Mond oder diese für Irland ganz und gar ungewöhnliche Witterung, die Pat nicht schlafen ließ.

Nachdem er eine Weile in die Stille gelauscht hatte, warf er sich herum und fragte in das Dunkel hinein, ob Juan ebenfalls schon verlobt sei. – Ja, er sei es.

Die Antwort erschien Pat sehr knapp, sehr trokken, es klang darin nichts von den Stimmen redseliger oder gar glücklicher Leute. Das sang jedenfalls nicht so wie beim Märchenmann O'Brian oder bei Kirwan oder bei Sprechbold George oder Flann O'Flaherty, die immer schon darin, wie sie am Anfang ihrer Reden die Wörter betonten, verrieten, ob es länger dauern und ob und wie lustig es weitergehen würde.

Pat wagte nicht, noch einmal zu fragen. Natürlich war Juan müde.

Aber dann fragte der junge Lynch doch, ob Juan verlobt sei mit dem andalusischen Mädchen, das er verehre. Und das Agnes ähnlich sehe. Nein, mit dem nicht, hieß es aus der Ecke.

Weiter kam nichts. Lange bunte Geschichten aus Andalusien, vielleicht Geschichten von Feindschaften zwischen Malaga und Cadiz schwiegen ihn an. Wie farbig hätte O'Brian mit wenig Andeutungen weitere Neugier geweckt, und wie fix hätte Fitzpatrick aus diesen Andeutungen eine seiner Familienballaden gesponnen.

Pat gab nicht auf. »Warum nicht?« fragte er. »Kannst Du sie denn nicht alle haben? Ist nicht Dein Vater der Reichste bei Euch?«

Juan antwortete nicht gleich. Schließlich sagte er: »Manchmal gibt es Frauen, die kann man nicht ›haben‹. Bei uns jedenfalls gibt es die.«

Pat schwieg und überlegte. Fragte sich, ob er diesen Gonzales verstehen könne. Ob er sich mit ihm befreunden könne. Dann wollte er sich wieder einen Ruck geben und bekennen, daß er von dem Ereignis, das man Verlobung nenne, enttäuscht sei.

Der neben ihm würde fragen, warum. Pat dachte eine Weile nach und versuchte, vorweg eine Antwort zu finden. Er würde antworten: Seine heimlichen Besuche bei Agnes, die fand er aufregender als den Besuch heute abend. Dieser Familienbesuch unter den Augen der mächtigen Frau Elisabeth Joyes konnte ihm kaum gefallen. Schon weil nun alles erlaubt war und beredet wurde und gesegnet und das Leben absehbar und vorherbestimmt bis an sein Ende und ›immer so fort‹ –

Vielleicht war es aber nicht das, vielleicht war es – er mußte überlegen. Drehte sich um und blickte auf das geänderte Nachtlicht, das durchs offene Fenster auf den Holzboden schien.

Dann sagte er sich, jetzt sei alles endgültig. Nichts mehr zu ändern. Bis ins Alter. Das Steuer liegt fest. An der Richtung nichts mehr zu machen, mein Jungchen. Und der Wind? Raus aus den Segeln?

Er dachte noch einige Zeit in ähnlicher Weise nach. Dann hörte er Atemzüge. Juan schlief.

Stand auf und ging ans Fenster. Sah die nachtleere Straße, sah das Mondlicht die grauen Dächer hinunterfließen. Beugte sich vor und erkannte in der Ferne Black Head über der Bucht, sah, wie der sich gegen den Mondhimmel buckelte.

Da zog er sich wieder Kittel, Gürtel und Hose an und ging hinunter durchs stille Haus, durch Saal und Hof hinaus zwischen die Häuser, auf den blassen Steinen die Straße hinab, hörte den Bach deutlicher als sonst und sah in der Ferne, vorm Black Head, ein Licht. Das kam von einem der beiden Schiffe da draußen, am Ausgang der Bucht. Als er weiterging, verschwand das Licht hinterm Dach der Joyes-Burg, er stieg an der alten Stelle auf die Mauer, ging über die Mauerkante, hielt Gleichgewicht, gelangte über das Stalldach auf das Wohndach, alles im Haus blieb in Ruhe.

Agnes empfing ihn wie sonst, mit fröhlichem, mit beflügelndem Spott, verstand aber kaum, warum er bekümmert schien. Er suchte schnell nach einer Ausrede und meinte, es würde alles wohl doch schwieriger, als sie sich's jetzt noch vorstellen könnten. Und er bat um Entschuldigung, daß er ihre Frage nicht an Juan weitergegeben habe, gleich morgen werde er das nachholen und Juan nach seiner Ähnlichkeit fragen.

»Vergiß es«, flüsterte Agnes, »Hauptsache, er hat gesagt, ich sei zauberhaft.« – »Du? Das Halsband fand er zauberhaft.« – »Ja, und daß es zu mir paßt, hat er gesagt.« Lachte und tröstete ihn, streichelte ihm Haar, Nacken und Rücken, so daß er bald alles Schwierige vergaß. »Berserker«, sagte sie noch, und wenig später hatte er es in der Tat vergessen, daß sie sich für Juans Mariagesicht interessiert hatte.

Tag des Festes

Den nächsten Tag stand die Luft bewegungslos wie am vorigen. Und gleich am Morgen begann der Himmel sich wieder zu verschleiern, das Licht schien blaßgelb. Die beiden Schiffe lagen noch immer vorm Black Head, nur etwas nach rechts, nach Norden verrückt, offenbar hatte eine Strömung sie getrieben.

Auf dem Platz vor dem Hafen, wo noch immer die städtischen und die spanischen Willkommensfahnen an den vier Masten hingen, versammelten sich schon am Vormittag fast alle aus Galway. Und beinahe jeder hatte andere und bessere Vorschläge, wie man das Eulenschiff der Blakes und das Meerjungfrauenschiff der Joyes hereinholen könnte.

Die einen, Tobby Keats am lautesten, wollten Ruderboote vorspannen, alle kleineren ruderbaren Boote – erst vor das eine, dann vor das andere, um sie hereinzuziehen.

Dagegen fragte Curtin, der Seiler, warum man nicht auch in diese beiden Schiffe Löcher hineinsägen oder schlagen könne, Löcher, wie sie im Lynch-Schiff waren und aus denen die Ruder das Wasser erreichen konnten.

Gegen beide Pläne brachten die meisten viele Bedenken vor. Von den Ruderbooten würden so viele gebraucht werden, daß man, George Blake sprach aus, was alle befürchteten, daß man dummerweise in Limerick welche ausleihen müsse. Und am Ende, ergänzte MacBride, würden sich die vielen Boote auf dem Wasser nur gegenseitig behindern und man könnte vor lauter hin und her gespannten Seilen nicht rudern.

Und die Löcher, sagte Jessy Murray, die werde man doch nicht nachträglich in die Schiffswände sägen, das gäbe Brüche, nicht wahr, Schiffszimmermann Coolridge nickte, das gäbe Brüche und Schwächen im Schiff, wenn dann der erste Sturm käme, wäre es aus. Die Kalfaterung aus Werg und Pech wäre zerstört und die Planken undicht für immer, auf solch einem Schiff möchte er nicht der Steuermann sein. Im übrigen, ergänzte Jessy, im übrigen sei die Ladung vor den Wänden, da könne man die Fässer und Teppichballen gleich mit durchbohren.

Nein, beides waren keine Lösungen, mit beidem wäre man jedenfalls bis zum Abend nicht fertig, und wer etwa wolle nicht ins Lynchhaus zur großen Feier.

So standen sie in Gruppen am Hafen herum, redeten, schwiegen, spuckten ins Wasser, schauten den Hunden zu, den Möwen und den Kormoranen und den springenden Salmen – Ebbe war's und mit der steigenden Flut mußte in den nächsten fünf Stunden etwas geschehen. Aber was? Ratlosigkeit herrschte. Der schönste Wald, den die Galwayer kannten, der Wald über den kleinen Seglern im Hafen, der Wald der Masten, der hatte sonst noch jeden Tag im Wind mehr oder weniger geschwankt, hatte jeden Tag sich gebührend verneigt gegen den gewaltigen Ozean. Aber heute?

An eine solche Geschichte wußte sich selbst William O'Brian nicht zu erinnern. Kein Märchen handelte von solchem Stillstand. Irgendein Wind sei hier immer gegangen. Er sage es ja nicht erst heute, sprach Curtin, der fromme Seiler, man solle Gott und Teufel nicht versuchen, sondern bei seinen Leisten bleiben, nämlich vor der eigenen Küste, meinetwegen um Haie zu fangen, aber wer als Kröte auf den Black Head klettere und von dort nach Connemara fliegen wolle oder gar bis nach Spanien, der müsse sich nicht wundern, wenn er sich die Nase einschlüge.

Von solchen Sprüchen, die von Jeremiah Curtin und vom Brauer O'Donnoghue schon oft zu hören gewesen waren, kamen die stolzen Galeonen kein Stück näher. Man sah hinaus auf die Bucht, kratzte sich den Kopf und –

– da kam John Joyes eine Idee. Warum auch nicht von ihm, schließlich ging es um sein Jungfrauenschiff, sollte der sein Gehirnschmalz einsetzen. »Freunde!« meinte der und hatte etwas Gutgelauntes in der Stimme, ungewöhnlich bei dem Streithahn, seine Elisabeth tuschelte sofort los, nun käm's, na endlich. »Freunde«, rief der, »wir brauchen ein Tau! Nichts weiter als ein langes, ein sehr langes Seil. So lang, daß es reicht von den Schiffen dort bis an das Nordufer, dort hinten, wo sie heute nacht schon von allein ein bißchen hingetrieben sind, also bis hin kurz vorm Galgenberg, da geht es am dichtesten heran – und dann hilft alles nichts, dann ziehen wir die verdammten Kähne, erst den einen, dann den anderen, am Ufer entlang. Bis hierher.«

Dies war der erste Vorschlag, der außer dem, der ihn vorschlug, auch noch andere Fürsprecher fand. Doch bekam er auch bedenkliche Kommentare. Ob er, der Joyes, sich wohl vorstellen könnte, meinte

George Blake, wie schwer sein Kasten zu ziehen sei, seiner und ihr eigener, der Eulenkasten der Blakes, vor allem deswegen, weil man ihn ja nicht einfach ans Nordufer ziehen könne, sondern ständig gegensteuern müsse vom Schiff aus, und das ginge dann endgültig über die Zugkräfte von spanischen, irischen und englischen Ziehbolden, selbst wenn man Kinder und Großeltern mitziehen lasse.

Diese Rede tat vielen leid, die sich bereits ein allgemeines Tauziehen vorgestellt und auf nichts weniger als auf einen frühen Beginn des heutigen Festes gehofft hatten.

So sank man wieder zurück ins dumpfe Denken, ja, der Seiler Jeremiah Curtin mochte recht haben: Gegen das Steuer zu ziehen quer über die Bucht, das war dann wohl wirklich eine Art Gottversuchen.

Und wie man noch so stand und brütete und die Sonne fast schon in die Mitte des Himmels stieg und ihr Licht sich als gleißende Schicht überallhin ausbreitete, da ereignete es sich, und davon hatte man später noch viel zu reden und zu rätseln und am selben Abend allerhand zu lächeln und zu unken, da geschah es, daß Frederic Fitzpatrick tatsächlich seinen Mund aufsperrte, nicht zu einer Ballade, sondern zu einer Rede, deutlich hörbar gab er die aus krummem Maul von sich, nämlich daß die in Limerick, wann immer die solche Probleme hätten wie sie jetzt hier in Galway, sich allesamt auf einem solchen Schiff versammelten, um aus vollen Lungen gegen die Segel zu blasen.

Das war's, was er sagte, der Schreiber und Henker und Hausgeist, und es war das erste Mal, daß er in diesem Jahr an einem Stück so viel geredet hatte. Noch lange zuckte es in seinen Mundwinkeln, so stark hatte ihn die Ansprache erregt. Nur, mancher konnte sich die Bemerkung nicht verkneifen, die George als erster laut werden ließ, daß der Henker und Sänger und Seneschall als Schwänke-Erzähler nicht ganz so gut war wie als Balladendichter. Die Geschichten und die Märchen, die solle er lieber dem William O'Brian lassen.

Nachdem sich Grinsen und Schmunzeln gelegt hatten, kam Tobby Keats noch einmal zurück auf seine Idee mit den Ruderbooten. Wie es denn wäre, wenn man sie bei diesem ruhigen Wasser direkt am Schiffsleib festmachte, rings an den Längsseiten so viele Boote, wie dranpaßten, da verheddere sich nichts, da gäbe es kein Gehäkele mit den Seilen, dann müßte es doch gehen.

Darauf sagte nun erst mal gar niemand was. Schließlich kam der Vorschlag von Tobby, dem Joyes-Knecht, man war nicht verpflichtet, zu dessen Naseweisheiten überhaupt was zu sagen, und wenn sie noch so vernünftig waren. Nur die volle Betty, die wechselte ihre Piepsie von einem Arm auf den anderen, denn schwer war das gute Kind geworden, und murmelte: »Warum nicht?«

Aber mehr kam nicht dabei heraus. Vielleicht war es auch zum Denken zu mittäglich geworden und gar zu heiß. Zum Glück erübrigte sich das Denken wenig später, denn nun brachte auch John Joyes seinen Plan noch einmal vor, gleichfalls in verbesserter Form. Wenn, so meinte er, wenn das Gegensteuern zu viele Kräfte verlange, was er wohl einsähe, und die Limericker um Hilfe zu bitten sei für ihn dasselbe wie drei Wochen nichts zu trinken, warum sie dann nicht voll Schiff voraus zögen, ja, hierher, direkt in den Hafen hinein! Man solle doch nur mal nachschauen, ein wie langes Tau sie zusammenbrächten, ohne in Limerick nachfragen zu müssen: Wenn Jeremiah Curtin, der Seiler, mal ein bißchen gründlich daheim suchen und kramen und alles zusammentragen würde, was er besäße, dann kämen doch wohl drei Meilen zusammen oder womöglich vier oder fünf, und das reichte.

Da kam nun doch wieder Stimmung auf, die Volksfestfreunde rührten sich und wollten gleich hinauflaufen und in Jeremiahs Lager die Bestände mustern. Aber dieser Jeremiah nörgelte und meinte, ein so langes Seil, sie seien wohl nicht mehr ganz richtig im Kopf, und ob den John die Hitze zu arg belaste, ein so langes Tau, das versacke doch in seiner ganzen Länge im Meer, das sauge sich voll Wasser und werde so schwer, daß kein Mensch – nein, bei der gütigen Mutter Gottes, dann seien seine Seile weg, verdorben und verschwunden am Meeresgrund. Selbst wenn sie die wieder herausbrächten, gut, dann solle man Gott danken, aber obendrein mit diesem schweren vollgesogenen Biest von drei oder mehr Meilen Länge auch noch die Schiffe heranzuziehen, das, weiß der Himmel, sei eine Untat.

Da wollten die meisten wieder den Kopf hängen lassen und schauten den frommen Curtin schon recht bedrückt an, als von hinten, zuversichtlich, ja fröhlich sich der Tobby Keats wieder nach vorn drängte und bereit war, seinen eigenen blöden Plan mit den vielen verschiedenen Booten und Seilen nicht mehr zu erwähnen. Dafür verband er ihn listig mit dem neuen John-Joyes-Plan zu einer, wie es nun schien, machbaren Idee. Wie wäre es, meinte Tobby, und Betty nickte schon jetzt, wie wär's, wenn man alle Ruderboote auf der Strecke zwischen Hafen und

Schiffen in gleichmäßigen Abständen verteile, was ja bei diesem ruhigen Wasser eine Kleinigkeit sei, und wenn alsdann das Curtin-Tau über all diese Boote laufe, dann versacke es nicht – ja, nun waren bis auf den Besitzer der Taue alle einer Meinung, dies müsse man nun endlich versuchen, solange die Flut steige, und aus diesen Ansichten und Absichten konnte der Seiler sich jetzt nicht mehr herauswinden.

Der ging also, verdrossen, gefolgt vom taten- und bratenhungrigen Volk, hinauf zu seinem Haus, schloß seinen Schuppen auf, und dann wurde geschleppt, gekarrt, gewuchtet, entrollt und verknotet, dann wurde gerudert, gezogen und gebrüllt, und drüben die beiden dicken Schiffe, die strichen alle ihre Segel, mit denen sie noch immer die Hoffnung auf Wind emporgehalten hatten. Und dann kam nach langem Geschrei, Geschiebe und Geschimpfe endlich der große Augenblick: Curtins Haupttau hatte fünfmal ergänzt werden müssen, so weit war die Strecke bis zu den Schiffen, nun aber, der Mittag war längst vorbei, reichte es vom Jungfrauenbusen am Bug des Joyes-Schiffs über neununddreißig Boote und Bötchen hinweg, in denen neununddreißig Kinder paddelnd die passenden Positionen hielten, bis zum Hafen. Und es reichte, weil ja alles, was ziehen konnte, Platz finden mußte am Seil, auch noch durchs Stadttor hindurch die Straße bis zum Lynchhaus halb hinauf.

Der finstere Edward trieb nun seine achtzig Stadtgardisten auf die Strecke, aber auch Frauen und Kinder, ja selbst Großmütter wurden gebraucht, alle sollten zugreifen, und Walter Lynch, der zunächst die Alten nur hatte zuschauen lassen wollen, packte selbst mit an, samt seiner sehschwachen Mary, war's sehr zufrieden und konnte sich den Spruch nicht versagen, es sei dies doch ein wunderbarer Tag, an dem einmal alle Galwayer, die weiß Gott eine einmalige Mischung der unterschiedlichsten Leute seien, an ein und demselben Strang zögen. Der grimme MacBride, nicht weit von Lynch ebenfalls am Seil, mochte nicht unterlassen, seinen wichtigsten Glaubensartikel zu sagen: »Ganz Galway unter einem Hut, das ist nur für die Hüter gut.«

Mochte da räsoniert werden was immer, dieser wunderbare Augenblick wurde von nun an beherrscht von dem überaus aufgeregten Seilbesitzer Jeremiah Curtin, den man aufs Stadttor gestellt hatte, damit er von dort oben das Schicksal seines Seils überwachen, damit er von dort den durchs Tor kriechenden Lindwurm aus wunderlich gemischten Galwayern kommandieren oder wenigstens das Zeichen geben konnte für den Beginn der gemeinsamen Anstrengungen.

Nun, er hob dort oben seinen Arm, zählte lauthals bis drei und ließ den Arm dann mit einem großen »Drei!«-Schrei sinken, warf sich blitzschnell auf die Turmbrüstung, und sämtliche Galwayer, ob aus Irish Town oder aus der Oberstadt, auch Juan Gonzales, sie alle hängten sich innerhalb und außerhalb der Stadt in das Seil, etliche rutschten und fielen, standen aber sofort wieder auf, ächzten und schnauften, hüben auf dem Hafenplatz wie drüben die Straße hinauf, da wurden Köpfe rot und schwollen Stirnadern, Röcheln war zu hören und Stöhnen wurde laut, dann endlich erlahmten die Kräfte –

– nichts hatte sich gerührt. Bißchen, mochte sein, hatte das Tau sich gedehnt. Mehr nicht.

Schwer atmend ließ man los und stellte sich mit

pumpenden Lungen zusammen. Mit fragenden Gesichtern. Einige meinten, man solle doch nicht so rasch aufgeben, keuchend meinten das die Jüngeren, und Ältere bestätigten, der Anfang, der sei das Schwerste, wenn der erst mal gemacht sei und das Schiff sich bewege, dann liefe das alles wie von selbst, liefe wie in einem Rutsch durch bis zum Ende, man werde sehen.

Mochte so sein. Man hatte zu früh aufgegeben. Also trat alles wieder an das Seil, das Gerede verstummte, Jeremiah Curtin auf dem Turm hob wieder seinen Arm, zählte und ließ den Arm auch diesmal brüllend niederfallen, um sich alsdann, diesmal weniger eilig, über die Mauer hinabzubeugen, denn keine Bewegung seines Seils sollte ihm entgehen.

Aufs neue stemmten sich Jung und Alt, Hoch und Niedrig in eine gemeinsame Richtung und zerrten und zogen und rutschten und ächzten und wollten nicht aufgeben und bekamen dunkelrote Schädel und machten es länger als beim ersten Mal –

– aber auch diesmal: Keinen Zoll kam das vermaledeite Handelsschiff näher. Curtins Seil hatte sich nicht einmal mehr gedehnt, hatte sich keinen Deut in die Stadt hinein bewegt. Traurig und erschöpft ließ man ab. Brustkörbe japsten nach Luft, lange schwitzende Gesichter sahen sich an und dann – mitten in diese keuchende Enttäuschung hinein, zu allem Überfluß, niemand hatte bislang irgendein Wort sagen können, so knapp war noch immer die Atemluft – keifte vom Dach des vorderen Bootsschuppens bei Coolridges Werft die kleine weiße Kate: Aufhören sollten sie, gottlos sei ihr Treiben, was die Elemente nicht erlaubten, das solle der Mensch sich nicht herausnehmen, wolle er nicht verdammt sein, jawohl, verdammt! So pfiff es aus dem alten Kinderkörper mit heller Stimme, verdammt für immer, keifte das sonderbare Weib und war wieder weg, im Schuppen verschwunden.

Hilfesuchend schielten einige auf den Bruder Kirwan, der immer noch dort stand und keuchte, wo er gezogen hatte und blau aussah bis unter das Doppelkinn. Der wischte sich mit dem Ärmel die Tropfen von der Glatze und meinte, diese Hexe gehöre nun wirklich vom Mount Golgatha geschmissen, jetzt gehe sie entschieden zu weit. Was gottlos sei und was nicht, dafür sei allein er zuständig, aber bitte, wer wolle, der könne ja getrost auf die Elemente warten, er zöge es vor, heute abend in Ehren und mit Gottes Segen an Lynchs Tafel zu speisen.

Da war keiner, der ihm das nicht gerne geglaubt und der dem Priester wie sich selber das nicht von Herzen gegönnt hätte. Nach Bruder Kirwans Antwort erholten sich die Geplagten ein wenig von Mühe und Hexenschreck. Ein Mutiger wie George konnte gar wieder Witze machen und die Küchen-Ann fragen, ob diese alte Kate nicht eine würzige Suppe gäbe, nicht schlecht müsse die schmecken, nach seltenen Kräutern und guten Wurzeln. Altes Huhn, gute Suppe, murmelte Ann, und als darüber sogar Fitzpatrick sein gebogenes Maul genießend verzog, fragte George den auf der Stelle, ob er schon zum Gonzales- und Grafen-Empfang sein Abendgebet gedichtet hätte, eines, worin nun aber auch spanische Priester und Metz- und Baumeister und schöne Handelssöhne auftauchten – da hob Frederic, ohne George anzuschauen, ein bißchen die Ellenbogen, tat wie ein Käfer, der sich aufpumpte für einen Abflug, schaffte es aber nicht bis zu einer zweiten

Ansprache an ein und demselben Tag, fiepte nur einen Viertelfluch aus seinen eingesunkenen Backen und gar einen in einer Sprache, die niemand verstand, nicht mal die gälischen Gardisten kannten das Wort, zweifellos eines aus der Gnomensprache oder noch von jenem sagenhaften wilden O'Flaherty, der die ersten Engländer, die vor fünfhundert Jahren Irland zum erstenmal erobern wollten, in die See zurückgeworfen hatte.

Inzwischen hatte Walter Lynch mit Pat und mit Roy Gallagher Unterredungen gehabt, die beiden waren fortgerannt und kamen jetzt zurück: Drei Pferde führten sie heran und fünf Ochsen – ja Donner und Schande, wer hatte die auch vergessen können, die Zugtiere gehörten nun wirklich nicht bloß vor die Handelskarren, da eilten nun alle, sprang jeder nach Eseln und Schwengeln und Haken und Ochsen und Riemen und Gäulen, selbst Brauer O'Donnoghue konnte sich da kaum ausschließen, der versuchte nun sogar, die neue Fügung der Dinge in einen Triumph für das von der Bierzunft entwikkelte Fuhrgewerbe umzumünzen, wer sonst, wenn nicht die in Galway seit je ignorierten Brauer hätten zuerst Pferdekräfte eingesetzt. Vom bierkutschenden Wagemut räsonierte er einiges in der Art des Walter Lynch an jeden hin, der das hören wollte oder nicht, stieg dann aber mit seinen Knechten ebenfalls hinauf in die Stadt und holte seine schweren Kurzbeinigen.

Na, die wurden nun statt der Großväter und Großmütter in Curtins langes Seil gehakt. Und dann, als Mensch und Vieh gut verteilt waren vom Hafen bis halb hinauf zur Richterburg, da gab Jeremiah zum dritten Mal sein Zeichen vom Turm. Und mit Gebrüll und Peitschenschlag legten sich Männer und Tiere und auch, nachdem sie ihre Piepsie der Großmutter Elisabeth in die Arme gedrückt hatte, die pralle Betty Blake, die alle legten sich schräg ins Zeug und Geschirr, für Galways Goldenes Handelsglück, da spannte sich das Tau, die Muskeln in den Pferdeärschen zitterten und bebten, Peitschenhiebe zeichneten Striemen auf die Felle, keuchen und rutschen mußte nun auch die Kreatur, und siehe, ohne daß vom dunstigen Himmel herab Gottes Strafgericht dazwischenfuhr – das Tau kam.

Die Pferde stampften nicht mehr auf der Stelle, und die Ochsen und die Menschen gingen mit, und der gemischte Zug gewann sogar Geschwindigkeit, wankte und schritt durchs Tor in die Stadt, die ganze lange Hafenstraße hinauf und oben am Lynchhaus vorbei und am anderen Ende zum Klostertor nach Norden hinaus auf die Heide – und des Knurrbart John Joyes schwer beladener, tief im Wasser liegender Weintransporter hatte, als er auf die Hafeneinfahrt zuglitt, gutes bierkutschendes Fuhrmannstempo.

Doch nun war die Entfernung zwischen den Ziehenden und dem Gezogenen so groß geworden, daß keine Verständigung mehr blieb zwischen denen da draußen auf der Heide und dem verwirrten einsamen Seiler auf dem Stadttor und zu denen auf dem herannahenden Ungetüm. Drüben jedenfalls, auf der Heide weit hinter der Stadt, dort hörte niemand den schreienden Jeremiah auf dem Turm. Lynchs Steuermann Jessy Murray, der für dies wichtige Mannöver das Kommando über das Joyes-Schiff übernommen hatte, der war kein Mann, der ein Schiff an den Kai rammen ließ, der erkannte schon bald, wie das hier lief in Galway, der löste rechtzeitig, schon vor der Hafeneinfahrt, mit geübtem Griff den Knoten an Jeremiahs Wunderseil, weiß Gott im rechten Moment noch – und so steuerte Knurrbarts Meerjungfrauenschiff sicher in sein vorbestimmtes Bekken. Die Großeltern und die Kinder am Hafen und in den neununddreißig Booten, die johlten und winkten und freuten sich, als sei auf dem Irischen Platz beim alten Lanzenkampf ein Corker oder Limericker von Galwayer Stößen in den Sand geflogen.

Dieser Jubel dämpfte oder spaltete sich ein wenig, als man von den zurückkehrenden Ziehfreunden hörte, daß, als Jessy das Tau gelöst habe, daß da der Lindwurm aus Mensch und Vieh ganz schön ins Schleudern gekommen und die meisten glatt hingeschlagen wären und übereinander gestolpert und O'Flahertys Ochse den Priester Kirwan anstandslos in den Hintern getreten hätte.

Zum Erstaunen des tüchtigen Geistlichen lachte darüber seine Gemeinde recht herzlich, dem Stadtpriester blieb wenig Zeit, das übelzunehmen, denn die starke Betty war es, die ihm mit kundigem Griff den Steiß massierte und Rücken und Backen. Überdies sah Kirwan, daß die anderen Frauen, bevor der zweite Schiffszug durch die Stadt begann, Körbe herbeibrachten, Körbe mit knackfrischem Backzeug und mit Wein, Galways Gottesmann sah es mit Behagen.

So sehr der Schweiß auch am Leibe klebte, alles hatte nun den Anschein, als hätte das große Galwayer Fest bereits begonnen. Einige, und das waren wohl nicht die klügsten, meinten beim Essen und Trinken gar, es sollten öfter Schiffe in der Bucht liegenbleiben, da gebe es rundum was zum Freuen, mache selbst die härteste Arbeit Spaß, und Frauen und Kinder und Alte hätten auch was davon.

Pat kam es so vor, als hätten an diesem Tag die Frauen am meisten davon, beobachten zu können, wie dieser Juan Gonzales, während man seinen frommen Vetter nirgends zu sehen bekam, sich nicht zu schade war, mit anzupacken und zu helfen, seines Vaters wunderbaren Wein ans fremde Land zu ziehen.

Was freilich bei den beobachtenden Frauen eine noch größere Rolle spielte als der leibhaftige Einsatz des schönen Juan, das waren die versteckten Zeichen und Winke, die an Bedeutung sogar diese einmaligen städtischen Schiffsmanöver zu übertreffen schienen, jedenfalls bei einigen erfahrenen Frauen, bei den besonders scharf blickenden oder, wie die Limericker sagen würden, scheeläugigen, die nämlich hatten es herausgespürt und entziffert, daß es zwischen Pat Lynch und Agnes Joyes etwas Les- und Deutbares gab. Das witterten diese Spitznasen und Winkeläugigen ebenso rasch heraus wie sich ihre Münder nun daran schief zogen, um daraus bis in den Abend hinein Gerüchte wachsen und blühen zu lassen.

Auch das dritte große Galway-Schiff, Blakes Eulensegler, war dann endlich, mit dem letzten steigenden Wasser, in der größten Nachmittagshitze, nach einem neuerlichen Tauziehen quer durch die Gemeinde, in den Hafen gebracht. Nun mochten die Gewitter kommen oder die Seeräuber. Der Hafen von Galway war geschlossen.

Es konnte gefeiert werden.

Das heißt, erst einmal dampfte es in den Badehäusern und säuberten sich die Seilhelden und ruhten aus. Still wurde der Ort. Nur im Hause des Bürgermeisters karrten Küchensklaven Gesottenes, Gebratenes, Gedämpftes und Gekochtes in schweren Kesseln und Tiegeln herbei, wurden die letzten Kapaune geopfert und gerupft, die Drehspieße überm Feuer gewendet, die Braten gespickt, Knoblauch in den Mörsern zerstoßen, Austern geöffnet, da dufteten die Gewürze und die Kuchen, wurden die breiten Tische in Halle und Hof gerückt, das Feuerholz ergänzt und der Torf, wurden irische wie südliche Delikatessen sortiert und in großen zierlichen Pilger- und Jacobs-Muscheln verteilt und alles, was andernorts nur Priestern, Grafen und Handelsherren zu essen erlaubt war, in Mengen herangeschafft und für alle bereitgestellt, in der Halle wie im Hof.

Als zögen die Duftwolken Hunderte Meilen tief ins Insel-Innere und lockten sie herbei, liefen nun, wie immer bei solchen Gelegenheiten, von weither Hilfssklaven zu, aus den Ziegen-, Schaf- und Schweineländern ringsum, aus den Bergen und aus den Mooren, von überall aus den gräflichen Marken, wo ihnen das Fell über den krumm geschundenen Leib gezogen wurde, bis dorthin hatte sich seit dem Tag der Ankunft der drei Schiffe mit Boten-Eile verbreitet, daß es wieder was zu verdienen und zu essen gab in Galway.

Das Fest, an das sich die Einwohner dieser wohlbestellten Stadt noch lange Jahre hätten erinnern können, wenn sie sich nicht die Erinnerung an eben diese Tage ganz und gar aus den Köpfen geschlagen hätten, dieses Bankett der Bankette begann zunächst wie alle Feste in Galway, mit Pracht und Lust und Hingabe.

Auch die Tageszeit, zu der es in Gang kam, war noch vollauf so wie es hätte sein sollen. Wenn die Hühner sich verkriechen und das Großvieh zu fressen hat, dann soll man anfangen, so sagte es jedenfalls der alte Kalender, an dem Patrick bei Kirwan, dem Priester, vor zehn Jahren das Buchstabieren und Schreiben gelernt hatte und zugleich auch, aus dem selben Kalender, das Lateinische und das Gälische.

In diesem Kalender blätterten zu eben dieser Abendzeit Juan und Pat auf ihrem Zimmer, schauten auf dem abgegriffenen Papier die bunten Zeichnungen an, die Miniaturen mit den Zahlen darin, die unten am Bildrand wiederholt wurden, die dort Wörter zugeteilt bekamen, nämlich die englischen oder lateinischen oder keltischen Namen dessen, was mit der Zahl gekennzeichnet war – Auge, Ochse, Schiff, Wein – Pat buchstabierte Juan die gälischen Wörter vor und übte die Sprechweise mit ihm und siehe, der war wieder mal nicht so gockelhaft, sich die für ihn gründlich verqueren Laute nicht nur einzuprägen, sondern dem Pat auch zu versprechen, er würde sich binnen kurzem aus diesem Kalender die Sprache der Ureinwohner zusammenbauen. Ja, aber so weit war er noch nicht und kam er auch nie. Doch die Geschichte ist ja immer noch am Anfang.

Juan Gonzales hatte soeben gelernt und Pat Lynch hatte es ihm noch einmal mit gälischen Wörtern vorgesprochen: »Ist es erlaubt, mit Euch eine Jig zu tanzen?« – ›Jig‹, so nannten sie in England und in den englischen Teilen Irlands die überall in Europa verbreitete Gigue – und »Wie ist Euer Name?« und »Ihr gefallt mir sehr«, denn Juan wollte nicht hilflos sein, wenn unter diesen zauberhaften irischen Elfen, die er diesen ganzen Tag über schon im Claddagh und in der Stadt zu beobachten gehabt hatte, eine Bekanntschaft anzubahnen wäre, als in eben diesem Moment von unten aus der Halle zum ersten Mal Musik zu hören war, eine schlagende, eine zum Tanzen, wenn auch keine Gigue, sondern eine mit Tamburin und Trommeln, mit Leiern und Pfeifen, mit Zinken und Schellen. Als das an Juans Ohr kam, hörte er auf mit dem Buchstabieren. Pat konnte es verfolgen, wie das Gesicht, das gerade noch zum Lernen konzentriert und ernst gewesen war, sich glättete, als hätte er mit solchen Tönen in dieser nordischen Ferne nicht gerechnet. Rasch sprach der Gonzales noch einmal seine drei Sätze, konnte sie plötzlich ohne Stocken, sprach sie geradezu beschwingt und, das lobte jedenfalls Pat an seinem Schüler, fast schon in der richtigen Sprechweise.

Sprangen nun beide die Wendeltreppe hinunter, unten am Zimmer des Vaters vorbei, das leer stand, dunkel leuchtete da eines klugen Philipps sehr früher Triumph über die Unvernunft. Juan eilte voraus, zur Halle hin, Pat mußte sich beeilen, schon vor der Tür fuhr ihnen diese hüpfende, diese zuckende Musik entgegen und im Hof tanzten sie bereits, da stampfte und klatschte gälisches Volk schon vor den Musikanten-Fässern herum, links und rechts je zwei Fässer, Bretter hinüber, das war das Podium für die Fiedler, Trommler und Pfeifer.

In der Burghalle dagegen standen die Tafeln für diese vierzehn weitbeschreiten Sippen, für die wichtigsten alten Familien Galways und für deren bedeutende Gäste.

Juan und Pat, noch in einem Vorraum mit einem kleinen Fenster zum Hof, noch vor dieser großen

Feierhalle, da blieben sie einen kleinen Augenblick lang lieber stehen, zögerten und sahen sich um. Und sahen sich an. Durch eine Art Mauerschlitz oder Schießscharte konnten sie hinausschauen, in den Hof, sahen, wie da die O'Brians bereits feierten und die O'Flahertys mit ihren vielen Frauen und die MacBrides und alle jene, die als ›Ureinwohner‹ gelten durften, die Älteren tranken, die Jüngeren tanzten und riefen den Eintreffenden derbe Dinge zu und begrüßten sich und umhalsten sich ringkämpferisch. »Dort kannst Du gälisch sprechen lernen, keltisch. Such Dir eine kluge Elfe!« – »Eine irische.« – »Sind alles Iren. Im Hof wie in der Halle. Aber diese Ureinwohner ...« – »... die sind am irischsten?« – »... die durften früher nicht einmal in die Stadt. Vater öffnete die Stadt für alle, auch für die Kelten.«

»Und sogar für einen wie mich.« Juan, der lächelnde beschwingte Mann, er legte seine Hand auf Pat Lynchs Schulter. »Hey Pat, laß uns Freunde sein.« – »Ach ja, gern. Ich bin wirklich froh, daß Du hier bist.«

Als man dann Pat und Juan in der Hallentür erblickte, da sprang an der Oberkante der großen Tischrunde Priester Kirwan vom Stuhl hoch, riß die Arme auseinander und wollte wohl einen Begrüßungsruf ausstoßen, doch wurde ein Schmerzensschrei daraus. Seine Arme, statt sich priesterlich zu erheben, schlotterten und landeten kläglich auf seinem Hinterteil, wo O'Flahertys Ochse ihm jenen überstürzten Tritt versetzt hatte. Da mußte seine Gemeinde ein weiteres Mal herzlich lachen über ihren Hirten. Und dann breitete der junge Juan seine Arme so aus, wie es der Priester wohl getan haben wollte, und rief dem Schmerzensmann graziös zu, wenn auch zur

Überraschung aller in der Sprache der Ureinwohner: »Ist es erlaubt, mit Euch eine Jig zu tanzen?«

Da war nun allerdings, wenn je einer über diesem jungen Gonzales gelegen haben sollte, der Bann gebrochen, man stieß sich in die Seiten, hustete schon jetzt vor Lachen, und es war in Galway mal wieder gleich am Beginn so, wie es in Limerick selbst nach stundenlangem Betrinken selten wurde.

Ach hätte es nur halbwegs so bleiben können. Aber wo Leben ist, ist Verwandlung – und selten lebte lebendigeres Leben als in dieser denkwürdigen Nacht in der Burg der Lynchs. In dieser Nacht, die auch im Land dieser genialen Sänger und Erzähler bislang niemand zu erzählen sich getraut hat.

Ein schwerer Kamin aus grauem Gestein, in dem an Winterabenden ein Baumstamm brannte und das bläulich grünlich lodernde Torffeuer, der nahm die eine Seite der Halle ein. Darauf standen nun die drei Gastgeschenke der Stadt an den Don Juan, Teppich, Brosche und das Herz in den Händen. Der steinerne Fußboden war mit duftendem Holzmehl und mit Heu bestreut, an den Wänden rings schimmerten im Fackel- und Naphta-Licht Teppiche und Waffen. Und vorn, unter dem ölgetränkten Pergament an der Stirnseite, über dem Platz von Walter Lynch, da hing ebenfalls, schwarz, in Ebenholz geschnitzt und kostbar wie eine Monstranz, das Herz, das in beide Hände zu nehmen war. Richter und Lord Mayor Lynch trug an diesem Abend einen langen spanischen Bliaut aus dunkler, mit Gold verbrämter Seide und mit weißen Fellstreifen an den Rändern. Darunter braune Beinkleider, die und die Schuhe aus Cordoba-Leder.

Neben ihm, natürlich, saß Mary Lynch, deren ungewöhnlich festliche Kleidung ebenfalls Anlaß zu mancherlei Frauengesprächen gab. Ihr Mann winkte den jungen Spanier heran, ließ Juan neben Mary Platz nehmen, nun saß also der junge Gonzales an der Stirnseite, saß neben der Frau, die sein Vater so offen bewundert hatte. Zwischen Juan und Pat blieb ein freier Platz. Daß er für Agnes freigehalten wurde, war noch geheim, aber jene scharf- und scheeläugigen Mütter und Tanten tuschelten nun immer offener und schienen es längst zu wissen, wer an diesem Abend dort sitzen werde.

Auf ein Zeichen vom Eingang her, wo Frederic Fitzpatrick stand, erhob sich jetzt der Hausherr, eilte zum Portal und begrüßte Elisabeth und John Joyes, begrüßte die alten Konkurrenten auffallend bewegt, mit Umarmungen, ja, nicht nur Elisabeth umarmte er und küßte sie auf die Wangen, wie man hätte erwarten können und wie das die Pflicht eines manierlichen Gastgebers war, sondern auch den eigenwilligen Handelsherrn John Joyes drückte er brüderlich an seine Brust, den Knurrbart, mit dem er doch, zumal im Stadtrat, mehr als einmal pro Jahr vollkommen überquer gewesen war – nun diese Herzlichkeit? Unter Händlern?

Was noch mehr verwunderte, war, daß Lynch nun auch die Tochter Agnes in seine Arme schloß, diese zweifellos schöne Agnes, die Dunkelhaarige, die Helläugige, aufs köstlichste war sie hergerichtet und trug auf dem samten zarten Busen ein Geschmeide, das, wenn das wirklich Brillanten waren oder gar Diamanten, wohl so viel wert war wie das ganze große Kauffahrtschiff mit dem Lynch oder Luchs am Bug.

»Willkommen, meine Lieben!« so hätte Walter die Familie Joyes begrüßt, wußten bald alle im Saal, und

»Vor allem Du, schönste aller Töchter!« so hätte er geredet und hat dann die drei Joyes zu den Plätzen an der Stirnseite geführt – neben seinen eigenen, unter die Skulptur ›Das Herz in den Händen‹. Neben Walter saßen nun also hüben Elisabeth und John Joyes, drüben seine Mary, neben ihr Juan, neben dem die ›schönste aller Töchter‹ und neben Agnes der Pat Lynch. Nun allerdings war, was das alles bedeutete, für die Pfiffigeren im Saal ein offenes Geheimnis.

Kam hinzu, daß selbst den Stumpfäugigen auffiel, wie prächtig auch Elisabeth Joyes sich herauszuputzen versucht hatte, als gelte es noch heute abend nach alter Väter und Mütter Weise Großhochzeit zu halten, beinahe so gediegen hatte sie sich gekleidet wie Mary Lynch. Die freilich zog alle Bewunderung auf sich, vor allem mit ihrer Hermelin-Stola, deren Pelze zwischen zwei Stoffe eingenäht waren, innen, so wußten es Kundigere wie Betty Blake, die es aufgeregt in die uninteressierten Miesmuschelohren ihres Vaters zischelte, innen also mit Leinenstoff, außen aber aus Seide in lebhaftem Blau, zusammengehalten wurde der Umhang von einer goldenen Harfen-Brosche auf der linken Schulter. Auch Elisabeth hatte sich wie Mary ihr Haar in Zöpfen geflochten, während bei Agnes, Julia und den anderen Unverheirateten das Haar offen herabhing, nur durch ein Stirnband zusammengehalten.

Bei Agnes allerdings blinkte auch dieses Band perlenbesetzt. In ihre dunklen Haare hatte sie Goldtressen eingeflochten. Ihr helles Kleid war wohl aus Zindeltaft, gleichfalls einem Seidenstoff, der am Hals tief ausgeschnitten und an den Rändern mit schwarzgoldenen Zierborten abgesetzt war, an den kurzen Armen jedoch ebenfalls mit dem zartem Fell des

Hermelins. Um die Hüften trug sie einen breiten Gürtel mit steinverziertem Verschluß.

Als man diese Kleider sah und diesen Schmuck, da summten fragendes Staunen und allerhand Erwartung durch die gerade noch so muntere Halle. Agnes saß nun also zwischen Juan und Pat. Kaum hatte sie dort Platz genommen, wohl wissend, daß fast alle sie jetzt beobachteten, kniff sie unterm Tisch ihren Nachbarn Pat herzhaft ins Bein, der kniff zurück und erzählte ihr die Begrüßung zwischen dem neuen Freundespaar Kirwan und Juan.

Diese Geschichte erzählte am anderen Tisch in diesem Moment offenbar auch Kirwan selbst, Pat zeigte Agnes und Juan die Richtung, Kirwan berichtete das dort seinem geistlichen Bruder Ricardo, um ein Haar hätte jetzt Galways Priester dem dünngliedrigen Patrick-Erzieher und Lynch-Berater die schwere Hand auf die Schulter geknallt, doch glitt sie im letzten Moment mit Mauersegler-Gewandtheit an Ricardos Rückseite hinab. Das beobachteten Agnes, Pat und Juan und mußten lachen, und der junge Lynch erklärte es seinen Nachbarn, daß dieser gute Kirwan selbst als Priester der freien Stadtrepublik Galway nie wissen könne, was alles sein frommer katholischer Bruder in seinen Berichten nach Dublin melden würde.

Nun brachen auf ein Zeichen von Fitzpatrick die Musikanten ihren gälischen Stampftanz ab, schmetterten abermals einen verwegenen Tusch durch Halle und Hof. Der alte Lynch, der Elisabeth gerade die Limerick-Geschichte seines schweigsamen Henkers, Heizers und Schreibers auseinandersetzen wollte, schoß auf dieses Signal so ungewöhnlich rasch von seinem Sitz in die Höhe, daß der nach hinten gekippt wäre, hätte ihn nicht Elisabeth, die in der Tat, da hatte Pat recht, immer recht kühl und umsichtig blieb, rechtzeitig aufgefangen und wieder hingestellt. Lynch sah das nicht, sondern eilte zum Eingang, an seiner Eile hätte die Gesellschaft ermessen mögen, wen es da zu empfangen galt, einen Grafen, in diesem Fall war das der Graf Cluricaun auf Killmanroy.

Es waren dies zweifellos die größten Stunden der Stadt Galway, der Gipfel ihres Goldenen Zeitalters. Spanier und englische Grafen mischten sich da unter die Handelsleute und die Iren, und niemand hätte deswegen den Herren dieser Stadt unpassenden Lebenswandel nachzusagen gewagt, obwohl draußen im Hof auf Wunsch von Walter Lynch außer für die Leute aus Irish Town auch noch ein besonderer Tisch für die hergelaufenen Haussklaven aus dem elenden Connought aufgestellt worden war.

Dieser Graf Cluricaun also, ein mächtiger Mann, der füllte mit seiner Gemahlin Theodora die breite Eingangstür von Rahmen zu Rahmen vollständig aus. Beide warteten das Ende des neuerlichen Tuschs gnädig ab und präsentierten nicht ohne Stolz ihr goldrotes Gepränge und Gehänge aus Schmuck und Waffen, aus Samt und Seide und Pelzen. Cluricaun, der Schrecken aller Bauern und Hirten in seiner Mark, trug an diesem Abend, das versuchte er nicht mal zu verbergen, unterm seidenen Umhang seinen Harnisch aus derben Lederschuppen. Gewitzt von manchem handgreiflich beendeten Bankett mit bürgerlichen Spitzbuben oder Armbrust-Eiferern hieß dies: Mit mir, Freunde, mit mir hier und heute nicht!

Aus Bart und Hängebacken gnädig grinsend, senkte er seine ringglitzernden Hände in die dargebotene Hand des obersten Galwayer Bürgers. »Willkommen«, sagte der, »willkommen, Graf Cluricaun auf Killmanroy, willkommen edle Frau Theodora«, so grüßte der Gastgeber das hohe Paar, die hörten nicht auf zu grinsen. – »Deine wichtigsten Malaga-Kunden, will ich meinen. Man kann aber kaufen bei Euch bis zum Platzen, man weiß nie, wie das hier endet!« Und Cluricaun schlug verheißungsvoll auf seinen Bauch, auf lederne Rüstungsteile. Als hätte er tatsächlich geahnt, wie das in dieser Nacht enden würde, zum Beispiel mit ihm.

»Am besten endet alles, wenn Ihr, auch zum Wohle Eures Bauches, Platz nehmt neben den Schönsten und den Tüchtigsten«, sagte Lynch und führte das eindrucksvolle Grafenpaar zu den Plätzen neben Betty und Daniel Blake, so daß die gewichtige Frau Theodora neben dem zu sitzen kam, der mit seinen lebhaften kleinen Augen kaum bis in die Höhe ihrer stattlichen Schulter reichte. Theodora saß also neben Bettys niedlichem Ehemann Daniel, neben Betty blieb Platz frei für einen weiteren, nicht weniger abenteuerlichen Landlord.

»Killmanroy heute im Harnisch?« flüsterte Mary, als ihr Mann wieder neben ihr saß. – »Wird sich zu benehmen haben«, murmelte der, »auch wenn nun noch sein Freund Cork kommt.« – »Der Schlimmste bleibt Killmanroy« fand Mary, wendete sich dann an Juan, an ihren Nachbarn zur anderen Seite, um dem flüsternd zu erläutern: »Ein Totschläger. Schrecken aller irischen Bauern. Hoffentlich bleibt er friedlich diesmal, Walter versucht ihn mit Schönem abzulenken.«

Nun wollte es wohl das Fatum oder der Sternenhimmel der alten Kate, daß die bislang so wohlüberlegte Sitzordnung an der einen der beiden Tischseiten ein wenig aus den vernünftigen Fugen geriet. Denn nun betraten, unpassend spät für Leute wie sie, Jeremiah Curtin, der verwitwete Seiler, und Martha, seine sehr junge Tochter, die Halle, freilich nicht in hochnäsigen Absichten erst jetzt, mitten also unter den wichtigen Zuspätkommern, sondern weil sie als die einzigen in Galway in St. Nicholas die Zeit der Vesper beachtet hatten, an die sich nicht einmal Kirwan gehalten hatte, nur Pater Ricardo war direkt von Lynchs Kapellenhaus aus auf den Platz neben seinem geistlichen Kollegen gelangt.

Kurzum, Lynch blieb, weil sonst keine passenden zwei Plätze nebeneinander mehr frei waren und er den gerade an diesem Tage so verdienstvollen Seiler nicht in den Hof hinausschicken wollte, Lynch blieb geradezu nichts anderes übrig, als diese beiden frommen Curtins neben dem mächtigen Grafen von Killmanroy Platz nehmen zu lassen, Martha also direkt neben dem Cluricaun und Jeremiah neben seiner Martha. Unfeine Reden würde der Ritter weiß Gott vom Seiler und seiner stillen Tochter nicht zu hören bekommen, im Gegenteil, nun bekam der Edle zu sehen, was ihn nach Meinung von Mary von allen wüsten Übergriffsgelüsten abzulenken versprach, etwas sehr Schönes, sehr Junges. Und da Curtin überdies im Begriff stand, unter seinem Hause einen Weinkeller fertigzustellen, mochten die Männer getrost Handelsgespräche führen. »Ohne diesen Mann und seine Seile«, so erläuterte Lynch dem Raubritter, »ohne Herrn Curtin würde hier und jetzt niemand feiern können, ihm und seiner Tochter gehören Vorzugsplätze!« Und gab damit dem ein wenig verwirrten Seiler Gelegenheit, dem Grafen seine jüngst bestandenen Heldentaten zu schildern.

Unterdessen erschienen, wiederum von der auffallenden Eile des Walter Lynch angekündigt, Graf Cork auf Larminie und Gattin Esther. Auch ihnen widmete Galways Oberhaupt eine geradezu höfische Aufmerksamkeit, und jeder im Saal hatte während der Begrüßungszeremonie wieder genügend Zeit, zu prüfen, ob unterm zarten andalusischen Seidentuch, unter Corks Tunika sich nicht doch ebenfalls ein versteckter Harnisch abzeichnete, aber man war sich bald einig, Cork hatte heute aufs Panzerhemd verzichtet, kein Wunder, der größere Rauf- und Mordbold war Cluricaun.

Kaum hatte auch Cork, der gleichfalls hoch ansehnliche Landlord Cork mit seiner umfangreichen Gemahlin Platz gefunden, der Graf neben der guten Mutter Betty, da reichte eine schöne Küchensklavin, eben jene Helen oder Eileen, die sich Mary noch an diesem Nachmittag zum Servieren in der Lynchhalle bei Elisabeth Joyes ausgeliehen hatte, diese hübsche Landfrau also reichte dem Herrn Cluricaun eine goldene Schale mit dampfendem Wasser samt glänzendem Damast zum Reinigen und Trocknen der Hände – der Gast patschte da gerne hinein, spritzte vergnügt in den weiten Halsausschnitt an Helens einfachem Leinenkleid und richtete dann wie aus Versehen das gleiche Mißgeschick bei seiner Nachbarin Martha Curtin an, bedauerte hierhin wie dorthin und tupfte hilfreich dieses wie jenes junge Fleisch wieder trocken, lachend alsdann seine Hände reibend im guten Tuch. Curtin, der Seiler, hat diese deftigen Nettigkeiten, die seiner Tochter da von erlauchter Seite zuteil wurden, sehr genau beobachtet.

Gern beobachtete das auch Betty Blake, in ihrem Arm lag wieder jene ›Piepsie‹, die zwar Patricia hieß, aber bislang nur als Piepsie bekannt war und von Betty auch nach elf Monaten Erdenleben immer noch gesäugt wurde und entsprechend ins Feiste gedieh und ins Bequeme, hatte diese Patricia Blake sich's doch in ihren elf Monaten unter reichlich versorgten Kugeln ohne Unterbrechung wohl sein lassen können. Auch Cork auf Larminie, zwischen Betty und Elisabeth placiert, betrachtete dies üppige Angebot mit Behagen. Und als nun auch er von Helen die heiße Schale und ein frisches Tuch gereicht bekam, wurde auch hier keine der Nachbarinnen vergessen und auch Säugling Piepsie freundlichst bedacht.

Nachdem Betty ihr Kind im Tuch auf den Rücken geschoben hatte, füllte die junge Mutter die Schmalseite des Haupttisches vollständig aus – ihr gegenüber, zum Glück zwölf Klafter entfernt, saß Schwager George und feixte seine pralle Freundin an. Die unterrichtete unterdessen Herrn Cork auf Larminie von den Ereignissen des Nachmittags, von der Leistung der ganzen zugkräftigen Gemeinde und vom Unglück des Priesters, die Edlen begannen zu lachen, die Humpen zu heben, mit den Nachbarinnen anzustoßen, und auch drüben, um George und um den Stadtpriester Kirwan herum, da ging's nicht steif zu. Und dann schepperte und schlug die Tafelmusik.

Zu ihrem schnellen Stampftakt marschierten zwei Dutzend und mehr Küchendiener herein, trugen dampfende Schalen und Schüsseln auf Schulterhöhe in den Saal, Karaffen und Kessel, Phiolen und Amphoren mit dem Malaga und dem Piment, dem Franzwein, der mit Ingwer, Muskatnuß und Nelken gewürzt und mit Honig gesüßt war, trugen hölzerne, irdene und silberne Platten, ohne Unterlaß bedeckten sie die Tische im Takt der Musik mit Suppen und

Soßen, mit Fischsuppen, mit Braten vom Schwein, Rind, Schaf, Hirsch, Huhn, Wildente, Fasan, Wachtel, Rebhuhn, Kapaun, mit Meer- und Flußlachs, geräuchert oder gedünstet, mit Pfannkuchen, Krapfen, Oblaten und Waffeln, vor allem mit der sehr beliebten Mischung aus Knoblauch, Petersilie und frischem Käse, die in den gerippten Pilger- und Jacobsmuscheln serviert wurden, trugen dicke Bohnen auf und Kichererbsen in Rahm, mit Oliven, Zwiebeln, auch Möweneier und Muscheln und Austern, spanische Weinbergschnecken, Krebse, Hummer, aber auch Froschschenkel, dazu Aprikosen und Goldäpfel, wie man die Orangen nannte, Obstgebäck, Käse, Kuchen und Birnenmost und Siruptaschen – da erhob sich ein solcher Duft von Kräutern und knusprigem Fleisch, da entstand unter der Musik ein Klappern und Gluckern, ein Sumsen und Malmen, da war so viel zu greifen, zu spießen, zu schneiden, zu beißen und zu zerdrücken, daß selbst Kirwan und George, die ärgsten Mäuler, ihre Mundwerke endlich zu anderem als zum Raunen und Lästern und Frotzeln benutzen mußten und die Hunde fiepend und winselnd um die Tischbeine liefen und jämmerlich jieperten und mit ihren Schnauzen gegen die Menschenbeine stipsten, einander aus dem Weg bissen, die Augen nach oben drehten zu den vollen Platten hinauf, gierig piepsend mit ihren Zungen die Schnauzen leckten, um sich endlich auf die ersten herabfallenden Brocken zu werfen.

So füllten sich Mensch und Tier und Hoch und Nieder, und die draußen im Hof bekamen nicht etwa minder Gutes wie bei solchen Gelegenheiten die Armen in Limerick oder in Dublin – nein, hier bekamen sie nicht bloß einige mit Bratensaft getränkte

Brotscheiben, während das Fleisch die geistlichen und weltlichen Herren selber verzehrten, nein, in Walter Lynchs Galway hatten die Ureinwohner Teil an allem. Und da war höchstens der Unterschied, daß die Hohen im Vielessen bessere Übung hatten. Außerdem durften sie vom silbernen Geschirr des Stadtoberhaupts speisen, die im Hof nur von hölzernem und irdenem. Mehr Unterschiede gestand er denen aus der Oberstadt nicht zu.

In dieser warmen Nacht, in dieser so ungewöhnlich stillen Sommernacht war das Draußenfeiern sogar von Vorteil, so empfanden das zumindest die Fischer aus dem Claddagh im Hof, nur der allzeit kritische Patrick MacBride, der wollte kaum glauben, daß sie hier im Hof die gleichen Leckereien zu essen bekämen wie die vierzehn Sippschaften da drinnen mit ihren englischen Grafen und spanischen Gästen und mit dem bigotten Seiler Jeremiah Curtin. »Kein bißchen schlechter?« fragte er den O'Flaherty. – »Kein bißchen«, versicherte der, »hab's gesehen. Fressen dasselbe wie wir. Haben nur statt der Töpfe die Gläser, und für die Finger haben sie Tücher, Kirwan allerdings nutzt es nur, sich den Schweiß aus dem Nacken zu wischen.« – »Und unser Wein?« – »Aus denselben Fässern. Nur unsere Becher sind halt Becher, hölzern und nicht gläsern.« – »Das ist von Vorteil, nachher gibt's eh Prügelei.« – »Und was ich ebenfalls gesehen habe, Du solltest es Dir anschauen, diese beiden Gonzales, Ricardo wie Juan, sie essen mit den neuen Spießchen, die man Gabeln nennt.« – »Also geht es uns wunderbar, wir behalten die Fingerfreiheit. O, und nun erscheint er sogar persönlich –«

Nach einem Musikantentusch war in der Burgtür

zum Hof in der Tat das Stadtoberhaupt erschienen, Walter Lynch, der hob sein kostbares rotes Römer-Glas, grüßte mit dem Römer nach allen Seiten und rief: »Freunde! Drei Tage lang werden wir feiern, dort drinnen wie hier draußen! Denn erstens«, – er legte die Rechte auf sein Herz, » – Wohlstand!«

Wie aus einem einzigen Mund scholl aus allen Richtungen die Anwort: » – für alle!« Und die meisten Esser und Trinker zeigten ihm ebenfalls die Hand auf dem Herzen und hoben die Holzbecher, wozu Jessy Murray, Tobby Keats und Marc Coolridge riefen: »Walter ist der König von Connemara!«

Lynch trat näher und hockte sich neben MacBride, von dem er wohl wußte, daß er der ärgste Kritikaster war. Unterdessen begann in der Halle ein Gespräch zwischen Juan Gonzales und seiner mütterlichen Nachbarin Mary, und wir sollten diese Unterredung in jeder Einzelheit zur Kenntnis nehmen, obwohl sie, indirekt, die intimsten Saiten berührte. Juan, der tatsächlich die Filetstücke auf seinem Silberteller mit einer Gabel zerteilte und aufspießte und aß, der wandte sich, nachdem er einen Bissen fertiggekaut, geschluckt, mit seinem Tuch den Mund gewischt und Roten getrunken hatte, der wandte sich an Mary Lynch und sagte leise: »Dauernd denke ich an das, was mir mein Vater über Euch gesagt hat.« – »Was sagte er?« – »Sie ist sehr schön.« – »Sagte er nicht: Sie war?« – »Säße er jetzt an meiner Stelle, dann würde er Euch antworten: So schön wie Ihr, Lady Mary, kann eine Siebzehnjährige niemals sein.«

»Ach, Juan«, lächelte Lady Lynch und hob ihr Glas. »Mir kommt die Art, wie Du hier, seit Deiner Ankunft, Freundlichkeiten sagst, sehr bekannt vor.« – »Woher kennt Ihr diese Art?« – »Von Deinem Vater.«

– »Ist Euch das unangenehm?« – »Könnte ich nicht sagen.« – »Mit dem, was er mir gesagt hat, hatte er jedenfalls recht.« – »Böse Zungen behaupten, ich hätte ihm damals schöne Augen gemacht.« – »So daß Ihr davon blind geworden seid.« – »Hat Dir auch das Dein Vater gesagt?« – »Er hat es mir so gesagt wie Ihr jetzt. Lächelnd. Hat es also selber kaum geglaubt.« – »Es stimmt ja auch nicht.« – »Was stimmt nicht?«

Mary tat, als verstünde sie seine Rückfrage nicht. Juan betrachtete sie aufmerksam und präzisierte. »Stimmt das mit den ›schönen Augen‹ nicht? Oder erfand man nur das mit dem ›Blindwerden‹ –«

»Natürlich stimmt beides nicht. Ein Fieber war's.« Sie senkte den Kopf und konzentrierte sich, offenbar weiterhin schmunzelnd, auf das, was auf ihrem Teller lag. Versuchte ebenfalls, eine Gabel zu nutzen, der Blinden mißlang das, der Brocken fiel zurück. – »Ein Fieber?« – »Ja, ein Fieber. Ein tückisches. Nach einem Insektenstich in Eurem schönen Garten. Seitdem, und das weißt Du ja wohl längst, nimmt Walter nie mehr jemanden mit aus unserer Familie, nie mehr mit in den Süden.« – »Aus Angst vor dem Fieber.« – »Nenn es Fieber.«

Einen kurzen Augenblick lächelten wieder beide. Lächelten sich nun zu und tranken. Aßen dann eine Weile, bis Juan fragte: »Könnte es sein, daß auch Euer Sohn eifersüchtig ist?« – »Auch Pat? Auf wen?« – »Auf mich. Weil ich die lange Schiffsreise mit seinem Vater machen durfte. Er aber noch nie.« – »Ach. Der brave Junge.« Sie legte die Gabel weg, beugte sich zu ihrem Nachbarn und raunte: »Noch zehn Jahre oder zwölf, dann ist er hier der Erste. Dann kann er fahren, wann und wohin und wie oft er will. Und seit er

Agnes besitzt, was will er denn mehr?« – »Verzeihung, aber kann man Agnes besitzen?«

Mary beugte sich zurück und schmunzelte. – »Verzeihung, worüber müßt Ihr lächeln?« – »Ach, über Deine Frage. So fragte damals auch Dein Vater. Meinen guten Mann.« – »Und mein Vater meinte Euch? Ich verstehe. Und frage nun lieber nicht weiter.«

Als wenn sie gehört oder gespürt hätte, daß auch von ihr die Rede gewesen war, blickte Agnes jetzt auf Juan, mit ihren hellen, mit ihren großen fragenden Augen. »Ihr fühlt Euch wohl bei uns?« – »Sehr. Und Du? Wie geht es Deinen Augen?« – »Meinen Augen?« – »Du siehst gut?« – »Warum sollte ich nicht?« – »Könnte sein, Spanier bringen Fieber nach Galway. Augenfieber.« – »Ich sehe sehr gut. Zum Beispiel diesen Spanier neben mir. Gefallen dem meine Augen nicht?« – »Leuchten wie Brillanten. Sind die hellsten, die ich je sah.« – »Und sehen messerscharf. Zum Beispiel, wie interessant Ihr eßt. Ist das dieser berühmte Hühner- und Gemüsespieß aus England?« – »Aus England? Jedenfalls überaus hilfreich.« – »Hilfreich?« – »Hilft, mit interessanten Nachbarinnen ins Gespräch zu kommen. Möchtest Du das probieren?« – Sie sah zwar, daß Patrick alles mitbekam, nickte aber ein bißchen. Da richtete Juan ihr einen Gabelbissen zurecht, reichte ihn her, sie umgriff Juans Hand mitsamt dem Gabelgriff, führte Hand und Gabel und nahm den Bissen in ihren Mund. Und tat, als schmecke sie zum erstenmal Fleisch vom Wildlachs. Dann sorgte sie dafür, daß auch Pat solch einen Gabelbissen bekam.

So ging das hier und dort und drinnen und draußen auf die verschiedenste Weise, immer häufiger sah man rings die wackeren Galwayer Fresser zu den englischen Tüchern greifen, nicht, um sich die Finger und die tropfenden Mäuler zu wischen, sondern um an Stirn und Hals den Schweiß aufzufangen. Als nach einer knappen Stunde im Hof wie in der Halle all die Gesichter unverändert rot glänzten und noch immer die Lippen troffen und es überall nach wie vor schmatzte und schmeckte und schlürfte, da meinte Walter Lynch, der wieder unter dem Fenster an der Stirnseite in der Halle saß, nun sei wohl die Zeit gekommen für eine Rede.

Er stand auf, auf seinen Wink machten die Musikanten den Tusch, in den Fenstern und in der Tür zum Hof drängten sich sofort die Neugierigen, aber Lynch meinte, es solle sich niemand im Genuß stören lassen, ihm sei es um zwei Dinge zu tun, die sicherlich jeder gern hören würde und von denen niemand sich den Appetit könne verderben lassen. Nun, da legten doch auch in der Halle fast alle, vor allem die Frauen, ihre Messer nieder, griffen zum Glas und blickten schon beim Trinken aufmerksam auf den festlichen Mann.

Zum einen, sagte der, läge ihm an einem Willkommenstrunk auf den Gast aus Spanien, den ja jeder inzwischen gesehen habe. Diesen hoffnungsvollen jungen Mann lege er noch einmal allen in Galway ans Herz, der verkörpere nicht weniger als das Wohlergehen und Blühen des ganzen Gemeinwesens. Und Walter Lynch bat mit warmer, ja fast mit zitternder Stimme, diesen Jüngling wie einen eigenen Sohn zu halten oder wie einen eigenen Bruder und ihn die Fremde vergessen zu machen.

Da Lynch in diesem Augenblick wieder seinen kostbaren Römer hob, ließen nun auch alle anderen Messer und Bissen sein und tranken mit fettigen

Lippen auf Juans Wohl, wobei den Tanten bereits das Herz klopfte vor Aufregung, ob sie recht hätten mit ihren Ahnungen und Voraussagen über das zweite gute Ding, das Lynch angekündigt hatte.

»Alsdann will ich's kurz machen, für die meisten ist es wohl kein Geheimnis mehr: Elisabeth und John Joyes freuen sich mit Mary und mir, Euch allen hier zu verraten, daß sich Agnes Joyes und Patrick Lynch die Ehe versprochen haben. Laßt uns –«

Was er nun noch sagen wollte, ging unter in Hochrufen. »Hoch Pat!« und »Halloo Agnes!« und vielerlei Ähnliches dröhnte unter gehobenen Gläsern und Bechern aus Halle und Hof. »Fünfundfünfzig gute Geister!« rief Priester Kirwan, spreizte fünf Finger in die Höhe und die meisten taten es ihm nach.

»– laßt uns diese beiden wunderbaren Neuigkeiten, unseren Gast Juan Gonzales ebenso wie unsere Verlobten, laßt sie uns von nun an dreifach dreimal feiern! Ja, trinken und feiern wir drei mal drei mal drei, nämlich von nun an drei Tage lang drei junge Leute, Juan, Agnes und Pat! Und freuen wir uns auch über unsere drei glücklich heimgekehrten Galeonen!«

So hatte Walter Lynch geschickt die eine Schlauheit in die andere hineingewickelt, dieses Glück in jenes, und da konnte nun schlechthin niemand der einen seiner beiden Unternehmungen wohlgesonnen, der anderen aber gram sein. Überdies schmeckte und mundete es gerade in diesen Augenblicken allzu gut und war fast allen so selig und satt zumute, daß, nachdem Lynch seine Rede beendet hatte, aus vollen Herzen und Bäuchen abermals vielkehlige »Halloos!« ertönten und »Hochs!« und »Nehmt's Herz in beide Hände!« und »Glück und Segen!« und vom Priester: »Immerzu elf Elfen an jedem Finger!« So glucksten und johlten unablässig diese und immer wieder andere Fröhlichkeitsrülpser.

Priester Kirwan, da ihn das Hochrufen, Trinken und Fingerspreizen zum erstenmal von seinen ungeheuren Tellertaten abgelenkt hatte, bemerkte, daß sein geistlicher Nachbar bei all diesem Gerufe und Gefreu gänzlich still blieb, daß er kein Glas hob und keine Finger spreizte und scheinbar ganz ungerührt mit seiner Gabel zu speisen fortfuhr. Kirwan sah sich das nun eine Weile nachdenklich an, trank dann einen guten Schluck und fragte: »Ihr mögt sie nicht, Eure Finger?«

Pater Ricardo tat, als hätte er die Frage nicht gehört. Oder als hätte sie nicht ihm gegolten. Da griff sich Kirwan einen Entenbürzel von seinem Teller, biß ins krustige Fettfleisch, lehnte sich in seinem Stuhl weit nach hinten und begann, hinter dem Rücken des Kirchenbruders ein interessantes Gespräch mit George Blake, eines, das gewiß niemand anderem galt als eben diesem offenbar ungerührten Don Ricardo, der freilich weiterhin so tat, als höre er die beiden Protestanten hinter seinem Rücken nicht. Dennoch, auch ihr Wortwechsel sollte hier wiedergegeben sein, obwohl oder vielmehr gerade weil auch in diesem Gespräch intimste Saiten berührt wurden, wenn auch auf ganz andere Weise als zwischen Mary und Juan.

»Jawohl, George, unser Walter hat recht.« – »Womit?« – »Mit seiner Rechnung. Drei mal drei mal drei mal drei mal fünf mal elf Elfen. Das sind fast anderthalb tausend gute Geister. Gegen Neid und Angst und Besitzwut.«

George nickte. »So viele müßten reichen, fürs erste.«

Kirwan biß wieder in den Bürzel, kaute und schielte immer mal wieder auf den geraden Rücken des stillen Essers aus Andalusien. »Und wahrlich, ich sage Dir, nur eines gibt es, was mehr wert ist als so ein mit Pfeffer, Koriander und Rotwein gewürzter Entenarsch.« – »Galwaylachs, in Wacholder gedünstet.« – »Nein, der Gipfel von Gottes Schöpfung ist und bleibt eine Elfe in –«

» – in Wacholder.«

»Nein, in ihrer Begierde.« – »Manche behaupten, das schmecke höllisch!« George blickte vergnügt auf diesen steifen Rücken zwischen ihnen.

»Im Gegenteil, himmlisch schmeckt das. Denn das Weib in seinem heftigsten Appetit nach dem Liebeswerk, es beschert uns die hitzigsten, die saftreichsten, die zärtlichsten und seidenweichsten Teile des menschlichen Leibes. Schenkt uns also den Gipfel im Gipfel der Schöpfung. Den als höllisch zu verurteilen, das können nur Teufel tun oder Ignoranten oder Heuchler.«

»Zu dieser heißen Frauenspeise empfiehlt sich dann aber wohl doch die Gabel?«

»Nicht die Gabel, sondern die Finger, denn der Leib mit seinen Liebeswerken, er harmoniert mit den Eßwerken auf das wunderbarste.« Sprach's, richtete sich hinter Ricardo wieder auf und prostete zur Betty hinüber, die zu dampfen, ja zu glühen schien und strahlend zurückgrüßte.

Auch im Hof draußen hob sich mehr und mehr die Stimmung, hob sich nun ins Ausgelassene. Nur nicht beim Gardeführer Edward O'Flaherty, der eher griesgrämig dreinblickte und auch seine Frau Isobella nahezu unbeachtet ließ. Außer diesem Edward sah man auch den Brauer Douglas O'Donnoghue ungut gelaunt, sah ihn hin und wieder gar den Kopf schütteln und seiner Frau Dorothy etwas ins Ohr zischeln – mußten auch ausgerechnet an seinem alteingewöhnten Brau-Donnerstag diese Lynchs und diese Joyes sich mit Krawall und Pomp einen nicht mehr einzuholenden Vorsprung verschaffen. Nimmermehr würde dies so überaus wasserreiche Galway eine wirkliche Bierbrauerstadt werden. »Gott wird sie allesamt strafen«, sagte er laut vor sich hin, und wenig später tat er sich auf diesen Spruch noch viel zugute.

Nun geschah es aber, daß Priester Kirwan, überwältigt von Wein, von Menschen- und Leibeslust und Essenswürze, in einer urfreundlichen Aufwallung seines Gemütes, daß dieser erdenfrohe Geistliche sich mit zerfließenden Gesichtszügen von seinem Platz erhob, mit Bedacht und Bedeutung die Arme ausbreitete und, als alles fast still geworden war, ohne die Unterstützung der Musikanten einen heulenden, ja bebenden, einen lang tragenden Gesang anstimmte, der von weit unten heraufstönte, aus den Tiefen seines schweren Leibes:

Goldne Freunde! Holde Brüder!
Herzensschwestern! Fühlt es heiß!
Schließt Euch auf, mit mir zu singen!
Reicht die Hände rings im Kreis!

Da folgten der Gebärde ihres Priesters fast alle in der Halle und auch die im Hof, Hände reichten sich Händen hin, jeder hatte seinen Nebenmenschen angefaßt, Agnes gewiß gern ihren Pat, aber nicht ungern auch diesen Juan, und so, Hand in Hand, wiederholten sie alle den Gesang von den goldenen Freunden und von den Brüdern und Schwestern und wiegten sich im behäbigen, im breiten Gang von Kirwans Versen. Auch der kleine Daniel hielt ergriffen die Hand der großen Frau Theodora auf Killmanroy. Und der mächtige Cluricaun nahm außer der massiven Hand seiner Gattin mit Vergnügen auch Fräulein Marthas nettes Händchen.

Bruder Kirwan, rot und unter perlendem Schweiß, legte jetzt seine Hand auf Pater Ricardos harte Schulter, holte Luft und donnerte weiter:

Spürt die Freude! Greift die Grüße!
Stoßt den Nachbarn nicht zurück!
Fühlt, wie wir zusammenwachsen –
diese Lust ist Galways Glück!

Ricardo blieb steif und aufrecht, aber fast alle anderen seufzten, wieder wiegten sie sich in der Wiederholung der weiten langen Takte, ja, und nun gab es nur noch sehr wenige, denen nicht die Augen naß wurden, der kluge Herr Ricardo war einer von den Trockenen.

Und Priester Kirwan sang abermals vor, so kräftig, daß ihm die Adern vom Halse standen, er sang, ja er rief seine Worte, als kniete er sich in jedes einzeln hinein:

Nicht erst morgen blüht das Leben!
Nicht in Jahren sind wir reich!
Heute! Hier! Und jetzt! Ihr Freunde –
schlürft das goldne Himmelreich!

Die Galwayer stimmten ein, stimmten zu, wiegten sich und berührten gerührt den Nachbarn, wischten sich die Augen, und als sie zu Ende gesungen hatten, da sanken sich viele in die Arme, der »Mord-Graf« drückte und küßte das nette Händchen, der andere die große Piepsie samt dem Busen ihrer Mutter, da war kaum einer, der nicht jubelte mit erhobenen Gläsern, man trank dem dicken Sänger zu, Walter Lynch sprang zu ihm hin und umarmte ihn: »Goldner Freund!« und küßte ihn – »Bürger und Gäste!« rief er in den Saal, »Bruder Kirwan ist Galways wahrer Priester! Dank, Kirwan!«

»Dank!« schrien viele im gleichen Ton, und Elisabeth und die Blake-Eltern und fast alle wischten sich die Augen. Da war auch im Hof kaum einer unbewegt geblieben, kühl blieben nur der finstere Stadthauptmann und der kritische MacBride und natürlich auch der ehrgeizige Bierhersteller O'Donnoghue, der, als Märchenmann O'Brian ihn fragte, ob dieses Lied des Stadtpriesters ihm nicht den alten Groll aus dem Bauch gefegt hätte, mit Ruhe antworten konnte: »Wes Brot ich eß, des Lied ich sing.«

»Sag ich doch immer schon«, ergänzte MacBride, »Lynch macht uns alle besoffen und Kirwan hilft ihm. Und nun hat der Lord Mayor sich auch noch mit den Joyes verkuppelt.« – »Die Lynchs sind nun einwandfrei die Nummer Eins«, nickte der Brauer. – »Blake nur noch auf Platz drei«, wußte O'Flaherty. – »Und wir?« fragte MacBride und schaute in die Runde der Alten.

William O'Brian gab ihm die Antwort. »Unten. Hast richtig gehört, unten sind wir. Zum Glück also nicht zwischen den Haien.«

In der Halle hielt sich Walter Lynch eine Weile an der Rücklehne seines Stuhls, mußte sich offenbar festhalten und rief dann: »Und jetzt, Freunde, Brüder, Schwestern – jetzt eröffnen die, deretwegen wir heute und morgen und übermorgen beisammen sind, eröffnen Juan, Agnes und Patrick den Tanz!« Das rief er, noch wie benommen von Kirwans Gesang.

Die Musiker drehten, strichen, schlugen, zinkten und pfiffen einen von den älteren Tänzen, einen Schreit-Tanz, den nur noch die Edleren ausführten, die auf Larminie oder in Conneghary, das ja für seine feinsinnigen Sitten bekannt war im Gegensatz zu Killmanroy und Limerick, einen Tanz also, den die Bürger von Galway höchstens noch zu feierlichen Gelegenheiten zeigten, wenn sie ihn denn überhaupt noch tanzen konnten.

Pat und Agnes standen auf, ebenfalls noch einigermaßen benommen vom reichlichen Essen und von Kirwans schönem Nachbarlied, erhoben sich und auch Juan tat das, verbeugte sich tief vor Mary Lynch und sagte ihr seinen Spruch von der Gigue oder Jig. Mary lachte, ja, sie wolle sich gern von ihm führen lassen, und dann bewegten sich die beiden Paare unter den Augen der Gäste in langsamen Schritten und Wechselschritten und tauschenden Figuren vorm Podium der Musikanten, und fast jeder, der nun zuschaute, meinte, die Vertrautheit der Verlobten deutlich zu erkennen, aber auch die Umsicht und das Geschick, die ›althöfischen Manieren‹, mit denen Juan die fast blinde Mary umherleitete.

Der nächste Tanz war dann schon für alle, doch stürzten sich erst mal nur wenige Jüngere vor die Musikanten, die Schwenk- und Drehgierigen. Die Älteren und die Freßlustigen, und das waren die meisten, die hielten sich noch immer an die Mahlzeiten, jedenfalls an die herdfrischen, die stopften und kauten und schluckten nach wie vor, und zwar so hingegeben, daß Graf Cluricaun auf Killmanroy sich anerkennend über die Tochter Martha hinweg zu Jeremiah Curtin beugte und aus vollen Backen brummte, auch diese bürgerlichen Rotznasen, die wüßten sich inzwischen ganz manierlich zu benehmen, womit er aber nicht, wie Curtin wohl glaubte, jene vier Vortänzer meinte, sondern die vielen Dutzend Nachfresser. Sprach's von oben herab und tätschelte Curtins stiller Tochter Martha wohlmeinend die Wangen, »Spürt die Freude!« erklärte er ihr vollmundig, »Greift die Grüße! Stoßt den Nachbarn nicht zurück!«, ja, Kirwans Freundschaftslied hatte auch ihm über die Maßen gefallen.

»O doch«, beeilte sich Curtin verkniffenen Gesichts mit seiner Antwort, »auch ich finde, Juan Gonzales zeigt uns allen, wie –« – »Fühlt, wie wir zusammenwachsen!«, säuselte Graf Cluricaun volksselig Curtins Tochter ins Ohr und suchte mit seiner Pranke an ihren schönsten Stellen Wurzeln zu schlagen, an denen, die soeben noch, an der gegenüberliegenden Saalseite, der Priester so fromm gepriesen hatte. »Dieser Juan Gonzales«, wiederholte Marthas Vater, »dieser junge Mann zeigt uns allen, wie manierlich schon der jugendliche Mensch seinen Körper –«

Weiter kam er nicht, denn in diesem Augenblick mußte nebenan Graf Cork niesen, und sein großer Mund explodierte mit solcher Heftigkeit, daß Hühnerknochen und Apfelreste geradewegs über den Tisch der wichtigen Leute sprühten und mit einigen Teilchen auch auf Frau Bettys breitem Hals landeten. Piepsies Mutter putzte sich die Zueignung des Edlen mit ruhiger Aufmerksamkeit fort, lächelte dem Herrn auf Larminie nett zu, nein, sagte sie, ihr mache dieser Spaß keine Unannehmlichkeiten.

Lediglich ihrem Schwager George, der vom anderen Ende der besseren Tafel schadenfroh herüberflapste, dem drohte sie, das Hühnerbein, das sie sich aus dem Busen zog, an den Kopf zu werfen. Weil sie aber die Unterhaltung übers Manierliche mitgehört hatte, wenn auch nur undeutlich, ließ sie das sein und gab den Knochen ihrem Daniel in die Hand, der ihn unschlüssig festhielt, bis ihm der Arm müde unter den Tisch sank, wo ein Köter ihn aus seinen Fingern schnappte.

Für George Blake war die Explosion des Grafen Cork ein Startzeichen für gehobene Festesfreuden, und als nun die Musik eine Pause machte und die Tänzer sich zurück an die Tafel setzten, stach ihn der Hafer und rief er quer durch den Saal dem alten Frederic Fitzpatrick die Frage zu: »He Frederic! Galgenvogel! Jetzt erklär uns endlich, ob Du an die Gnomen glaubst!«

Wider Erwarten, wonach der Henker Georges Bosheiten selten oder nie zu beachten pflegte, erhob sich der schiefe Bade-, Schreib- und Kerkermeister des Hauses Lynch, erhob sich also, sehr bedächtig tat er das, und bei diesem Anblick seiner krummen Gestalt und seines schrägen und todernsten Gesichts mit dem roten Fleck über dem linken Backenknochen wurde es fast ganz still im Saal, und manch einer, der eben noch lieber zugebissen oder gesogen und geschluckt hätte, ließ das nun sein, um sich Fitzpatricks Antwort nicht entgehen zu lassen, Frederics zweite Rede an diesem ereignisvollen Tag.

»George Blake!« so kam es wie Geisterkeifen und Grabespfeifen aus der zahnlosen Mundhöhle, »Glauben?« – Fitzpatrick schluckte, holte viel Luft und begann dann ein zweites Mal mit seiner hellen, mit seiner fast kindisch hellen Stimme: »Sprechbold George, glauben? Glauben tue ich an Gott und an Jesus Christus.« Er stockte wieder, erst beim dritten Anlauf brachte er's zu Ende: »Aber Maria – und die Gnomen – die gibt es!«

Nach dieser Feststellung, die nahezu jede Theologie hätte neu begründen müssen, wäre denn Henker Frederic als Theologe von irgendeinem Ruf gewesen, nach dieser denkwürdigen Neubetrachtung des Christlichen wie des Keltischen blieb es erst einmal ziemlich still im Saal. Nur wenige begannen zu murmeln. Leise sprachen sie, als würden sie heilige Handlungen stören.

»Donnerwetter«, brabbelte Graf Cork. Und Kirwan zog seine beperlten Stirnwülste in tiefe Falten und heischte mit diesem Gesicht von Nachbar Ricardo dringliche Auskunft, ob, was dieser Laie Fitzpatrick da soeben erklärt hatte, nicht sogar unter den Gesichtspunkten der freisinnigen neueren Kirchenkunst, die auch Ricardo zweifellos bekannt war, eine schwere Gotteslästerung darstellte. Doch neue Ereignisse schoben sich über die soeben erlebten, und der spanische Pater hätte wohl auch seinem zweifelhaften Bruder mit dessen gewagten Ansichten von den Gipfeln der Gottesschöpfung niemals ernsthaft geantwortet. Das ging nun auch gar nicht mehr, weil Sprechgnom George inzwischen dem Fitzpatrick zurief, wenn es so sei, wie er sage, dann würde es nunmehr höchste Zeit für ein glaubwürdiges Abendgebet. Für ein Gebet an das, was es tatsächlich gebe.

Also an die Gnomen, das ließ sich Frederic sehr gern gefallen. Und da er schon oder noch immer stand und es einigermaßen still geblieben war, so begann er auf der Stelle, die zahnlose Stimme zu erheben. Und fistelte der ergriffenen Runde die Ballade, die er sich zu Walter Lynchs großem Tag ausgedacht hatte, zum Tag der doppelten Demonstration von Galways Größe und Glück.

In uralten Zeiten, da lebten im Ghue
die Menschen mit Buckeln, mit Höckern kalbsgroß,
die drückten den Leuten das Kinn bis zum Knie,
die wankten und ächzten, verwünschten ihr Los –
Maria, was soll uns die Last?

Während noch die Maria-Frage nachgesungen wurde, meinten Voreilige, der Fitzpatrick komme auf immer ausgefallenere Geschichten, der sei gar selber ein Gnom oder dabei, einer zu werden, wer denn in Galway oder in diesem sagenhaften Ghue sei bucklig, wenn nicht just Frederic selber? Aber nein, nicht die wirklichen Buckel seien gemeint und »Ruhe!« zischten andere, und vom Hof her drängten sich die katholischen Niederstädter im Eingang und in den Fenstern, Frederic aber, nach einem tiefen Schluck, ließ weitere Unebenheiten aufheulen:

Bis endlich ein Starker sein Kinn hob zur Brust.
Den wählten zum Herrn sie, zum König im Ghue,
der sprach: Statt der Plage verschaff ich uns Lust,
und werkte und schaffte für alle und schrie:
Maria, was soll uns die Last?

Fast alle fragten sich beim Rundsingen, was nun wiederum dies bedeute, und mancher Spitzfindige schaute aus seinen Augenwinkeln hinüber zu Walter Lynch. Der saß aber ohne Bewegung und blaß.

Eine Nachts hört der König im Garten ein Lied,
das, ehe es ausklingt, schon vorher verstummt –
da singt er den Schluß. Und was denkt Ihr, geschieht?
Maria, was soll uns die Last?

Den Gnomen sei Dank, da atmeten viele auf, das traurige Lied schien eine gute Wendung zu nehmen, und der Kehrreim tönte diesmal lauter, ja trotziger, im Hof und in der Halle.

König Ghue ist nun Gott, man bewundert ihn tief.
Doch wächst auch der Neid, man kann nicht ertragen,
daß einer alleine nicht krumm ist und schief –
drei stürmen sein Haus, König Ghue zu erschlagen.
Maria, was soll uns die Last?

Patrick Lynch, weil er günstig saß und genau hinsah, konnte bemerken, daß seine Mutter unterm Tisch ihre Hand an die des Vaters schmiegte.

König Ghue kann sich retten und flieht in den Garten
und singt den Gesang, jenes Lied und den Schluß,
und es kommen die Gnomen, er kann's kaum erwarten:
O nehmt doch uns allen den schweren Verdruß!
Maria, was soll uns die Last?

Wie wird das enden, fragte man sich. Mit der ›Gerechtigkeit für alle‹? Wen wohl hatte der Sänger mit jenen ›Dreien‹ gemeint, die das Haus des Königs Ghue stürmten? Betroffen blickten sie einander an und wagten keine Zwischenrede mehr. Fitzpatrick aber stellte sich nun hinter seinen Stuhl, und wer etwa noch ein zähes Stück Fleisch im Maul hatte, der hörte jetzt zu kauen auf, damit ihm in der letzten Strophe nur ja keine Einzelheit entging:

Auch die Gnomen, die grünen, beginnen ihr Lied,
und der König singt neu und ganz frei seinen Schluß –
da erschlägt ihn die Erde. Wie es immer geschieht.
Heut schleppt man im Ghue auch im Kopf den
Verdruß.
Maria, was soll uns die Last?

Da war Schweigen. Essen oder trinken mochte niemand. Seine Schlußzeile maulte der Sänger diesmal ganz alleine. Zum Mitsingen rege das nicht an, hieß es, jedenfalls nicht, wenn einer, der neu und frei seine Schlüsse sang, dafür erschlagen wurde.

Frederic kümmerte sich nicht um das Schweigen im Saal. Als er fertig war, setzte er sich und zog seinen Stuhl wieder dicht an den Tisch, Schieben und Knarren hörte man sein Stuhlholz durch die Halle. Dann wagte Betty laut zu sagen, dieses Mal sei sein Lied nicht so lustig gewesen wie noch vor zwei Tagen an Marys Abendtisch. Und sogar Pat Lynch ließ sich vernehmen und befragte den Frederic. Dieser König im Ghue, so wollte er wissen, der sei doch nicht habgierig gewesen wie jener James im Lied vor zwei Tagen, der wollte doch ›Wohlergehen für alle‹, warum trotzdem die Gnomen auch diesen Ghue erschlagen hätten? – »Fitzpatrick, was soll uns Dein Lied?« fragte George.

Aber Fitzpatrick äußerte sich nicht zu seinen Liedern. Nie erklärte er irgendeines. Er ließ sich auch nicht bewegen, zur Aufbesserung der Stimmung jene freundlichere Geschichte von den Brüdern John und James zu wiederholen, in der es den Ungerechten traf, er sang alles nur einmal und ließ die Runde am

Ende so, wie es halt kam, ließ sie in Glück oder Schreck allein.

Walter Lynch aber versuchte, die bedrückten Hörer aufzumuntern, indem er seinen Sohn darauf hinwies, nicht Gnomen hätten den Ghue, den Neuerer, erschlagen, sondern, als er maßlos wurde, die Erde selber. Und zu der würden sie ja am Ende alle. Diese Mitteilung aber machte die Leute in Halle und Hof nicht gerade fröhlicher, jedenfalls nicht sofort.

Wie tief der Mut der Feiernden gesunken war, davon konnte man sich überzeugen, wenn man sah, daß Bruder Kirwan sich diesmal ausdrücklich an Bruder Ricardo wandte, ja, wie sorgenvoll er dem zu bedenken gab, diesen Henkersänger Fitzpatrick, den sollten sie beide sich nun doch mal vorknöpfen, der treibe es jetzt entschieden zu weit, der unterhöhle mit seinen Erdgeistern selbst eine Steinburg wie dieses stabile Lynchhaus und brächte dies alles hier, wenn er nur könnte, zum Einsturz, Fitzpatrick nähme selbst den mutigsten Kaufleuten wie Lynch oder Joyes allen Elan und Schwung.

Und als die im Saal und im Hof weiterhin verständnislos rätseln wollten, was ihnen ›die Last‹ solle, da bekam zum Glück George Blake seinen Koller und sprang auf: »Ihr Lahmärsche!« schrie der Grobian durch die Halle und »Fettmolche!« und »Furzknochen!« und stampfte mit einem Fuß auf seinen Stuhl und mit dem anderen auf den Tisch, »Schlappschwänze! Laßt Euch von dieser alten Nervensäge ins Bockshorn jagen?« und stellte auch seinen zweiten Fuß auf den Tisch.

Dankbar für die Ablenkung sah und hörte man, wie er von oben herab über die Gesellschaft hinwegbrüllte: »Lächerliche Hängebäuche! Ihr solltet Euch mal so sehen von hier oben: Vor vollen Fleischtöpfen miese Mäuler machen!«

Da verzogen sich schon die ersten Mäuler wieder zum Grinsen. »He, Daniel, Du Witzfigur, laß den Kuchen in Ruh! Friß endlich Muscheln und Austern, Betty wird's Dir danken!« Da setzte es schon lautere Lacher, aber »Waschlappen Ihr alle!«, mit solchen deutlichen und derben Urteilen begann George quer über den Tisch zu latschen, von einem Ende zum anderen, daß die Karaffen klirrten, daß die Humpen, die Schalen und die Schüsseln, daß die Phiolen, Salz- und Pfefferbüchsen und die Messer und die Gläser schepperten und wupperten: »Seht Ihr denn nicht, was es hier an Erde zu packen gibt? In Fülle?« und beugte sich abermals über die volle Mutter Betty, um ihr mit geübtem Zugriff die Fülle auszugraben, Betty jedoch, so sehr sie auch jetzt wieder kreischen mußte, da sie diesen Überfall ja nun schon kannte und lange genug kommen sah, so hatte sie sich und ihre Brüste diesmal besser im Griff, ja, nun nahm sie eine davon und drückte mit beiden Händen zu und spritzte George ihren Überfluß ins Gesicht, daß der Saal unterm Beifall der Gäste bebte.

»Betty!« empörte sich ihr Daniel – »Du bist ruhig!« fuhr sie ihn an und gab, treffsicher, auch ihm einen Strahl auf die Nase. Davon aber, von ihrer heftigen Bewegung hin und her, krachte der Stuhl unter ihr zusammen und saß Betty Freßsack plötzlich unterm Tisch, wo Piepsie gut weiterschlummerte. Das gefiel nicht nur den Grafen, sondern allen in der Halle sehr gut, Schwager George sprang zu ihr hinab mit dem Ruf: »Endlich eine Leiche! Endlich ein Fest« und griff der versunkenen Mutter unter die Arme.

Die schrie gekitzelt auf, wand sich hin und her,

George aber wuchtete die zerwühlte Frau soweit über die Höhe der Tischkante, daß sie gerade noch rechtzeitig mitkriegen konnte, wie Graf Cork auf Larminie vergnügt seiner Gattin Esther ein Tuch aus dem Busen zog, offensichtlich eines von flandrischer Spitzenqualität, und damit ohne weiteres dem Daniel Blake die fettgelbe Milchnase sauberputzte. Bei dem Anblick, den ihr Gemahl da bot, stieß Piepsies Mutter in all ihrem Gelächter und Geschrei plötzlich einen Entsetzensruf aus, ein Kreischen, schnappte nach Luft, riß die Augen auseinander, ließ ihre Arme sinken und die Augen sich drehen, sprang auf, packte Piepsie und rannte mit schweinemäßiger Geschwindigkeit davon.

Hm, brummelte da der mächtige Cluricaun, der sich in solchen Umständen auszukennen schien, hier habe mit Sicherheit einer der beiden Schließmuskeln dem Überdruck an Freude nicht mehr standgehalten, der eine oder der andere.

»Wahrscheinlich beide«, gab Cork zu bedenken und wollte seiner Gemahlin das Muttermilchtuch zurück in die Brust stopfen, doch die zierte sich. So steckte er es Theodoras Nachbarn in den Hals, dem Daniel, der, da er ratlos seiner entspringenden Gattin nachstarrte, davon zunächst nichts bemerkte.

Bei solchen Zärtlichkeiten, die alle sehr nett fanden, war die gute Stimmung doch einigermaßen wieder zurückgekehrt, und George, der die Holzglieder von Bettys Stuhl wieder ineinander schlug, rief »Jawohl! Der eine oder der andere!« und verlangte, unterstützt von Priester Kirwan, der Henker und Sänger solle den Schaden, den er mit seiner Ghue-Ballade angerichtet hätte, wieder gutmachen mit dem Stimmungsliedchen ›Der eine oder der andere‹.

Das war nun allerdings ein Rat, dem Frederic Fitzpatrick sich nie sehr lange entziehen konnte, zu diesem Thema hatte er bislang noch bei jedem Fest neue Verse gesungen. »Der eine oder der andere!« rief auch die Versammlung, und so erhob er sich denn wieder, der schiefgebuckelte Mann, die Musikanten pfiffen und fiedelten das Vorspiel, das beliebte hüpfige Gestolpere, es grinste dieser und jener schon bei der altbekannten Torkelmelodie, und Frederic begann:

Der eine Priester mag's nicht sein,
frißt lieber gut, liebt Weib und Wein –
der andere meidet Weib und Küche,
und drischt die frommen alten Sprüche!
Wer hat das bessre Los ergriffen?
Gott sei's getrommelt und gepfiffen!

Das brauchte erst gar keine Wiederholung, da standen sie sofort auf und sangen und sprangen alle die wohlbekannten Schlußsprünge mit.

Der eine säuft und schlägt und stiehlt
und nie die Seele Gott empfiehlt –
der andere täglich geht zur Beichte,
kennt keine Sünden, nicht mal leichte!
Wer hat das bessre Los ergriffen?
Gott sei's getrommelt und gepfiffen!

Den einen wie den anderen in Galway schienen alle gut zu kennen, wieder ließen es die Musikanten pfeifen und trommeln und schickten die Sänger mit viel Krakeel den Kehrreim durch die Halle und koppheister über den Hof. Wen alles in dieser Stadt würde dieser Frederic nicht noch aufknüpfen mit seinen Strophen?

Der eine denkt und fühlt sehr viel
und kommt beim Handeln nie zum Ziel –
der andre schafft sich Gold und Vieh,
denkt dafür selten und fühlt nie!
Wer hat das bessre Los ergriffen?
Gott sei's getrommelt und gepfiffen!

Der eine fährt durchs Riesenmeer
und seine Netze bleiben leer –
dem anderen schwimmt ein Heringsschwarm
von selbst in seinen Hafenarm!
Wer hat das bessre Los ergriffen?
Gott sei's getrommelt und gepfiffen!

Der eine hat die Lust zu saufen,
doch keinen Penny, Wein zu kaufen –
der andere hat das Geld in Fülle,
doch lebt er trocken und in Stille!
Wer hat das bessre Los ergriffen?
Gott sei's getrommelt und gepfiffen!

Der eine schlemmt am warmen Herd,
im Keller türmt sich Wert auf Wert –
der andre rackert, plagt sich ab,
sinkt krumm und früh ins Armengrab!
Wer hat das bessre Los ergriffen?
Gott sei's getrommelt und gepfiffen!

Ein Stolzer lebt in Limerick,
kriegt seine Kinder nimmer dick –
ein Braver lebt in Galway nur,
braucht dringend eine Hungerkur!
Wer hat das bessre Los ergriffen?
Gott sei's getrommelt und gepfiffen!

Weil Frederic also auch diesmal in seinen Strophen vom einen und vom anderen nicht vergessen hatte, den hochnäsigen Limerickern eins auszuwischen, freuten sich die Leute sehr, freuten sich immer tollhäusiger, schlugen im Takt auf die Tische, daß die Schüsseln sprangen. Die Stimmung war nun so, daß Fitzpatrick, der »Gnom«, getrost hinter seinen Stuhl treten konnte zur Schlußstrophe.

Der eine jammert und seufzt schwer:
Mein Becher, leider, ist halbleer –
der andere freut sich, kindisch toll:
Zum Glück, mein Becher ist halbvoll!
Wer hat das bessre Los ergriffen?
Gott sei's getrommelt und gepfiffen!

Unter »Halloo!« und »Frederic, was soll uns die Last?« und »Der Buckel ist weg!« schlugen Sänger und Spieler den Rundgesang zu Ende, man fühlte sich frei, suchte sofort neue und weitere starke Bewegung, schon hüpfte die Musik wieder los, sprangen auch die Alten von ihren Sitzen, griffen nacheinander und schoben sich in den Tanztumult, Cluricaun drängte Fräulein Martha ins wirbelige Gewühl, und nun drehten sich auch Agnes und Juan, wogegen Pat mit seiner Mutter tanzte.

Leier und Pfeifen, Tamburin, Zinken und Schellen ließen sie allesamt wieder ins Wogen geraten, als schüttele sie ein Ozean der Freude und führte sie zu fernen glücklichen Inseln, wo keinerlei Plage mehr hemmte oder Mahnung, wo man sagen und fragen konnte, was man wollte, so wie jetzt Agnes mit dem interessanten Gast zu reden begann: »Ihr tanzt so zart, Don Juan, federleicht, wie im Traum. Ihr reitet, rudert, tanzt, Ihr küßt den wichtigen Ladies die Hand, könnt Englisch, könnt offenbar alles, oder?« – »Mit Elfen an der Hand kann ich alles.« – Da griff sie, da es die Tanzfigur in diesem Moment so wollte, fest seine Hand und seinen Gürtel und fragte: »Greift Ihr die Grüße?« – »Das sang Euer Stadtpriester. Du glaubst ihm alles, was er predigt?« – »Er predigt Liebe.« – »Welche Sorte?« – »Die christliche, welche sonst.« – »Wie liebt man christlich in Galway?« – Da schlug Agnes die Augenlider nieder und zitierte wieder: »Was würde es Euch helfen, wenn ich beichte? ›Kenn keine Sünden, nicht mal leichte‹!«

Während diese beiden sich lachend weiterdrehten, stolperte neben ihnen die imposante Betty über ihren Daniel und mußte schimpfen. »Du Trampel, Du Walroß, da greif ich mir lieber den Bräutigam!« Und griff sich den Pat, der mit der Mutter seiner Braut tanzen zu müssen gemeint hatte, mit Elisabeth Joyes, der nun von der einen breiten Frau an die andere geriet. Dieses Stolpern und Wechseln und Herumgereichtwerden hatte Juan beobachtet, der fragte nun Agnes: »Sind Eure Feste immer so verrückt?« – »Wenn nicht etliche unter die Tische fallen, ist es langweilig.« – »Dann hat dies ja ganz gut angefangen.« – Nebenan erkundigte sich Betty bei Pat: »Wie geht es Dir mit meiner frechen Schwester?« – »O Betty, Agnes ist nicht frech, sie ist die süßeste, die verrückteste, die –« – er schien die richtigen Worte nicht sofort zu finden, die sein Glück genau genug beschrieben hätten, Betty half ihm: »Nicht wahr, sie ist hundertmal schöner als ich.« – »Ach? Schöner? Gewiß ...« – »... aber merk es Dir, auch wilder ist sie.« – »Wilder?« – »Nicht zähmbar. Frech wie eine Katze.«

Das schwirrte ihm nun unter die dicken gelben

Haare, dieses ›wilder‹ und ›frech‹ und ›wie eine Katze‹. Pat blieb eine Weile stumm, während am anderen Ende des Tanztrubels seine Braut den Juan Gonzales fragte, wie man in Spanien feiere. – »Draußen«, sagte der, »in solchen Sommernächten am liebsten draußen, im Freien, auf Dächern, in Gärten.«

Und da die Luft in der Halle inzwischen allerdings dick war zum Scheibenschneiden und man ohne weiteres Omelette daraus hätte backen können, Omelette aus Fleischdunst, Kräuterdampf und Schweißgeruch, so lag es sehr nahe, daß Agnes sagen mußte, man könne auch in Irland, jedenfalls in solchen Sommernächten, im Freien feiern, sie könne ihm das beweisen. Und führte Juan durch eine Tür aus der Halle, freilich nicht in den Hof, nicht zu den Springenden und Kobolzenden dort, sondern in das halbdunkle Badehaus, durch stillen Dampf und Fackelschein, führte ihn hinüber auf die andere Seite der Burg, dorthin, wo sie, im Stall, beim duftenden Heu und beim weißen und beim schwarzen Pferd ganz allein zu sein schienen.

Patrick fand in der Menge Agnes und Juan nicht mehr und wollte eben seiner Mutter vorschlagen, mit ihm gleichfalls unter den Himmel hinauszugehen, in den Hof, als sie, tanzend, in eine ferne Himmelsrichtung hinauflächelte und sagte: »Jungchen, die Frau, die Du bekommst, die ist flink, lebendig und wach.« – »Du siehst sie ja gar nicht.« – »Manchmal sehe ich mehr als Du.« – »Hast ja recht, sie ist wunderbar. Wie eine Katze. Und ich liebe sie ja gerade deswegen, ungeheuer sogar.« – »Dies Flinke, dies Katzenhafte, das hast Du nicht so wie sie. Werde deswegen nie betrübt. Sondern sei froh. Hast eine gute Wahl getroffen. Hast ›das beste Los ergriffen‹!

Ihr ergänzt Euch!« – »Ja, Mutter, deswegen hab ich sie ja so gern.«

Mary wollte wieder etwas sagen, da war der Tanz zu Ende, die Menge wollte zu den Tischen zurück, aber da stand hoch überm Gewühl schon wieder der Sprechbold George, stand auf seinem Stuhl und erklärte lauthals, nunmehr müsse auch der Märchendichter seine Kunst beweisen, man solle William O'Brian hören.

Dazu waren die meisten gerne bereit, man wischte sich die Stirn, setzte sich, trank und schaute dem alten O'Brian zu, der sich auf der Musikantenbühne einen Schemel nahm, sich zurechtsetzte, aus seinem grauen Kugelkopf vergnügt auf die Menge herabschaute, die sich auch vom Hof her zur Tanzfläche schob und niederhockte und erwartungsvoll zu ihm hochblickte, so gespannt waren sie, so interessiert an O'Brians vielsagenden Neuigkeiten, daß kaum jemand bemerkte, wie drüben an der Stirnseite zwei Stühle leergeblieben waren, die von Agnes und Juan. Schließlich, als alle still geworden waren, begann William:

»Vor Jahren, da lebte in Galways Unterstadt der arme Fischer Mulley Murray, der Urgroßvater von unserem Steuermann Jessy. Dieser alte Murray, der schikanierte nur selten seine Frau, verkaufte nie seinen Salm über Wert und war überhaupt ein kreuzbraver Mann. Als eines Nachts der Sturm sein Schiffchen gegen den Mount Golgatha schleuderte, da, das wißt Ihr, überlebte der's nicht und kam zu den Seligen in den Himmel.

Ein gutes Stück vor der Himmelspforte traf Murray den reiche Handelsmann Browne, gleichfalls aus Galway, freilich aus der Oberstadt, der war soeben in seinem breiten Bett gestorben und wollte nun ebenfalls ins Paradies.

Da die beiden schon auf Erden umgängliche Leute gewesen waren, suchte keiner einen Vorwand, den anderen loszuwerden. Nein, Murray und Browne vertrugen sich wie schon in ihrer Kinder- und Männerzeit und gingen den Weg zum Himmelstor gemeinsam, einer neugieriger als der andere, was sie da oben erwartete.

Als sie, müde vom langen Weg, oben angelangt waren, klopfte Browne an das goldene Himmelstor, und es dauerte nicht lange, da schloß der heilige Petrus die Pforte auf und, wen sah er an? Wen ließ er herein? Allein den reichen Handelsherrn Jonathan Browne. Den Fischermann Mulley Murray hatte er, wie es schien, nicht einmal gesehen, dem machte er vor der Nase die Tür zu.

Da stand er da, unser kreuzbraver Mulley, erstaunt und enttäuscht. Hinter der heiligen Pforte hörte er eine herrliche Musik. Da bückte er sich und schaute durchs Schlüsselloch in den Glanz. Und sah, wie man da drinnen den Kaufmann Browne mit großem Pomp aufnahm, bunte Banner wurden geschwenkt und überall auf den Wolken Zimbel und Psalter gerührt. Von allen Seiten strömten über die Sternenflure herab musizierende und singende Engel und empfingen den Neuling mit Jubeln, Winken und Frohlocken.

Den Fischer hinterm Tor, als er das sah, den wurmte das gewaltig. ›Weh über die Ungerechtigkeit, wenn sie ewig dauern soll‹, klagte er und ›wozu‹, fragte er sich, ›wozu bin ich nun mein Leben lang kreuzbrav gewesen, wenn mir am Ende sogar im Himmel der reiche Schlemmer Jonathan Browne vorgzogen wird!

Schon als Kind, schon als Pfarrer O'Donnovan uns die Schrift lehrte, da hat Browne es besser gehabt als ich, denn O'Donnovan, der Kriecher, der hat sich fast nur um ihn gekümmert. Und nun? Geht das alles immer so weiter?‹

Murray lauschte und es schien ihm, als würde es hinter der goldenen Tür endlich ein wenig stiller. Er schaute wieder durchs Schlüsselloch und sah, wie sich der prunkvolle Empfang zurückgezogen hatte in die Tiefen des Paradieses.

Und dann kam Sankt Petrus, der Fels, auf den unser bauen wollte, der kam zurück aus der blauen Ferne, tappte heran, schloß die schwere Pforte auf und ließ auch unsern Mulley herein. Na also.

Wie der nun eintrat, hatte er wohl noch gehofft, es werde nun auch für ihn musiziert und gesungen. Aber da war weit und breit niemand, der ihn mit Jubel und Bannerschwenken begrüßt hätte. Nur ein einziger Engel reichte ihm lieb die Hand und sagte, er wolle ihm zeigen, wo es hier langginge und wo sein Platz sein solle in der Ewigkeit.

Murray schaute sich um, während sie über die blinkenden Flure gingen. Hinter ihnen tappte der alte Apostel mit dem Schlüsselbund. Sonst war alles leer und still in dem goldenen Grund.

Da nahm der Galwayer Fischersmann, wie es zuweilen auch gälische Art ist, sein Herz in beide Hände und fragte den heiligen Petrus, warum denn, um der Gerechtigkeit willen, für ihn armen Schlucker niemand singe und frohlocke, während doch für den Herrn Browne ein solcher Aufwand getrieben worden sei.

Und da er nun schon mal in Fahrt war, war es ihm fast egal, ob er nun zu frech wurde oder nicht, er mußte den Himmelspförtner auch noch fragen, ob es demnach nicht nur auf der Erde, sondern auch noch in den Himmeln parteiisch zuginge, wie in Irland und wie im Stadtrat von Galway.

Da sah der tausendjährige Petrus ihn aus seinen vielen Gesichtsfalten freundlich an und schmunzelte. Und sagte schließlich: Mulley Murray, Du bist uns so lieb wie alle anderen, die hier heraufkommen. Glaub mir, Du wirst die gleichen himmlischen Freuden genießen wie Dein alter Nachbar Browne. Nur schau, Fischer, verstehen mußt Du nun auch uns: So einer wie Du, arm und kreuzbrav, so einer kommt alle Tage in den Himmel. Aber von denen, die auf Erden Besitztümer häufen, von denen ist höchstens alle hundert Jahre einer so umgänglich und freundlich gewesen, daß er zu uns herauf darf. Da sind wir alle einfach ein bißchen außer uns.«

O'Brian stand auf. Großes Halloo und Krügeschwenken schallte und wogte ihm von denen entgegen, die auf dem Boden gehockt hatten, ja, am lautesten schlug es ihm von den Claddagh- und Connought-Leuten zu. Bedenkliche Gesichter sah man dagegen in der Halle der wichtigen Leute, wo einige überlegten, ob nicht mit einem wie diesem Jonathan Browne auch einer wie Walter Lynch gemeint sein könnte oder John Joyes –

Zufrieden stieg der alte Kugelkopf William O'Brian vom Musikantenbrett und ließ sich unten mit Schulterklopfen und Zutrinken beglückwünschen.

Walter Lynch, wie immer, wenn sich etwas um Gerechtigkeit drehte, sprach sein Lob aus. Nur einen Fehler scheine ihm O'Brians Geschichte zu haben. Dieser oder jener in Galway könnte ihr womöglich entnehmen, Armut werde mit dem Himmel belohnt und sei eine Tugend. Solche Ansichten hoffe er noch zu Lebzeiten in Galway auszutreiben, auch um Galway herum, auch den ältesten Mütterchen in Irish Town.

Sah sich mit Munterkeit bei den Tischfreunden um, niemand widersprach ihm. »Und Ihr, Pater Ricardo? Seid Ihr etwa nicht einverstanden? Mit einer so frommen Geschichte?«

»Fromm, ja!« rief Schwatzbold George statt des Spaniers. »Aber verdreht ist sie, so meint Herr Ricardo, seht es ihm doch an, fromm ist sie von der falschen Seite her, fromm von unten her, hahaa, spitz gegen die Herren, das paßt ihm nun auch wieder nicht, seht's ihm an, ha!« George hob sein Weinglas und blickte wild in die Runde, als habe ihn plötzlich ein unerhörter Einfall gepackt, und ja, brüllte er auch schon heraus, »Gott sei's getrommelt und gepfiffen! Wir haben das Teufelslos ergriffen! Armut hat niemand hier befallen, zur Hölle mit uns allen!« Weinschwenkend und lachend sank er zurück auf seinen Stuhl. Einen Augenblick war betretene Ruhe in der Halle, von den Claddagh-Leuten jedoch kam vorsichtige Zustimmung.

Da sprang Jeremiah Curtin auf und wollte auf Georges gottlosen Vers etwas Entschiedenes antworten, hatte im zornig verzogenen Gesicht den Mund schon geöffnet, da hielt ihm George seine Linke entgegen, fünf gespreizte Finger, und rief: »Dich würde Frau Maria, wäre sie wirklich Gottes Mutter, fünfundfünfzigmal mit Deinen eigenen Seilen umwickeln!« Curtins Mund blieb offen, zitternd sank er zurück, der fromme Seilbesitzer.

Agnes und Juan standen unterdessen weitab, am anderen Ende des Anwesens, standen vor dem weißen und vor dem schwarzen Pferd. Hörten von fern neue Tanzmusik. Dort, wo sie standen, da war es still, da duftete es nach Heu, schnaubten zufrieden die Tiere. »Du reitest auch?« – »Das schwarze ist meins.« – »Der Hengst?« – »Du glaubst mir nicht?« – »Der ist wild. Bin heute auf dem dahingerast, bis zu Eurem alten Galgenberg, wie im Flug.« – »Ich könnte Dir's zeigen.« – »Wie Du's kannst?« – »Wie im Flug.« – »Zeig's«, sagte er, streckte sehr sanft seine Hand aus und berührte mit dieser Hand ihre Wange, berührte sie zart. Und wollte dann wohl noch mehr berührt haben, schrak plötzlich aber zusammen – er ebenso wie sie – denn ein Schrei fuhr von oben herunter zwischen die beiden. »Galgenvogel!« rief über ihnen eine kindlich helle Stimme, und als sie aufblickten, sahen sie, wie im Gebälk eine Gestalt seitlich verschwand.

Auch in der Halle wurde kurz drauf eine Erscheinung beobachtet. Die Kerzenlichter auf den Tischen, das Naphtafeuer in den Laternen und die Fackelflammen an den Wänden begannen allesamt zu flakkern und zu rauchen, anfangs meinte man, dies sei halt die wilde Bewegung überall, das Geschiebe und Gedrehe der schnaufenden Tänzer, aber der Rauch zog hinauf ins Gebälk, als ginge ein Wind durch das Haus dorthinauf. Die Musik brach ab, Toben und Tohuwabohu stockten, die Menschen schauten an den Wänden hinauf in die zwielichtige Höhe.

Und sahen, daß oben in der Hallenwand eine

Klappe sich geöffnet hatte. Der offene Sternenhimmel war zu sehen. Und vom unteren Rand dieser Öffnung schaute ein Gesicht herab, das mit seinen Augen funkelte wie eine Katze, das war Kate, die alte Kräuterfrau, die schrie über die Menge: »Fröhliche Leute!« schrie die, »fröhliche Leute! Zu spät, zu spät! Überm Irischen Platz hab ich sie gesehen und gehört! Die Banchee!«

Schrie dieses ›Banchee‹ mit sehr langem ›iii‹ und verschwand, die Klappe schlug zu. Der Feuerrauch beruhigte sich, der Qualm strich langsamer über die Köpfe und ins Gebälk und lag wie Nebelschwaden im Raum. Das Festvolk – ein zweites Mal stand und saß es nun stumm, bedrückt von ungewisser Nachricht. Die meisten blickten auf den, der vorhin alle in den glücklichsten Rausch gesungen hatte, auf den Stadtpriester. Einige aber, und das waren wohl die Klügeren, und George und der Priester selber gehörten dazu, sahen sich jetzt nach Fitzpatrick um. Weiß wie die Wand saß der in seiner Ecke. Der Henker und Hexengesell. Daniel und George Blake und Elisabeth Joyes und andere bestürmten ihn mit Fragen, George brüllte, was denn nun dies wieder heißen könne, er, der schiefe Galgenvogel, der wisse doch wohl längst Bescheid.

Lange tat Fitzpatrick seinen Mund nicht auf. Einige sagten später, seine Lippen hätten gezittert. Und Betty sagte schon jetzt, ob man das denn nicht sähe, so könne dieser Mann doch gar nicht reden, selbst wenn er es wolle, man solle ihn erst mal in Ruhe lassen, ihm zu trinken geben.

Aber dann hatte George seinen Frederic doch lispeln gehört. Und was er da zu verstehen glaubte, was war das? – Wo die Banchee sich zeige, habe Henker

Frederic geknurrt, da werde am übernächsten Tag einer gehenkt. Denn Banchee sei nun mal die Todesfee.

Als diese Erklärung des Schreibers und Sängers die Runde gemacht hatte, schien das Fest endgültig gestört. Etliche wollten lieber heim. Aber Lynch bat die Musikanten, weiterzuspielen, und zwar vom Lustigsten, nun erst recht. Das taten die auch, aber da wollte beinahe keiner mehr tanzen, auch das Reden kam nicht mehr recht in Gang, die Glieder schienen gelähmt, und wenn nun nicht der mächtige Graf Cluricaun auf Killmanroy in den Saal geschrien hätte: »Maria! Was soll uns die Last!«, wozu einige wie überrascht lächeln konnten, und wenn dieser Cluricaun sich nicht selber die Martha Curtin und wenn Cork auf Larminie sich jetzt nicht die Betty Blake samt Piepsie gegriffen und wenn dazu nicht beide Raubritter geschrien hätten: »Wer hat das bessre Los ergriffen?«, dann wäre es wohl kaum mehr was Richtiges geworden mit dem Fest in dieser Nacht, schon aber entstand rund um die polternden und greiffrohen Edelmänner neues Gliederwerfen und Beineschlenkern und Füßestampfen und schlossen sich fast alle wieder an, Lynch kam mit Elisabeth Joyes, John Joyes mit Mary Lynch, George schwenkte seine begeisterte Schwester Julia, und ja, da waren auch wieder Juan und Agnes im Saal, die aufgeregt erzählten, sie hätten durchs Dach im Stall die alte Kate wandern sehen und ihre Rufe gehört, da mußten diese beiden freilich erst noch unterrichtet werden von Kates Schreien über der Halle und von Fitzpatricks Erklärungen.

Pat überließ dies seiner klugen Mutter, er selber, wohl um Agnes zu zeigen, daß auch er sich auf Ausflüge verstand, nahm sich zum Schiebe- und Hüpftanz die glubschäugige Cousine Julia, die lächelte ihn aber beim Tanzen so sonderbar an und so durchdringend und schien etwas zu flüstern, bis er ihr schließlich sagte, er wolle sie in den Stall zu den Kühen bringen, denen sie in Ruhe alles mögliche erzählen könnte, aber die ließ sich nicht abstellen, sondern drängte sich im Gegenteil immer näher an Pat heran, ihre Augen hüpften dicht vor ihm her, die Musik dröhnte ihm um den Kopf, zum Glück tanzten nun Agnes und Juan, die seine Not bemerkt haben mochten, nahe an ihm vorüber, und im Tanzen rief Agnes ihm zu, daß die Kate bei den Pferden gewesen sei. – »Und auch Du?« – »Warum nicht«, hörte er und sah sie mit dem Gonzales wieder davontanzen und mit ihm reden, mit dem schönen Spanier.

Wann immer sie an diese häßliche Kate denke, sagte Agnes, dann betrachte sie einen wie ihn um so lieber. – »Nur dann?« – »Wem siehst Du eigentlich ähnlich? Deiner Mutter? Deinem Vater?« – »So schön wie ich ist in Malaga niemand. Also kann ich auch niemandem ähnlich sehen.« – Da gab sie ihm links und rechts streichelnde Ohrfeigen. – »Hey!« rief Pat und tanzte mit der dringlichen Julia näher heran, »waren das jetzt Ohrfeigen oder was oder wie?« – »Strafe war das. Er hält sich für den Schönsten.«

Dann tauchte der alte Fischersmann Flann O'Flaherty in der Halle auf, verlangte Agnes als Tänzerin, bekam sie und zischte ihr etwas ins Ohr vom Recht der ersten Nacht, schob sie über den Steinboden vorwärts und zurück, zu den Schlägen von Trommel und Tamburin.

Pat sah noch, wie dieser Flann mit ihr umsprang, lodernde Altmännerlust in Muskeln und Adern, sah noch, wie er mit ihr verschwand in der wabernden brodelnden Menge, so, im Nachschauen, geriet Pat Lynch, der Junge mit dem dicken gelben Haar, abermals der mächtigen Elisabeth Joyes in die Arme und hatte nun wieder mit ihr zu stampfen und sie so rasch zu drehen, daß ihre Matronenzöpfe umherflogen.

Mit Ausnahme von Ricardo Gonzalez und Jeremiah Curtin, freilich auch mit Ausnahme von Betty Blake, deren Piepsie stürmisch zu trinken verlangt hatte, tollten und ringelten sich nun wieder alle Festgäste umeinander und zuckten und schwirrten, und das Haupt des großen Cluricaun schwankte wie eine Signalboje, wie ein Leuchtfeuer über all diesen Schädelwogen, schimmerte über allen anderen rot und ruhig und groß und schwebte dick und still über den vielen hetzigen Hüpfgesichtern.

Martha, die dieser Graf nach wie vor umherschob, versuchte von seinem prachtvollen Bauch angemessenen Abstand zu wahren, wollte sich zu eigenständigen Bewegungen immer mal wieder freikämpfen, doch der Riese hatte seine breiten Arme über ihre jungen Schultern gelegt, so daß ihr an seinem lederschuppigen Streithemd kaum eine Bewegung möglich war. Ja, in diesem Schraubstock wurde ihr schließlich so warm und schwindlig, daß sie plötzlich in die Knie brach. Schnell hatte der Graf sie aufgefangen, hielt sie nun im Arm wie drüben am Tisch die Betty ihre saugende Piepsie. Auf gute Frauenratschläge hin, die von allen Seiten eintrafen, trug Cluricaun die artige Seilerstochter, obwohl sie längst wieder zu Sinnen gekommen war, hinüber in das Badehaus, um ihr eine Wasserkur zu machen.

Als nun dieser umfangreiche Ritter mit dem Riesenbaby im Arm krachend die Tür zum Schwitz-,

Spritz- und Wassertempel aufstieß und schwallende Dampfwolken in die Tanz- und Freßhalle schlugen, da war das für fast jeden dieser erschöpft schnaubenden Fleischfreunde ein Signal. Man schob hinterher, benebelt vom Wein, benommen vom Geschrei und vom dauernden Drehen und Schwingen, zog nunmehr hinein in die würzigen Wasserdämpfe, die nach Minze dufteten und nach Basilikum und Majoran und nach den Lavendel- und Rosenölen Andalusiens. So beseligt sie nun fast alle ins Badehaus einbrachen, es gab zwischendurch immer noch einige, die Übersicht behielten und Ziele verfolgten.

Auch die Musiker mußten mit hinein ins benebelnde Nebenhaus, der Cluricaun half dort der Martha gern, die Kleider zu öffnen, schon sprangen im Halbdunkel zwischen den drehenden Gewürzwolken die Mutigsten in die Zuber, hatten sich in Gier und Eifer prompt vertan und die kalten erwischt, da war nun abermals ein Geschrei und Gestoße in all dem dunkel wehenden Dampf, ein Gedrücke und Gedrängel, und es dauerte eine Weile, bis endlich jeder halbwegs die Stelle gefunden hatte, an der er sich am behaglichsten fühlte. Das geschah nicht ohne Quietschen und Prusten, endlich konnten die Sklaven aus dem Connought die Weinhumpen nachreichen in den Nebel, spätestens jetzt schien alle Unbill vergessen, da hörte man nur noch Seufzen, nur noch den Priester Kirwan hörte man nach Betty brüllen, die aber versorgte ihre Tochter. Unterdessen ließ die kalbsäugige Julia nicht nach, sich an Pat heranzuglubschen, an den, der dringend Ausschau hielt nach seiner Agnes.

Die aber hatte sich aus O'Flahertys kundigem, aber knöchernen Liebesgriff herausgewunden und hockte inzwischen vergnügt, ohne daß Pat sie zu Gesicht bekommen hatte, bei Clare O'Brian und freute sich über deren Brüder David und Samuel, schimpfte und lachte über diese Spitzbuben, ja, was hatten die angestellt? Statt, wie Jeremiah Curtin ihnen befohlen hatte, mit Pferd und Wagen das Riesenseil vom Hafen hinauf in Curtins Schuppen zu schaffen, hatten die Schlimmbolde so lange gewartet, bis Vater und Tochter zur Messe in Kirwans Kathedrale gegangen waren und hatten, gottlose Brut, ausgeführt, was dem losen George Blake nur vorübergehend als schöne Idee aus dem Maul gefahren war, hatten das riesige Tau um Curtins Haus gewickelt, ja, exakt fünfundfünfzig Mal hätten die Windungen rumherum gereicht, da würde Jeremiah, wenn er heimkehrte, mit Sicherheit an ein keltisch-christliches Strafgericht glauben.

Eine Badestation hinter der von Clare und Agnes und David und Samuel hatte Tobby Keats sich im Halbdunkel mit Helen, seiner Neuen, einen eigenen Zuber erkämpft und verteidigte ihn nun gegen Roy Gallagher, der sich unbedingt dazugesellen wollte, weil er zum einen nicht einsah, warum Küchenmägde nicht jedermann zu Diensten stünden und warum nicht zum anderen in diesem Zuber auch drei oder vier Leute Platz hätten, wenn sie miteinander nicht gar zu zimperlich wären, also gut, Tobby war nicht zimperlich und Helen tat, als wär sie's ebenfalls nicht. Auch war der nächste Behälter ja schon besetzt, da badete und umsorgte der dampfende Cluricaun, nur noch spärlich bekleidet mit wenigen Lederschuppen, die fromme Martha, die ab und zu eine neue Ohnmacht zustandebrachte oder darstellte, andere Maßnahmen traute sie sich nicht zu gegenüber einer so hohen Herrschaft.

Nun stand im Nebel endlich auch Betty Blake, Piepsie an der Brust, und befahl ins Ungewisse hinein Daniel, ihrem Mann, sich um sie zu kümmern. Der kam und kümmerte sich, öffnete ihr hinten am Kleid die Schleifen, die Hülle fiel und so stand dort jetzt, während Daniel den bestickten Rupfen versorgte, die volle Mutterpracht im Raum, sogleich von Kirwan, dem Sänger und Priester, mit Hingabe begrüßt, aber auch von George, dem lockeren Schwager. Beide, geistlicher wie weltlicher Verehrer, küßten dem wandelnden Fleischpalast links und rechts je eine Hinterbacke und führten Betty in entferntere Gefilde, führten sie auf einen Schwitzrost, und erklärten auf dem heißen Holz der prallen Frau die Vorzüge der Leibesfülle, priesen diese Vorzüge mit Mund und Händen und mit wiederholten und sorgfältigen Beteuerungen, erklärten ihr, wie wenig ihnen das Eckige und das Dünne gelte, wie ansehnlich dagegen und wie proper einem Weibe das Schwere stehe und das Volle und wie überhaupt allein das Leibhafte das Wahrhaftige sei. Betty, die von all dem eigentlich kaum mehr überzeugt werden mußte, Betty, im Wohlgefühl ihres saugenden Kindes und der vier verehrenden Hände rings um ihre Rundungen, im Genuß dieser Worte und dieser Wärme, sie lehnte sich zurück und schloß ihre Augen in tief innerlicher Vergnügung.

In einer anderen Nische hielten O'Donnoghue, der Brauer, und Curtin, der Seiler, da sie zu denen gehören wollten, die Übersicht behielten, miteinander Rat. Besprachen die neue Lage, die für Seiler und Brauer entstehen würde, wenn in Galway künftig die Lynchs und die Joyes unter gemeinsamem Dach ihre Händel betrieben.

Eine Station weiter, beim Jerez, tischte Flann

O'Flaherty vor Jessy Murray und Patrick MacBride Schwänke auf aus seines und Bruder Kirwans Weiberleben, der Priester habe schon bei seiner Ausbildung in Cork die besten Künste gelernt, vor allem die, wie man in des Bräutigams Christi Namen die Frauen nicht bloß zu ergebenen Bräuten herrichte, sondern gar zu wild verzückten Rasenden.

In der Nische nebenan wollte Jeremiah Curtin sich den Nörgeleien des Bierbauers Douglas nicht unbedingt anschließen, nein, untergehen würden sie nicht, Segel und Seile, meinte er klug, würden so oder so gebraucht, ob beim Fischen oder beim Handeln. Das konnte O'Donnoghue von seinem Biergebräu nicht ohne weiteres behaupten, nein, fügte er quengelnd hinzu, er meine ja auch gar nicht so sehr den Verkauf von Bier oder Segeln oder Seilen als vielmehr die neuen Umtriebe am Ort. Immer mehr würden in Galway die Entscheidungen, welche Brücke und welche Mauer und welcher Kai gebaut, was verändert und was veranstaltet würde, unter dem Gesichtspunkt dieses roten fremdländischen Saftes getroffen, und da müßten sich doch alle, die in Galway noch was anderes als spanische Weinpanscherei und zuchtlosen Protestantismus im Sinn hätten, zusammenschließen gegen die Übermacht, sonst würde diese Übermacht das Unterste zuoberst kehren und umgekehrt. Dazu hob Douglas O'Donnoghue den Schenkel, den er über seinen anderen gelegt hatte, herunter von diesem anderen und legte den, der bisher unten gewesen war, auf den, der bislang oben gelegen hatte. »Curtin«, so mahnte er, »Umwälzungen stehen uns bevor.« Curtin nickte, schaute aber angestrengt um eine Ecke herum in die Richtung, wo er seine Tochter wußte.

»Vormals«, so schilderte nebenan der zahnlückige Liebesheld O'Flaherty, »da hatten wir in der Sakristei von St. Nicholas, dem Grabesschiff der Lynchs just gegenüber, dort hatten wir jeden Freitag zur Komplet alle Jungfrauen aus der Oberstadt beisammen, zur Züchtigung.« – »Nackt?« fragte, offenen Mundes, der Roy Gallagher, der in diesem Moment sich neben ihn setzte, da ihn Tobby Keats von seiner Neuen vertrieben hatte. – »Natürlich, wer zur Sühne wirklich bereit ist, der muß sich schutzlos machen, muß sich ganz und gar entkleiden«, so versicherte ihm der rote Listige, und Roy hatte zu schlucken, nach vier Monaten Handelsfahrt gierte es ihn nach solchen Geschichten von gelüstigen Frauen und von begehrten Männern. »Man muß es dem Kirwan lassen«, meinte O'Flaherty, »gelernt hat er's, und zwar von seinem Abt. Der konnte so gezielt den heiligen Büßerschlag, daß ihre schönen Leiber kreisten und zuckten zum Vollzug der Mette, zum ›dies ist mein Leib‹, ›dies ist mein Blut‹, so gut, daß selbst dann selten eine genug hatte und am nächsten Freitag alle wieder zur Stelle waren und noch einige mehr.«

O'Donnoghues Freund Jeremiah wollte nebenan ungern etwas vorbringen gegen all die, die auf Handelsfahrten übers Meer zogen, und, um das dem Brauer zu demonstrieren, hielt er Marc Coolridge, der eben durch die wallenden Schwaden vorübergeisterte, am Arm fest und zog ihn in ihre Nische hinein mit der Frage, welche Erwartungen denn er mit dem künftigen Großhandelshaus Lynch verbinde. Oh, noch sei es ja nicht so weit, die beiden Alten, Walter und Knurrbart John, die gängelten ihre beiden Sippen sicher noch gute zehn Jahre oder mehr, und selbst danach – Schiffsbauer Coolridge kratzte sich seinen Backenbart – und selbst danach käme der Schiffsbau wohl nicht aus der Mode, wie?

Während nebenan Roy und Jessy schwer zu schlukken hatten an den Mitteilungen des O'Flaherty und am feurigen Jerez, setzte ihnen der Alte rotgesichtig auseinander, wie in den Deutschländern der Erzbischof von Mainz seine Maitresse vor niemandem mehr verberge, sondern wie der sie von den berühmtesten Malern Europens als heilige Madonna habe abbilden lassen. So wie ja auch Galways Stadtpriester aufrichtig daran glaube, daß die Gipfel von Gottes Schöpfungstaten sich in der Schönheit der Frauen verkörperten. Und um seine Zuhörer vollends zu beeindrucken, nuschelte O'Flaherty auswendig gelernte Fremdlandsnamen, die als Cranach, Dürer oder Grünewald zwar kaum mehr zu erkennen waren, die aber in seinen Zuhörern exotische Bewunderungen hervorriefen. Freilich, diese Mainzer Mutigkeiten seien noch herzlich wenig gegen die des Bischofs von Trier, der habe noch im vorigen Jahr seine Konkubine, mit der er bis dahin sieben Kinder hatte, als lebende Mutter Gottes auf einem Reliquienschrein feierlich durch die Stadt Trier tragen lassen, die älter sei als Rom, dies sei wahr oder der Blitz solle ihn treffen. Stadtpriester Kirwan wisse das alles genauestens, auch Pater Ricardo, der freilich würde das niemals zugeben. Und siehe, den O'Flaherty zerschmetterte kein Blitz.

Im Nachbarkabinett berichtete Coolridge, wie Lynch ihm erzählt habe, daß die wichtigsten Kaufleute des deutsch-römischen Kaisers, daß die augsburgischen Sippen der Fugger und Welser in Genua und in Antwerpen und anderswo schon jeweils ein Dutzend Schiffe im Hafen liegen hätten, noch gestern habe Lynch ihm auf der Werft angedeutet, auch er, Lynch, werde bald sein zweites und drittes Schiff in Auftrag geben, sobald Ronald Skerretts Galeone vom Stapel gelaufen sei und Coolridges eigene.

»Das ist die Erde«, lallte eine Abteilung weiter blinkenden Auges der gottesfromme Stadtpriester und nahm liebevoll die Oblate auf Bettys freier Brust in den Mund, die andere gab Piepsie nicht frei, höchstens unter Protest, Kirwan hielt dann noch einmal inne und bedeutete: »Dies ist die Erde, von der wir uns alle erschlagen lassen dürfen, mit Gottes Segen!« Sprach's und sank mit segnenden Gebärden auf die Leibesfalten seiner leibhaftigen Erdmutter.

Überall sehe man doch, fügte Coolridge hinzu, wie Galways florierende Aus- und Einfuhr, wie vor allem der Austausch mit Spanien auch die übrigen Gewerbe der Stadt blühen lasse. Das könne man nun gerade von dem seinen nicht behaupten, wollte der Bierbrauer gerade maulen, als Walter Lynch zu ihnen in die Koje trat, sich neben den Coolridge setzte und seine Gegenüber, den Brauer und den Seiler, aufmerksam betrachtete. »Ich hoffe«, fing er an, »niemand an diesem Abend ist mit irgendwas unzufrieden?«

Darauf schwiegen sie erst einmal, schauten sich gegenseitig an, niemand schien unzufrieden.

»Ich hab es Dir oft gesagt, Douglas, und auch Dir, Jeremiah, jeder in Galway, auch Du, Coolridge, Du weißt es, jeder Tüchtige sollte mitmachen beim Handel, in jeder Richtung, und am Ende sollte auch jeder einen eigenen Frachter fahren, es gibt für uns alle genügend Gewinn.« Lynch schaute ihnen reihum ins Gesicht. Brauer und Seiler sahen zu Boden. »Freilich, das braucht Hilfe. Was in meiner Macht steht, will ich tun, helfe auch mit Geld. Wenn einer es benötigt und er ist tüchtig, dem biete ich es an, vorweg, damit Ihr's nur wißt.«

So redete der oberste Richter und Bürger und erste Händler und Bankier von Galway, redete noch manches Schöne in den Nebel. Bis plötzlich der fröhliche Priester um die Ecke blickte: »Was höre ich? Schiffsbesitz? ›Für alle‹? Besitz und immer nochmal Besitz? In Galway lauter kleine Lynche? Ach, Ihr Geschäftsfreunde!« Priester Kirwan nahm Platz neben dem Lord Mayor, seufzte, trank und sprach: »Wenn wir alle so, wie wir jetzt hier hocken, demnächst unter den Steinen liegen, Du, Walter, Du freilich unter den prunkvollen Schmucksteinen in St. Nicholas, jaja, aber allesamt für dieselbe Ewigkeit und allesamt nackt, wohin, frage ich Euch, wohin dann mit Euerm gottverdammten Besitz? Unser letztes Hemd, wann lernt Ihr das endlich, hat keine Tasche!«

Nebendran wußte Flann O'Flaherty weiterhin wüste und noch viel wüstere Dinge, die alle wirklich sich ereignet hätten in den protestantischen, aber auch in den katholischen Ländern, und stritt sich nun mit dem Steuermann Jessy Murray, der ja gleichfalls einigermaßen herumgekommen war, jedenfalls in den Hafenstädten, stritt sich, an welchen Orten es die brünstigsten Nonnen gebe, Jessy nannte die in Neapel. – »Nein, die in den Klöstern von Zürich und in Lausanne und in Nürnberg.« – »Jedenfalls nicht, wie man glauben sollte, im Französischen.« – »Da hast Du recht, dort nicht.« – Da waren sie sich einig. Im Französischen hätten sich nämlich die frommen Frauen, wußte Flann, gänzlich auf das Künstliche versteift, jawohl, O'Flaherty mußte nun von seinen französischen Erfahrungen erzählen, und siehe, er konnte dieses Künstliche genau beschreiben, die Kunst nämlich der dortigen Nonnen, geschnitzte Elfenbeine zu nützen, solche, an denen ein Säckchen Milch hing, die sie sich im spannendsten Moment ins Innere jubelten, kalt oder heiß, wie sie's halt am liebsten hatten, ›bijoux de religieuse‹ hießen diese verzückenden ›Nonnenkleinode‹ oder aber, in der Volkssprache, Notstoppen oder Wonneproppen. Gegen solche Genießerinnen habe Irland, obwohl es doch gleichfalls mehrheitlich katholisch geblieben sei, immer noch die ahnungslosesten Betschwestern und Fratres und Patres. Am schlimmsten seien aber neuerdings die in den Deutschländern, allein aus dem Grund, weil dort nicht nur der Kirchenfürst Luther, sondern auch die Bischöfe allesamt öffentlich sich auslebten und Mönche wie Nonnen in der Nachfolge ihrer frommen Herren keinerlei Frevel erblickten, sondern den wahren Gottesdienst.

Da die emsigen Hausdiener in alle Nischen, Ecken, Winkel und Zuber neue Kannen und Becher reichten und immerzu nachschütteten, so mußte auch an diesem irischen Ort niemand bloß von französischen Klosterkünsten träumen oder von deutschen Bischofs-Orgien in Stimmung kommen und wurden nicht nur den Lüsternen in O'Flahertys Nische die Backen heiß und der Leib insgesamt, sondern auch den kritischen Leuten, Curtin so gut wie dem O'Donnoghue.

Der jüngere Lynch hatte zu dieser Zeit gegen andere Hitze zu kämpfen, ihn bedrängte weiterhin Julia Blake mit ihrem glatten Fell. Um es loszuwerden, stellte Pat sich unter einen Heißwasserbehälter, zog die Leine und ließ sich beschütten. Das gefiel der

Julia erst recht. Um vom Schwall reichlich mitzubekommen, preßte sie ihren blanken Körper dicht an den des Pat. Zum Glück dauerte so ein Wasserfall nicht allzu lange, unter den letzten warmen Tropfen wendete Pat sich von dem begierigen Fräulein ab und stürzte sich in den Kaltwasserbottich.

Als er wieder auftauchte und vorsichtig über den Rand des Holzfasses blinzelte, sah er, wie Julia Blake, offenbar nicht gesonnen, sich ihr Recht auf Wallung nehmen zu lassen, an seiner Wechselkur wenig Gefallen gefunden hatte und in besser geheizte Reviere davonzog. Gedankenvoll beobachtete Pat Lynch ihre Tropfspur.

Zusehends verdunkelte sich dieses Bild vor seinen Augen, der riesige Cluricuan schob sich hinein und noch immer klemmte ihm unter dem einen Arm die verdrückte Martha. Vor seinem Bauch aber hüpfte ihm jetzt der Daniel Blake, Bettys kleiner Mann, den mußte er zur Seite schieben, aber dieser Daniel hatte vor Körperfülle noch nie die rechte Furcht entwickelt und nicht umsonst die breite Betty gefreit, nun ging er diesen Killmanroy direkt an, weil er meinte, Fräulein Martha sei kein guter Umgang für den Grafen, der habe sie in Ruhe zu lassen und drohte dem stattlichen Herrn mit Kate-Sprüchen, »Fröhliche Leute!« schrie er und »Zu spät!«, weil er hoffte, das könne den Unhold zur Besinnung bringen, und »Überm Hafenplatz die Banchee!«, das krähte er ebenfalls mit sehr hohem und langem und pfeifendem »iii«, doch Cluricaun, der mit Martha noch viel Angenehmes im Sinn hatte, griff dem Winzling mit dem freien Arm ums Leibchen und »Weiß Gott bist Du zu spät!« murmelte er. Und schmiß ihn zu Patrick ins Kaltfaß.

Lynch, immer noch besorgt, wenigstens bei diesem Fest niemanden zu bevorzugen noch zu übergehen, war weitergegangen und hatte sich in eine andere Ecke des Badehauses gesetzt, zu gälischen Fischern, zu den wahrhaftigen ›Ureinwohnern‹, zu den Lachsfängern Ronn O'Connel und Mike Pitt. Die jedoch hatten ganz offensichtlich gar keine Fürsprache nötig. In Ruhe hörten sie sich an, wie Lynch ihnen erklärte, keiner sei gezwungen, seinen Beruf zu behalten oder zu wechseln, jeder solle sein Brot mit dem verdienen, was er am liebsten täte. Da nickten die beiden Rotbärte freundlich.

Lynch verabschiedete sich, ging weiter und setzte sich neben Graf Cork auf Larminie. Der lag auf seinem Bauch, der Länge nach lag er da auf einem erhöhten Bretterboden und ließ sich von Gattin Esther und von Frederic Fitzpatrick den Rücken walken, mit einem Reisigbündel, das Bademeister Frederic schwang, und mit einem nassen Sacktuch, mit dem Frau Esther klatschte. Dermaßen prächtig im Takt waren Sänger und Gräfin in ihrem patschenden Schlagwechsel, daß Lynchs Frage, ob Cork sich auch wohl fühle, ganz und gar überflüssig schien. Von tief unten aus seinem beträchtlichen Bauch brummte der puterrote altenglische Landlord, wohl fühle er sich wie eine gedeckte Sau, jawohl, wohl und erwärmt, vom Henker wie von der Gattin.

In diesem Moment zogen im unsicheren Licht die Musikanten vorüber. Ihr Schlag- und Pfeifenspektakel mischte sich wunderlich mit dem Takt des Henkers und der Rittersfrau Esther. Als die trillernden, zuckenden Schatten verschwunden waren, wollte Lynch ein exakteres Thema ansprechen und fragte, ob es den auf Larminie stören würde, wenn von nun an auch die Dubliner ihre Keller von Galway her füllen ließen.

Darauf gab Graf Cork als Antwort zunächst nur einen Rülpser, der die rote Figur auf dem Bauchpolster in federnde Erschütterung versetzte. Als das Leibschwingen zur Ruhe gekommen war, kehrte der Graf sein schweres Haupt zu Fitzpatrick empor und fragte den: »Auch das blödeste Schwein, wie lange wühlt es und wühlt?«

Frederic verneigte sich. »Bis es Trüffeln findet.« Sprach der Sänger und Henker und schlug zu.

Damit schien für diesen Edlen die Frage, ob er vom verbesserten Geschmack der Dubliner Herren um den seinen zu fürchten hätte, hinlänglich beantwortet. Und Walter Lynch konnte von unverfänglicheren Dingen reden, von Frederic Fitzpatricks feinsichtiger Einteilung der Welt in die Götter, an die er glaube, und in die Gnomen, die es gebe, ferner von William O'Brians Himmelsmärchen, in dem auch ein Reicher so freundlich gewesen war, daß er durchs Nadelöhr ins Paradies gelangte. Von solchen Unterhaltungen wurde Lynch plötzlich abgelenkt durch das dunkle Gesicht des römisch-katholischen Ricardo. Dicht vor dem Richter, in den irrlichternden Schatten, tauchte der Pater auf. Lynch erhob sich, ging mit ihm einige Schritte beiseite, und Ricardo stellte ohne Umstände die Frage: »Dies also soll es sein? Farbe? Spuk? Zauber?«

»Ja. Und allein aus Vernunft.« Lynch deutete mit der Hand rings umher und erklärte dem Soldaten der Kirche: »Ihr seht sie ohne Angst. Vergnügt, verrückt, verzückt. Ohne Höllenfurcht.«

Da blies der Spanier heftig Luft durch seine dünnen Nasenflügel und tauchte wieder unter im unklaren Schein der Naphtalichter und Spukwolken und Nebelkappen.

Inzwischen hatte in einer anderen Ecke des Dampflabyrinths Patrick seine Agnes bei Clare O'Brian gefunden, hatte sich dort eingenistet und zu der Behauptung verstiegen, Mädchen seien nicht braver als Jungen, beide, Agnes wie Clare, hätten als Kinder mindestens so viel Freches getrieben wie Samuel und David an diesem Abend, und er war gerade dabei, sich in den Ähnlichkeiten dieses und jenes Frechseins zu verwickeln, in den Bosheiten und Wildheiten von Mädchen und Jungen, und er wußte selber noch kaum, warum er jetzt ›Wildheiten‹ gesagt hatte, da näherte sich aus den flackernden Nebeln die Gestalt des jungen Gonzales, und der Spanier raunte Pat, der froh war, über das schwierige Thema nichts weiter erklären zu müssen, ins Ohr: »Gib acht, Gälisch-Lehrer!«, verbeugte sich vor Agnes und sagte in keltischer Sprache: »Ihr gefallt mir!«, und schon war die Amorettenfigur wieder in den Lavendelwolken verschwunden. Agnes drohte Pat mit dem Finger, was er dem da für Worte beibringe, diesem Frauenfänger. Und Agnes blickte ihn an, mit einem Gesicht, als schaue sie durch Nebelwände und Tarnkappen bis tief in Pats kleines ängstliches Herz.

Juan hatte sich an den Stadtpriester gehängt, in einer der Alt-Männer-Kojen, wo die beiden Geistlichen eben damit begonnen hatten, mit wechselnden Fußbädern, mal heiß, mal kalt, die schwersten Gefährdungen und Versuchungen dieser Nacht zu bekämpfen. Vor allem Kirwan brauchte dies nun, denn George hatte ihm die heiß angebetete Betty ausgespannt, sozusagen unter Mund und Hand, indem er der Schwägerin unterstellte, sie wolle diesen

Priester verführen, hatte ihn solange gefoppt, bis die schreiende Frau ihn verfolgen mußte bis in die hintersten Torf- und Heukammern der Lynchburg.

Na, Juan setzte sich also neben Ricardo und fragte seinen dürren Vetter, was er von diesem Nebelvolk halte. Der Pater antwortete: »Sind alles Geschöpfe Gottes.« Das tönte so korrekt wie trocken. Selbst in diesem Moment, da doch auch ihm das Gesicht in der Hitze zu glänzen begann vor Feuchtigkeit.

»Das heißt«, folgerte Juan, »mein Vetter kann, wenn er sich Mühe gibt, seine tiefe Abscheu tapfer überwinden?«

Ricardo nickte, etwas zögerlich, fast unsicher. Eben wollte er noch hinzufügen, was ihm sein Sprüchevorrat für solche Fälle anbot, wollte sagen, vor Gottes Geschöpfen geben es nun mal keinen Abscheu, da schlängelte sich Julia Blake auf Bruder Kirwans Bank und kraulte dem alten Priester das doppelte Kinn. Und weil Juan durchschaute, daß Julia zwar den Alten kraulte, aber ihn, Juan, anstarrte und meinte, stahl er sich lieber davon. So richtete denn diese Julia ihre Kalbsaugen abermals fest auf den anderen Gonzales, auf den spanischen Pater.

Inzwischen pflegte der alte Lynch mit Daniel Blake, Ronald Skerrett und John Joyes vertraute Unterredungen. Hin und her ging da ein Bieten und Nennen und Zurücknehmen und Beharren – wovon die Rede war? Vom Besitz natürlich und von dessen Vermehrung. Von den Preisen, die man nehmen werde für den neuen Jahrgang aus dem Süden, wie hoch man da gehen könnte, ohne die weniger Zahlungskräftigen abzuschrecken. Na, und vor allem ging es eben um den Schwur, wonach in dieser Runde der großen Vier des Galwayer Haupthandels keiner den anderen unterbieten dürfe und, bloß um eines miesen Extrageschäfts willen, die Preise verderben werde, nein, weder den Grafen noch den Klosterbrüdern zuliebe werde das geschehen, auch nicht der neuen Kundschaft in Dublin zuliebe, also für den Rektor und die Dekane der dortigen Universität.

Solche deutlichen Absprachen hatten im Nebengelaß die frommen Fratres nie getroffen. Der Dicke spreizte jetzt den Daumen von der Faust und zeigte auf die Handelsnische. »Für den Unterhalt sorgen die. Für die Unterhaltung wir.« – »Gottes Offenbarung ist keine Unterhaltung.« – »Eine gute ist sie und eine hilfreiche. Die wundersamste Märchen-Unterhaltung, die je erzählt wurde. Dort drüben aber hocken die Gottverdammten, die Reichen. Und hier wir zwei Gottverliebten, die Armen.« – »Reich aber im Geist, mit Reichtümern aus dem himmlischen Reich.« – »Mag ja sein. Aber aus Frankreich und Italien hörte ich und auch aus den Deutschländern, daß die Kirchenherren sich dort auch mit Irdischem gut versorgen. Obwohl das alles die Motten fressen und der Rost. Auch Ihr Spanier habt die Neue Welt wohl nur entdeckt, weil da dies gottverdammte Gold –«

»Ich besitze nichts!« fuhr der Pater dazwischen. »Nichts außer meiner Kutte. Und meinem Vertrauen in Maria. Und in den dreieinigen Schöpfer.«

»Bravo. Mehr ist auch nicht nötig. Die Herren dort drüben, die sorgen ja für uns. Und wir für ihre Unterhaltung. Erzählen ihnen die schönste und die tollste Geschichte der Welt, nicht wahr?«

Da schlug Ricardo gegen Kirwan das Kreuz. Und Kirwan wirkte von nun an doch ein wenig ängstlich. Traute sich nun nur noch zu, leise zu murmeln, freilich weiter vom guten Unterhalt und von der guten Unterhaltung. Da hielte nun mal eines das andere. Die irdische Herrschaft die weltliche und umgekehrt. Diese beiden seien wie Steinklötze im Gewölbe. Von denen man ja auch nie recht begreife, warum keines herunterfiele.

In dieser Weise maunzte Kirwan noch manches. Und hielt dem feinsinnigen Ricardo seine Gesichtswülste dicht und dick vor die Augen, Verständnis heischend. Wobei sich ihm die tropfnasse Julia Blake treulich anschmiegte. Ihren glasigen Blick aber hatte das Mädchen starr auf den spanischen Pater gerichtet.

Nebenan, bei Lynch, Joyes, Blake und Skerrett ging es noch immer um Absprachen, da lief ein vorsichtiges Taxieren und Feilschen, bei trüber Nebelfunzel, ein Prüfen und Lauern, ein Vexieren und Pokern, tatsächlich, hier wurde mitten in dieser unterhaltsamen Nacht für den Unterhalt gesorgt, wurde Arbeit geleistet. Endlich, nachdem die Preise für Malter und Faß feststanden und vereinbart waren, wollten sich alle daran auch halten, und es ist anzunehmen, daß jeder der vier so viel Geschäftserfahrung hatte, ermessen zu können, wie wenig ihm Extratouren gegen das Galway-Gesetz einbringen würden im Vergleich zum eisern eingehaltenen Schwur. Feierliche Worte sprachen sie, mit bedeutenden Gesten, tranken sich zu – dies hier waren wohl die wirklich Weisen. Im Auge, das sah man am Glänzen, hatten sie alle nichts anderes als den Gemeinnutz.

Kirwan aber, der ja auf die Betty hatte verzichten müssen, begriff derweil immer direkter den Leib der Julia Blake, dieser jungen Frau neben ihm auf der Bank, sammelte wieder Mut und herrschte schließlich den spanischen Bruder an: »Ja soll ich diese göttliche Haut nicht streicheln? Nicht pressen und fassen? Soll diesem schwellenden Samtbauch nicht das Beste zuteil werden, dessen wir fähig sind, die höchste Achtung und das tiefste Interesse? Unsere kräftigste Hingabe und angestrengteste Liebe? Warum, lieber Ricardo, wendest Du Dich weg? Verachtest diese lieblichen Rundheiten? Sieh doch, fühl doch! Nur weil es die eines Weibes sind und für Dich die Weiber, wie es die Kirchenväter lehren, unrein sind und nieder? Ja hat Gott denn diese Julia Blake nicht ebenfalls gemacht? Sollen Frauen tatsächlich ein Fehler sein in der Schöpfung, wie fast alle katholischen Patriarchen behaupten? Wo lehrt denn Herr Jesus, daß sein Vater Achtbare gemacht hätte, daneben aber Verächtliche? Traut Ihr solche Schundarbeit und Niedertracht dem Herrn der Welt zu? Immer nur wir sind es, die sich derartigen Schund leisten. Allein indem wir solche Unterscheidungen treffen. Er aber hat uns gesagt, was Ihr dem Geringsten unter Euch – ›unter Euch‹, so sagt er ausdrücklich und teilt selber so niemals ein – was Ihr dem Geringsten unter Euch tut, das habt Ihr mir getan! Ergo: Viel Spaß in der Hölle, Don Ricardo! Im Herdfeuer von Teufels Großmutter, dort bratet und schreit! Denn Ihr verachtet Gott in seinen schönsten Werken!«

Schlug nun seinerseits das Kreuz gegen den Priesterkollegen und sank mit Wonne der Julia an den Hals. Ricardo dagegen schien natürlich nicht Gottes schönes Werk zu verachten, sondern vielmehr diesen eigensinnig protestantischen, diesen verderbten Bruder, jedenfalls würdigte er ihn keines Blickes.

»He!« maulte Bruder Kirwan aus Julias Haaren

heraus und ächzte mit schweren Lippen an den Ricardo hin. »He!« und richtete sich wieder auf und bedrängte den Spanier: »Gottes Sohn hauste nie in der Wüste wie Johannes der Täufer und wie Du! Gottes Sohn nannten sie einen Fresser und Weinsäufer! Und Gottes Sohn wendete sich nicht weg, sondern redete mit jedem, auch mit Frauen! Und keine verurteilte er als fehlerhaft oder als Sünderin! Nicht mal die Huren und die Ehebrecherinnen.«

Kirwan schöpfte immer neue Einfälle, schöpfte sie ganz offensichtlich aus der warmen und engen Hingabe des jungen Fräuleins, auch aus den günstigen Wirkungen des Weins und des heiß-kalten Wechselbades an seinen Füßen: »Zur Hölle mit Eurer Scheinheiligkeit! Warum nur soll diese Julia, siebzehn Jahre alt, jetzt nicht auch Dich anfassen dürfen, Dich holden Bruder, warum soll nicht auch sie greifen, wo und wen und wie sie will, sieh doch, fühl doch, wie scharf sie ist auf Dich, auf Deinen dürren Leib, ja, weil er von hartem Draht ist, aus festem Guß, das mag sie, das hat sie lieber als mich dralle Qualle. Welches kirchliche Kreuz, goldener Freund Ricardo, welches Kreuz verbietet dieser Julia, zu tun und zu lassen, was sie will? Zu fassen, an welche Haut und an welches Glied sie immer will? He! Statt aber endlich zu tun, was sie möchte, glotzt sie kreuzbrav auf Deine magerheilige Figur, frißt Deine Goldschenkel mit geilen Augen, leckt in Gedanken an Deiner strammen Haut hinauf und hinunter und zittert vor Bedrängnis, die sie für sündig halten soll! So eine also soll kreuzbrav bleiben ihr Leben lang? Wie dieser Fischersmann Mulley Murray? Soll Angst haben vor der Hölle? Soll Lust haben auf den Himmel? Und darüber die Welt verpassen? Hier, unsere herrliche gottgebaute Galwaywelt? Zähes, hart gebratenes Höllengift Gonzales, warum machst Du Galway zum Gallenweg? Antworte! Warum dürfen Deine Schäfchen nicht genießen, was ihnen Gottes Schöpfung zur Freude macht? Antworte!« – Finster schallte Kirwans Stimme durch den dampfenden Tempel.

Und da Ricardo nicht antwortete, schüttete Galways Priester, als wäre das bereits die höllische Bratensoße, kippte sein halbvolles Glas roten Weins über des Paters blaßbraunen Schädel. Gonzales saß da, saß unter dem Gegensegen, feingliedrig und unbewegt, nur seine Lippen öffneten sich ein wenig, öffneten sich unter blutroten Rinnsalen, und durch die Tropfen drang ein flehendes Gemurmel, von dem Kirwan später immer behauptete, es hätte bedeutet: »Heilige Maria, Mutter Gottes, bitte für mich.«

In diesem Moment erhob sich rings in der halbdunklen Badehalle, in der viele Lichter schon ausgebrannt waren und die wenigen, die noch Licht gaben, mit dem Erlöschen kämpften, ein gälischer Reigen, ein Rundtanz der Wein- und Wasserseligen, der zog, die Musikanten voran, durch die düsteren Dampfwolken rings an den Nischen vorüber und riß immer neue Säufer und Schwätzer aus ihren stillen Ecken heraus, zog sie hinein in den stampfenden kreischenden Zug aus Irish Town, in diese Reihe der Tollen und Vollen, die rasten und tanzten auch an der Runde der englischen Handelshonoratioren vorüber. Die aber ließ die Wüsten sich tummeln und den Lindwurm weiterziehen, man sah eigene, andere Tummelfelder.

Betrunkene und Paare, die mit ihrem Wein oder mit ihrem Gegenüber genug hatten, die benutzten den neuen Tumult, sich seitwärts wegzustehlen und anders auszutoben oder aber, wie Pater Ricardo, sich von all den Anfechtungen dieses Festes freizumachen und zu reinigen.

»Goldenes Galway!« riefen die Tollhäusigen durch die Dunkelheit und »Fühlt, wie wir zusammenwachsen!« schrien sie durch die Nacht. Und »Die Getrommelten und die Gepfiffenen, an die glaube ich«, so lallte ein Einzelner, das mochte der alte Flann O'Flaherty sein, und, als diesem Bekenntnis zugestimmt wurde, ergänzte er: »Aber Donna Theodoras Arsch, den gibt es!«

Im Gelächter und im Nebel standen sie sich plötzlich gegenüber, Pat und Juan.

»Geht's Dir gut?«

»Wie in einem Zauberschloß.«

»Dann sieh Dich nur vor. Keltischer Zauber ist unberechenbar.«

»Wie der spanische.«

»Zum Beispiel unser Seiler: Zwei Rüpelgnomen aus dem Claddagh, die haben heute nacht sein Haus verzaubert. Die wickelten sein langes Tau um sein Haus herum. Fünfundfünfzigmal!«

»Fünfundfünfzig Elfen? Mich können die nicht fesseln.«

Da erschien in dem schallenden Nebelgeschwalle eine allerdings bezaubernde Erscheinung, Agnes, die Hüften zart umhüllt von kostbarer flandrischer Spitze. »Und diese Elfe? Auch die kann Dich nicht fesseln?« fragte Pat.

Statt zu antworten, streckte Juan seine Hand gegen Agnes aus, gegen ihre Wange, so wie er das beim schwarzen Pferd getan hatte, diesmal tat er's mit gespreizten fünf Fingern.

»Das hilft Dir gar nichts«, sagte Pat, »sie ist unzähmbar.«

»Stimmt«, sagte Agnes.

»Außerdem gehört sie ja nun Dir«, sagte Juan.

»Soeben noch«, sagte Pat, »hat Kirwan uns alle hier gewarnt, vor dem Besitzen.«

»Vielleicht darf man sie sich ausleihen? Vorübergehend?«

»Dagegen hat Kirwan nie etwas gesagt«, lächelte Agnes. »Aber ich sehe ein, diesen eingebildeten Spanier, den muß ich umwickeln. Bin erst beim elften Mal.« Und zog Juan mit sich fort.

Pat hielt sie fest, flüsterte mit ihr, und sie nickte und flüsterte zurück, wenn der Mond überm Turm von St. Nicholas stehe, dann sei sie in seinem Zimmer, also recht bald. Und tauchte mit dem Gast ein in den lärmenden Tumult.

Dort schallte wieder: »Goldenes Galway!«, womit die Leute den Gesang des Kirwan imitierten. Einem anderen dröhnte Fitzpatricks Ghue aus dem Hals: »Verschaff ich uns Lust!«, einige Frauen kreischten, und die Kirwan-Jünger jubelten mit belegten Stimmen: »Spürt die Freude! Fühlt, wie wir zusammenwachsen! Schlürft das goldene Leiberreich!« Und »Warum so kreuzbrav?« fragte eine Nebelstimme und eine andere: »Mein Hemd hat keine Tasche!« Und wieder eine andere: »Nimm mein Herz in beide Hände!«, darauf der erste wieder: »Wer hat den bessren Schoß ergriffen«, so tönten und schwitzten und schweißten sich Worte und Sprüche und Gerüche und Glieder zusammen, und Walter Lynch, der das aus guter Entfernung beobachtete, meinte, daß es so gut sei, jedenfalls besser als die gewaltigen Mauern und Türme, mit denen sich Galway vormals versperrt hatte gegen solche Lebendigkeiten.

Väterlich tatschte er seinem vorüberhuschenden

Sohn auf die Schulter, der jedoch strebte über die Wendeltreppe nach oben in sein Zimmer, wo er sich verabredet hatte, sah dort, daß der Mond schon jetzt genau über der Kreuzspitze von St. Nicholas stand. Aber Agnes war nicht hier.

Pat lief wieder hinunter in den Lärm, Agnes war auch nicht in den anderen Teilen der Lynchburg. Nicht bei den Tanzenden, nicht in den Bade- und Trinker-Nischen. Bei ihren Freundinnen wie bei den Männern war sie nicht mehr und in den dunklen Nebeln der Betrunkenen fand er nur Helen, Julia und Clare sowie die Damen Esther und Theodora, auch Isobella O'Flaherty und Dorothy O'Donnoghue. Agnes war dort nicht, auch Juan nirgends.

Wieder in seinem Zimmer, setzte er sich auf sein Bett und versuchte die kreisenden Bilder in seinem Kopf einzufangen. Zur Ruhe zu bringen. Wie war das gewesen? ›Erst beim elften Mal?‹ Was hatten sie miteinander verabredet?

Hielt sich den verwirrten Kopf.

Es war ihm was über die Treppe gefolgt und betrat nun sein Zimmer, ja, da stand Pater Ricardo und fragte, ob Pat jemanden suche. Nein, antwortete er.

Da ging Ricardo wieder hinab, schritt durch das brodelnde Badehaus hindurch und an der anderen Seite hinaus, über die Straßen hin bis durch das Osttor der Stadt, auf die Heide hinaus. Und schien eine Spur zu verfolgen.

Pat hatte nur den Wunsch, in seinem Zimmer zu bleiben und Agnes hier, wie verabredet, zu treffen. Stützte das Kinn in die Hände, rieb sich die Augen. Öffnete sie wieder, sah das klare Mondlicht auf dem Boden, das offene Fenster. Stand auf, blickte über die schimmernden Dächer. Hörte unten die unermüdliche Musik, immer so fort, immer so fort. Hörte die Schreie, das Gequietsche. Schaute die Straße hinunter. Die Wimpel und die Banner hingen still, hingen unbewegt in die leere Stadt.

Mit der Ausrede, ihr seine Rösser zeigen zu wollen, die Rösser von Killmanroy und seinen prächtigen gräflichen Wagen, hatte sich der mächtige Cluricaun eine Laterne von der Wand genommen und Martha Curtin in die Pferdeställe geführt.

»Auch hat's hier bessere Luft, wenn Dir schon die feuchte und die heiße so schlecht bekommt, daß Du Dich dauernd gegen meinen Bauch lehnen mußt«, schnurrte der Ritter dem seufzenden Fräulein zu und ließ sich kurzerhand in einen frischen Heuhaufen sinken, wohin sie ihm folgen mußte, doch achtete der Graf sorgsam darauf, daß er die zarte Person nicht zerdrückte.

»Die Rösser«, klagte sie leise, »wir wollten doch zu den Rössern, zu dem Wagen, mit dem Du gekommen bist.«

»Ich bin Dein Roß«, bestimmte der Herr.

»Ach Graf –«

»Du reitest jetzt auf mir.«

»– aber ich bin doch, was wird das, ich bin doch kein Schoßkind mehr.«

»Weiß Gott, Du bist eins!«

Es half ihr nichts, sie wurde in den Sattel gehoben, dorthin, wo noch immer einige seiner Lederschuppen schützten und mit Ächzen beiseitegeschoben werden mußten, rittlings saß Curtins Tochter schließlich, so bequem hockte sie auf dem Menschenberg, daß sie sich, eingeklemmt zwischen Cluricauns Bauch und Beinen, kein neues Absinken in die Ohnmacht mehr abringen konnte, sondern nur die eine oder andere leise Beschwerde: »Ach, Herr Cluricaun –«

»Geht's Dir schon wohler, Schoßkind?« – »Was machen Sie mit mir?« – »Die erste Nacht mache ich. Weißt Du denn nicht, was das ist?« – »Mein Vater hat mir nichts davon erzählt.«

Der Ritter hatte heftig zu atmen und zu tun. »Das war ein Fehler von ihm. Nun erzähl ich es Dir. Zeig Dir, wie's Leben geht. Bin jetzt Dein Stecken und Stab. Dir wird nichts mangeln.« Und hob sie hoch, stemmte mit beiden Händen ihren zarten Hintern und setzte sie auf die Stelle, die nach so vielen Mühen sichtlich belohnt sein wollte. »Spürst Du ihn? Den Sattelknopf?«

»Was wird das, ach!«

»Hast die glattesten Bäckchen und dazwischen noch viel Seidenzarteres, und ahnst noch immer nicht, was das wird? Spür doch, wie Gottes Zufälle es wollen! Mein Sattelknopf paßt genau dort hinein, als wäre er, ach, dafür, oh je, geschaffen –« – damit war er endlich in der Praxis so weit wie in der Theorie.

Die Jungfrau trauerte lauter, noch war sie intakt. Cluricaun stöhnte von sehr tief innen, gab sich inbrünstige Mühe, so daß zu langen Erklärungen nun kein Atem mehr blieb, nur noch: »Muß denn immer – immer erst ich kommen – und –«

– da traf ihn der Schlag.

Nicht etwa der, den man bei so würdigem Alter und bei so massiger Gestalt allenfalls hätte erwarten mögen, sondern ein ganz anderer. Der Seiler Jeremiah Curtin hatte auf der Suche nach seiner Tochter die richtige Fährte nur für wenige Augenblicke verloren, hatte sie nun wiedergefunden und sah hier, im Heu, die praktische Belehrung und zugleich an der

Wand das Ochsenjoch. Das schlug er mit Wucht dem Cluricaun auf den Schädel. So daß der es lebend nicht überstand.

Überstanden dagegen habe es, wurde später berichtet, noch eine ganze Weile Cluricauns roter ›Sattelknopf‹. So dringend, sagten sich die Männer und auch einige kluge Frauen, hätte der's gebraucht.

Für solche Erwägungen von Brauchtümern und Drangsalen war jetzt aber keine Zeit mehr, dafür ging nun Galways Zeit wohl überhaupt zu Ende. Darüber wurden sich alle klar, die das Gesicht des Walter Lynch sahen, der nun, wieder in seinen dunklen Mantel gehüllt, mit Fitzpatrick und mit Fackeln im Pferdestall eintraf und den Erschlagenen erblickte.

Das Richter-Gesicht blickte finster, wirkte wild und traurig, als Lynch mit mehreren anderen Männern den tobenden Graf Cork auf Larminie zu beruhigen versuchte und die schreiende, die ganz und gar nackte Frau Theodora von Killmanroy. Graf Cork war nur mit der Kraft von sechs Männern, drei an jedem Arm, davon abzuhalten, den Jeremiah Curtin auf der Stelle mit demselben Ochsenjoch umzubringen.

»Was?« brüllte der halbnackte Ritter und schob die sechs Galwayer hin und her, drückte sie, die ihm die Arme umklammerten, vor und zurück. »Was? Hört auf! Laßt mich los! Ist in diesem Drecks-Galway einem Grafen des englischen Königs verboten, was einem stinkenden Mistsack erlaubt ist? Laßt mich durch! Ratten! Seid Ihr noch Engländer? Seid Ihr alle schon hinterfotzige irische Kriechkatholiken?«

Walter Lynch entgegnete leise, das neue Galway-Gesetz gelte für Katholiken wie für Protestanten. Auch für Grafen.

»Galgen-Galway!« schrie der Graf.

Dies Gebrüll war es, das Pat oben in seiner Kammer hörte. Verstört stolperte er hinunter, immer dem Lärm nach, gelangte in den Stall, betrachtete und hörte dort alles, begriff nichts. Sah nur seinen Vater, hörte dessen leise beschwörende Stimme, des Vaters klare Auskünfte, hörte ihn auf den rasenden Edelmann einsprechen, es dürfe niemand, so hörte er ihn, gegen Galwayer Gesetz verstoßen, weder Curtin noch Cork noch sonst jemand, und wenn Curtin gemordet habe, so würde der verurteilt, gleich morgen, ja, schon morgen möge er, Cork, Zeuge sein bei der Verhandlung oder selber klagen.

Da brüllte der kräftereiche Cork auf, schrie in den Stall: »Klagen! Hoha! Hör ich recht? Klagen? Theodora! Esther! Hört Ihr diese Kaufmanns-Kanaille? Zerschmettern werde ich Euch! Zerscheißen! Esther! Theodora! Kommt! Rösser! Wagen!«

Ohne sich um den donnernden Ritter auf Larminie und um dessen empört schluchzende Damen ferner zu kümmern, gab Walter Lynch dem Fitzpatrick und dem Gallagher einen Wink. Die gingen auf Jeremiah Curtin zu, der immer noch neben dem erschlagenen Cluricaun stand, fahlen Gesichts lehnte der fromme Seiler an der Wand, die so weiß war wie er selber. Und ergriffen ihn. Er leistete keine Gegenwehr.

Ließ sich durch das Spalier der irritierten, der halbnackten Festgäste auf den Hof hinausführen, auch an Pat kam er vorüber, blickte niemanden an, nur vor seiner Tochter Martha blieb er stehen, rief unter Schmerzen ihren Namen, doch Martha, in eine Pferdedecke gehüllt, wurde von Mary Lynch und von Dorothy O'Donnoghue, ihrer Tante, beschützt und gestützt. Da ging Curtin schluchzend mit den Bütteln hinaus. Nach Jahren zum ersten Mal stand der Kerker von Galway nicht mehr leer.

Da drängten auch die anderen aus dem Stall, standen in Gruppen auf dem Hof und im Badehaus, kleideten sich an und begannen zu reden, eine erste Stimme im Halbdunkel meinte, jetzt erweise sich, daß die alte Kate recht hatte und auch Fitzpatrick, wenn sie verkündet hätten, am übernächsten Tag hänge jemand auf dem Irischen Platz, vorm Osttor. Getroffen habe es also den Curtin, den Seiler.

Heute morgen noch, sagte Priester Kirwan und wunderte sich und wollte, daß alle sich wunderten, heute morgen noch habe der Curtin sich gefühlt wie der König der Westküste, heute morgen, als man nur mit seinem Tau und auf sein Kommando die Schiffe habe hereinholen können.

Dann – das war in den dunklen Räumen unverkennbar die Stimme von George Blake – dann hörte man in einem sehr viel weniger zerknirschten Ton: »Curtin ist ein vollendeter Esel! Macht Euch nicht in die Hemden, Ihr Korinthenkacker, jeder weiß doch, daß an einem dreitägigen Sauf- und Freßfest, wenn es einigermaßen ordentlich verläuft und von der roten Gülle genügend in die Bäuche schwappt, daß da mit Ausnahme von Edward und Jeremiah und Pater Ricardo jeder mit jedem warm wird oder turtelt oder schläft, es sei denn, die Edwarde und die Jeremiahs vermehren sich von nun an wie die Fliegen, was Gott merkwürdigerweise zu verhüten gewußt hat.«

Daß ausgerechnet George Blake Gott anrief und den sogar gegen so fromme Leute wie Jeremiah Curtin und Ricardo Gonzales ins Feld führte, das bereitete nicht nur dem Priester Kirwan Vergnügen, das sorgte auch bei den anderen fast schon wieder für freundlich verwunderte Gesichter.

»George hat ganz recht«, stimmte Betty zu und ließ sich von ihrem Verehrer Kirwan die Tunika zuknöpfen, »wenn jeder, der heute nacht sein Wonnegrunzen hatte, erschlagen werden sollte, müßten sich morgen fast alle begraben lassen.«

Nach dieser freimütigen Mitteilung kam sogar wieder ein wenig Munterkeit auf.

Aber im hinteren Eck stand Pat. Der dicke gelbe Schopf leuchtete neben einer Fackelflamme, die im Erlöschen leckte und loderte, die Pats Gesicht mit Schatten bewarf, Pat, der immer nur dorthin starrte, wo sonst der Schwarze gestanden hatte, der Rappe, der Hengst. Bis plötzlich wieder Pater Ricardo neben ihm war, der hielt eine Naphtalampe, leuchtete ebenfalls in die leere Box und fragte, ob nicht auch Pat glaube, draußen auf der Heide sei jetzt besser zu atmen, unter freiem Himmel besser als in diesen rauchigen dumpfen Hallen, so raunte der, Juan habe völlig recht gehandelt und ging und ließ Pat mit dieser Bemerkung allein, ließ ihn im springenden Licht, während die junge Julia dem zierlichen Geistlichen zu folgen versuchte.

Was hatte der zu reden gehabt? Von Juan und Heide? Juan war auf und davon? Mit Agnes? Sie mit ihm? Jedenfalls war irgend jemand mit diesem Hengst davon. Wiederum Juan? Mit ihr?

Aber Pat sah sie ja. Sah sie beide, wie sie auf dem schwarzen Rücken davonschwebten, auf einem warmen Rücken, der sie trug und schaukelte und der sie tanzend schwingen ließ, Haut gegen Haut, die weiße, die helle Haut gegen die dunklere. Freilich, so war es, dort draußen, im Freien, dort spannte sich warm der Fellrücken unter ihren Schenkeln, und, wenn Juan sich nur umblickte, dann sah er hinter sich in ihrem Haar das Mondlicht fließen, Pat wußte doch genau, wie das war, jetzt sah auch Juan ihre Augen blinken und die Zähne, lachend hielt sie nun ihn, den schönen Spanier in den Armen, klammerte sich an den beim schüttelnden Gang in die Nacht, womöglich aber saß sie auch bei ihm lieber vorn, führte die Zügel und Juan war's, der sich klammerte, im Mondlicht glitten sie dahin, über die Heide hinter der Stadt, ihre Brüste spürte Juan gewiß in seinem Rücken oder berührte sie mit seinen Händen, ihren Mund weich in seinem Nacken – seiner in ihrem –

– und wild ist sie – wilder – hundertmal schöner – flink – lebendig – sei darum niemals betrübt – den Kopf nicht verlieren –

Da stöhnte Patrick, riß die Augen auseinander, ging ein paar Schritte, und sah vor sich in der dämmrigen Nebelhalle den alten O'Brian stehen. Der redete über den toten Cluricaun und wußte zum schlimmen Fall des Jeremiah eine alte Geschichte, hielt die dem forschen George entgegen: »Hab Dich nicht so mit Deiner Schlauheit, George. Möchte nicht wissen, was Du getan hättest, an seiner Stelle.« – »Gejubelt hätte ich, endlich! Endlich kommt einer und bringt meine trübe Martha auf den Geschmack – leider nur ein alter Raubritter – besser der als nur immer das Jesulein allein, denn –«

»Halt's Maul, George! Du an Curtins Stelle hättest genauso zugeschlagen!« – »Nie!« – »Dann weißt Du nicht, wie Curtins Frau unter die Steine kam. Wüßtest Du das, würdest Du anders schwätzen. Aber wartet ab, das kommt nun alles heraus. Morgen beim

Gericht, so wahr Curtin ein zähes Stück ist. Und so wahr Lynch ein gerechter Richter. Der auch vor Edelleuten nicht kuscht. Wir werden's sehen.« Sprach's und schlurfte zur Halle hinaus, der alte Märchenmann O'Brian. Der war doch sonst nicht gerade ein Freund vom frommen Jeremiah, dieser graukugelige Geschichtenkopf. Man würde sehen.

Die anderen schoben ihm nach, durch die Tür, und so trottete denn die Gesellschaft heim in der Erwartung, daß sie morgen mit einem anderen Schauspiel für das heute unterbrochene entschädigt würde. Dieses Fest hatte zwar kurzweilig angefangen, war dafür aber reichlich kurz ausgefallen, hätte wenigstens noch zwei Tage und zwei Nächte weitergehen müssen, wenn es denn ein Fest sein wollte, von dem man noch im nächsten Jahr reden konnte. Gerade als es richtig losgehen wollte, war es, so murmelte man in den Gassen, da war es plötzlich aus. Vorläufig wenigstens. Mutmaßten andere. Und alles nur darum, weil ausgerechnet der fromme Jeremiah eine so unfromme Tat hatte begehen müssen?

Pat ging durch die leere Halle zur Treppe hin. Ging, als sähe und höre er nichts, als lägen zwischen ihm und allem anderen Mauern aus kantigem Speckstein. Ging wieder hinauf in sein Zimmer, sah die leeren Betten. Setzte sich auf seins. Stand wieder auf, schaute zum Fenster hinaus, sah nicht mehr die bleichen Dächer, sondern wandte sich ab. Ging einen Schritt zur Tür. Ging dann aber nicht die Treppe hinunter, sondern zum Fenster über der Hinterstraße, stieg hinaus, setzte den Fuß auf den steinernen Löwen, dann auf den Luchs-Speier, sprang hinunter. Ging hinterm Hof, wie vor zwei Tagen, die Straße am Bach hinunter, begegnete niemandem, nur einem Kater, der vor O'Brians Schafstall gekrümmt auf ihn wartete, Pat hätte den gerne erschlagen, wollte ihn packen, aber wild zappelnd, unzähmbar sprang der ihm weg.

Pat stolperte, ihn widerte dieser alte Brauereibach an, aber auch der kleine Räucherofen hinter O'Brians Stall, er haßte die Mauern, diese meilenlangen Steinhaufen rings um die Häuser.

Der Mondhimmel war klar, nirgends Dunst. Pat aber sah alles wie durch einen Schleier, ging auf der Mauer, achtete kaum auf die herunterfallenden Steine, wäre auf dem Stalldach fast hinabgerutscht, ihr Fenster war wie immer, nur angelehnt. Im Zimmer das Bett war leer. War nicht berührt.

Hockte im Fenster, wartete. Kein Geräusch, es regte sich nichts. Dann kamen unten die Alten. Elisabeth und John. Die knurrten Verständigungen, Türen wurden gestoßen, jemand schlug im Hof sein Wasser ab, Rufe, Stimmen, dann war wieder Ruhe.

Der Mond stand nun schon tief. Überm glitzernden, überm rumorenden wilden Corrib.

Wo waren sie, wo ritten sie in dieser milden windstillen Nacht?

Ihm war nun alles klar, durch die Düfte von Heckenrosen und Holunder waren sie hindurchgetaucht – bin erst beim elften Mal – ausgeliehen – hatten sich draußen hinterm Eichen- und Efeugestrüpp hinabsinken lassen, nein, Juan, hatte sie gewiß elegant vom Pferd gehoben, auf die Erde gestellt, dicht vor sich hin, hatte sie im Arm gehalten, ihr Haar durch seine Finger gleiten lassen, leihweise ihr Haar und das

Mondlicht in seiner Hand. Dieser dunkle junge Herr aus Spanien, der hielt ihr dunkles Haar, Haar aus Galway – hat ihr dann das Mondlicht aus dem Haar geküßt und aus den hellen Augen – die sie geschlossen hatte –

– sie? seine Agnes? Hatte diese Augenblicke zitternd herbeigesehnt, im Kuß den längeren ersehnt und im längeren Kuß gewünscht, daß dies alles immer so fortgehen würde, hatte ihm den Nacken gestreichelt, den Rücken, sein Haar, sein dunkles. Waren beide aufs Moos gesunken und in die duftenden Gräser und hatten unter der lauen würzigen Decke der Nacht, na klar, miteinander geschlafen –

Konnte diese Bilder nicht länger anschauen, unmöglich ertragen, sein Kopf erschien ihm wund, die Schädeldecke voller Löcher, er mußte hier heraus, weg aus ihrem Fenster, stieg zurück über das Dach, in seiner Schwäche zitterten ihm die Knie, zitterte er die Mauern hinunter, fiel auf den Weg, sah hinter jedem Strauch Gestalten, bemerkte hinter einer Ecke tatsächlich eine Bewegung, erkannte den Ricardo, der sich wegdrehte, und hinter ihm Julia, stieß wieder gegen den Rauch-Ofen der alten Biersäufer, fluchte, fluchte auf O'Donnoghues Braubach und das zufriedene Geglucker, ging die Straße schneller hinauf, am Lynch-Turm vorbei, da drinnen wurden Tische gerückt, Ann kommandierte die Connought-Leute. Im Kerker war Licht, auch Fitzpatrick hatte zu tun. Auch durchs Vernunftfenster schimmerte ein Feuer.

Ging an all dem vorbei, von der Bachstraße auf die Hauptstraße, hier draußen kein Mensch mehr, doch, in der Toreinfahrt bei den Skerretts, da standen zwei, die, als er näher kam, auseinanderfuhren, der Mann vielleicht George, vielleicht Tobby, das Mädchen jedenfalls Clare, Pat ging weiter, antwortete nicht auf die Zurufe, ging durch das Stadttor auf den irischen Platz hinaus, hinaus auf die Heide.

Hier stand er still. Kein Geräusch mehr. Eine Weile lauschte er, glaubte Atmen zu hören, erschrak dann beim Gehen über das Knirschen bei jedem Schritt, über jeden Zweig, ein trockenes Blatt, ein stolperiger Stein, alles quälte ihn, er quälte sich langsam weiter, ging, ohne zu wissen, wohin, immer so fort dahin.

Dann waren hinter einem Strauch, im Mondlicht, wieder Bewegungen, eine Decke war da, die wogte, wogte über einem Körper mit dunkler Haut, darunter ein Leib mit weißer, Pat taumelte, stolperte wie blind heran, dicht heran – und wußte dann keine Ausrede oder Entschuldigung, als unter der Kutte Pater Ricardo lag, über Julia.

Lief weg, hielt sich die Ohren zu, hielt sich Haare und Stirn, »Nein!« keuchte er und ließ sich am Bienenhaus von Coolridge fallen. Der Mond schien sehr blaß, stand nun sehr tief, langsam schien es aber hell zu werden, schon hell, schon Tag und noch immer nichts, nichts von ihr, er warf sich herum, wollte nichts mehr hören, sehen, wissen. Vergrub seinen Kopf, verbarg ihn vor der Morgendämmerung, vergrub ihn unter den Armen und versuchte, still zu werden.

Versuchte sich vorzustellen, wie sie im Mondschein lustig und harmlos, die Stadt erst und dann die Heide, alle Dinge als Sprach-Kalender benutzend, mal auf diese Hecke zeigten, mal auf jenen Baum oder jene Mauer und wie jeder dazu das Wort der spanischen oder der gälischen Sprache wußte, der keltisch-irischen, und wie jeder das nachsprechen mußte.

Warum konnte es so nicht gewesen sein? Selbstverständlich war es so, seine besten Freunde würden ihn doch niemals ausschließen. Aber warum, wenn es denn harmlos war und so vergnügt, warum hatten sie ihn ausgeschlossen? ›Außerdem gehört sie ja nun Dir‹?

Warum hatte Agnes die Verabredung nicht eingehalten – warum waren sie nicht zu dritt gegangen – stieß seinen Kopf auf den Sand – nein, so stundenlang dauerte kein Kalenderspiel –

›Jetzt paß auf, Gälisch-Lehrer!‹ Er strengte sich ein zweites Mal an. Versuchte, angenehmere Vorstellungen zu finden. Harmlose. Bilder vom reitenden Gälisch-Unterricht. Es gelang ihm kurz, und über diesen friedlicheren Bildern muß er wohl eingeschlafen sein.

Tag des Gerichts

Als er aufblickte, war es hell. Die Bienen summten aus Zimmermann Coolridges Schuppen, dicht über seinem Kopf flogen sie auf die riesigen Disteln, die violett blühten, und surrten wieder hinein in Coolridges Honighaus. Pat stand auf, torkelte, im Schädel klopfte es stark. Er mußte stehenbleiben.

Neben ihm der wilde Wein auf der Mauer war gelb geworden, gelb in den Blättern und brüchig. Im Mauerwinkel darunter verdorrte Farn.

Pat ging zögernd zurück, duckte sich unter dem blendenden Himmel. Ging den Heideweg, ging unter dem starken riesigen Himmel über den Irischen Platz. Kam durch das Tor in die Stadt, querte die Stadt, gelangte die Straße hinab, ohne daß ihn jemand sah, die Straße war leer, es war noch früh. Die Sonne stand schon überm Schuhmacher-Turm, aber am Himmel fehlte der Dunst. Vielleicht kam der Dunst nun nicht mehr, ließ alles unverschleiert, sagte er sich. Nebelte jetzt nur noch in seinem Schädel.

Vor seinem Vaterhaus versuchte er sich zu verbergen, aber das war nicht nötig, niemand war so früh unterwegs, auch von den Sklaven noch keiner, er ging weiter, die Straße hinunter, traf keinen Menschen. Als er Curtins umwickeltes Haus sah, erschrak er. Nickte dann. Ging weiter. Stieg wieder die Mauern entlang, kannte hier jeden Schritt wie im Traum, auch im Schädelnebel, schleppte sich über den Schuppen auf das Hauptdach, die Knie zitterten wieder, das Fenster stand immer noch offen, im Zimmer das Bett. Darin Agnes, allein. Schlief.

Lange betrachtete er ihr Gesicht. Er meinte, er habe es nie so genau gesehen. Noch nie so schön gefunden. Aber es erschien ihm fremd. Die geschlossenen Augen erschienen ihm fremd.

Ihr Atem ging ruhig. Das Haar, die dunklen Strähmen lagen übers Kissen verteilt. Darin ihr Kopf, zur Seite gewendet. Und die Hand so, daß der Zeigefinger die Lippen leicht auseinanderschob.

Wollte glauben, nur geträumt zu haben. Wie Agnes und Juan sich ihre Berührungen beantwortet hätten und ihre Fragen ertastet, wie sie einander den Atem abgelauscht und die Wünsche, wie Wölbungen den Tälern zugestimmt hätten, ihre Hände sich Ja gesagt und die Zungen, die Lippen im Gespräch dieser summenden Gebärden, dieser stumm singenden, am Ende stumm brüllenden Gebärden. Pat hörte diese Stille, schlug sich die Faust vor die Augen, zog sich die Lider auseinander mit den Handrücken – und sah seine Agnes vor sich, schlafend, in Ruhe. Zum Greifen nah. Sah sie dort so gelöst, als wäre alles nur ein Spuk gewesen. Von den keltischen Iren zurechtgeflunkert aus Gnomengespinsten, um ihn, Pat, zu foppen, zu quälen. Mit Wett-Reiten? Mit Wett-Rudern?

Aber das war nicht geträumt. Sie lag vor kurzem noch nicht hier. Noch nicht so ruhig atmend und zum Greifen nah. Noch vor kurzem hatte sie gefehlt, war zur Verabredung nicht gekommen. Das war nicht geträumt.

Was sollte er tun?

Dieses fremde Gesicht berühren? Wecken? Die andere Agnes, seine wirkliche Agnes wieder hervorbringen?

Was sollte er dann sagen? Wenn er ihr dann sagte, was er in seinem Schädel gesehen hatte, was würde sie dann antworten?

Flink hätte sie sich Ausreden zusammengegähnt, er sah es, wie sie das machte, wie ›flink‹, er konnte das genau sehen und erkennen und würde von ihr keine Antworten bekommen.

›Nein‹, hörte er die Mutter, die ihn festhielt, ›nein, mein Jungchen, flink, lebendig und wach ist sie, dies alles hast Du nicht so wie sie.‹ ›Katze‹, hatte Betty gesagt. ›Unzähmbar.‹

Rutschte zurück, schaute noch einmal, vom Dach her, hinein, auf das Haar, auf die Hand vor den verschobenen Lippen. Dann verschwand er vom Fenster. Und hat nicht sehen können, wie hinter ihm, in der Kammer, die Augen sich öffneten, vorsichtig.

Stieg in Benommenheit über all die Tritte ein weiteres Mal hinab, sprang in das ausgetrocknete Schweinefeld. Über die Mauern, quer durch die ruhige Stadt. Wanderte langsam. Blieb stehen am Kerker, in den jetzt der Seiler eingesperrt war. Vorbei am Philippsfenster, hinter dem sein Vater wohnte. Konnte nichts begreifen, wußte nur den Vater im Unglück, in Sorgen über den Erschlagenen. Und über den Täter, über die ganze gefährdete Stadt. Sah zu den steinernen Weinranken am Lynchhaus hinauf, erblickte die stechende Sonne, ging lieber die Straße weiter, sah auf den Malven und in den Rosenblüten in Kirwans Garten die Hummeln, verfluchte die Unzucht in den Kelchen, in den Rüsseln und

Stempeln, schüttelte den Kopf über sich und über den Fluch.

Ging weiter, hinaus aus der Stadt, über den Corrib, über das vergilbende Gras an der Küste, den Weg entlang, auf dem Weg mit den Pferdespuren. Weiter und weiter. Und gelangte endlich, über die Distelwiesen und Steinringe, zum Mount Golgatha.

Dort bemerkte er, daß die Luft sich bewegte.

Nach drei Tagen zum erstenmal ging eine Brise. Von Süden kam sie, die war es, die keinen Dunst mehr zuließ.

Schmerzhaft hell schnitt das Licht in die Augen. Das Meer war gezeichnet. Kleine Kräuselungen zogen drüber hin. Von weit unten, aus der Galwaybucht, tönte Unruhe. Die Brandung kehrte wieder.

Über Kates Haus kein Rauch. Auch über den Wäldern drüben keine schwarzen Türme mehr. Erschöpft fiel Pat auf den Stein, unter dem er sein Versteck hatte, sein Traum, sein Fischerboot mit roten Segeln. Spürte nicht die Lust, das Versteck jetzt zu öffnen. Saß, wußte nicht, wohin er schauen sollte, vergrub sein Gesicht.

Der alte William O'Brian und einige andere, die sehr früh aufzustehen pflegten, selbst dann, wenn am Abend zuvor etwas zu feiern gewesen war, die hatten die Hauptstraße als erste betreten, hatten die Nasen in die Luft gereckt, gewittert und herausgespürt, daß der große Stillstand beendet, daß die Luft endlich wieder in Bewegung war.

Noch bevor sie einander diese Neuigkeit mitteilen konnten, waren sie vor dem Hause des frommen

Untäters Jeremiah Curtin stehengeblieben. Und versuchten, den Anblick, der sich ihnen dort bot, zu deuten. Einige, vor allem die Küchensklaven, die sehr früh hinausgejagt wurden und die an Angst gut gewöhnt waren, sie, aber auch ältere Frauen, die meinten glatt, über Nacht seien die Gnomen in die Stadt eingefallen und hätten Jeremiahs Haus verflucht und zugebunden. Das Mörderhaus.

Andere, etwas weiter denkende wie Tobby Keats oder Jessy Murray und vor allem der alte Märchenmann O'Brian, die hielten diese fünfundfünfzig Seilwindungen für eine Vorsichtsmaßnahme des Richters Lynch. Dieses kluge Stadtoberhaupt hatte mit einer solchen Versiegelung ohne Zweifel einem Racheakt der Leute von Killmanroy und Cork zuvorkommen wollen.

Aber allzu genau wußte man auch dies nicht. Hatte gestern, in Saus und Suff, dieser George Blake nicht einen entsprechenden Fluch auf den Jeremiah ausgestoßen? Nun, vor diesem merkwürdig verwickelten Gebilde, da konnte man beobachten, wie Marc Coolridge, sonst ein besonnener Mensch, sich die gespreizte Hand aufs Herz legte. Da hatte der Handwerksmann geschickt das Galwayer Handelszeichen vereint mit dem keltischen Segenssignal, das die Gnomen beschwichtigte. Mochte ja sein, daß dieser Coolridge, wenn Kate mit ihrem nächtlichen Feenschrei recht behielt, demnächst ein Gerüst zu bauen hatte, vorm Osttor, ein stabiles, mit einem Galgen.

An Curtins Haus war in der Tat kein Heraus- und kein Hineinkommen mehr. Aber da wollte auch niemand mehr hinein in dieses Haus. Die Tochter Martha war schon in der Nacht gleich bei Dorothy O'Donnoghue geblieben, bei der Schwester ihrer

Mutter. Und die zwei Sklaven des Jeremiah Curtin, sonst in einem Nebenhäuschen untergebracht, die trauten sich nach dieser wirr durchzechten und so plötzlich beendeten Nacht erst recht nicht mehr in das Anwesen eines Totschlägers, wie fromm der im sonstigen Leben auch gewesen sein mochte.

Kurzum, die Frühaufsteher in Galway lenkte der seltene Anblick des verknoteten Hauses gleich wieder auf die neue Situation der Stadt. Und die, darin waren sich alle einig, stand nicht zum Besten, war jedenfalls so verworren, daß man beschloß, beim heutigen Gericht möglichst früh zu erscheinen, da später der Platz in der Halle knapp werden würde.

Nur Keats und Murray, die wollten beim aufkommenden Wind lieber zum Fischen hinaussegeln. Trotz allem wollten sie das. Nach langer Windstille, so hatten die Alten immer gesagt, stünden unterm Galgenberg gute Schwärme, Makrelen in Mengen, dort, wo bald wieder die Brandung wütete.

Pat sah, das Kinn auf die Hände gestützt, die Möwen im Aufwind stehen. Sah sie stehen und, nach einer geringen kippenden Bewegung der Flügel, seitwärts wegschießen. Ja, fand er, so ist das in allem. Ein winziges dummes Wort genügt und alles kippt. ›Mich können die nicht fesseln.‹ ›Leihweise.‹

Er sah in den Möwen seine Agnes ihn beobachten, sah und hörte Juan ihn spotten, Agnes ihn rufen, täuschen, George und Tobby ihn bewitzeln, Ricardo plötzlich auftauchen und verdeckte Hinweise geben und sich wegducken. Und sah jeden dann, unberechenbar, ausweichen, zur Seite kippen, stürzen und verschwinden.

Konnte diese Bilder, diese Gesichter nicht länger ertragen, rutschte auf seinem Stein herum, drehte sich weg, so daß er der See den Rücken kehrte. Sah am Hang die Halme, sah, wie sie sich wieder im Wind zu biegen hatten. Böen flogen hinab über den Hügel, über den ›Erdbusen‹. Möwen wie Böen, die in großen Wellen dahinglitten, über die gelben Halme hinunter.

Einen Falter beobachtete er, der weggetrieben wurde, ein gelber. Da ließ er den Kopf zwischen seine Knie hängen. Und zerdrückte mit einem Stein zwei Käfer, die sich paarten. Warf den Stein über die Schulter nach hinten hinab, so wie er sonst Krebsscheren geworfen hatte, Hühnerschenkel.

Versuchte eine Weile, nur die Geräusche zu hören. All diese Töne, die durch seine zugedrückten Ohren sausten. Die hämmerten lauter und lauter. Da nahm er die Fäuste weg von den Ohren, hob wieder den Kopf und blickte über das Land. Sah hinten am Horizont den jagenden Corrib und in der Ferne die Seen, sah die Moore des Connought glänzen und plötzlich auch wieder Rauch aus Kates Kräuterhaus, sah den wegstieben –

Hob, um sich abzulenken, den Deckel von seinem Versteck. Wickelte alles aus dem Fell, sah es sich von allen Seiten an, fand keinen Zugang, keinen Anfang, steckte Holz und Messer wieder zurück ins Fell, die Haut wieder unter den Stein, ja, das Messer ebenfalls. Tief eingewickelt. Und schaute über die Knie wieder vor sich in den Sand, schob den Sand mit den Schuhen über den beiden Käfern zusammen, hörte hinter sich eine Möwe rufen, eine andere witzeln –

– da waren Geräusche. Schritte? Husten?

Pat blickte auf. Den Weg herauf kam Juan.

Ja, er war's.

Unten in der Senke stand der Hengst – stand – graste – warf seinen Kopf – ihr Schwarzer –

Kam der nicht zögernd? Pat sah, daß Juan zögernd kam. Wie er sich heranmogelt, dachte er. Sein Lächeln, woher er sich das besorgt hat. Und warum das Beißen jetzt, warum nun dieses Beißen in meinem Magen?

Dann stand er da. Der Gonzales. Stand neben ihm. Warum, dachte Pat, warum ertragen Berserker keine Fasanen. Nicht einmal Möwen kann ich ertragen. Da stand er neben ihm, tat, als schaute er über die erneuerte Meeresbucht. Und redete. Konnte reden. »Das hatte ich mir gedacht.« Was wohl? »Daß Du hier oben hockst.«

Pat konnte Juans Stimme, konnte diese Nähe nicht ertragen. War jedoch zu gelähmt, um aufstehen und wegrennen zu können.

»Wind. Gott sei Dank wieder Wind.«

Pat drückte seinen Schuh tiefer in den Sand. Drückte sich seinen Kopf mit den Händen an seine Knie. Fest gegen die Knie.

»Aber schwül. Noch immer schwül.«

Diese Töne hinter ihm, die schmerzten Pat, bissen in den Magen, zwischen die Ohren. Und nun bemerkte er, wie sich vor seinen Augen die Linien verschoben, der Horizont. Wie sich das alles verschob und verdoppelte und wie das Haus von Kate übereinander zwei Dächer bekam.

»Endlich Segel. Rote Segel. Sind das Eure?«

»Woher kommst Du?«

Juan drehte sich von der Kliffkante her zu Pat zurück, schien erschrocken. Dann setzte auch er sich, knöpfte sich ein wenig den Kragen frei. »Woher? Aus der Stadt. Hab Dich gesucht.«

Schaute prüfend auf Pat, sah keine Bewegung an ihm, den Kopf zwischen den Knien. Schaute wieder über die Bucht. »Schön, daß ich Dich gefunden habe. Ich wollte mit Dir reden.«

»War's gut? Mit meiner Agnes?«

Juan blickte ihn an, ernst. Das Lächeln, dachte Pat, das schafft er jetzt nicht mehr.

»Auch darüber wollte ich mit Dir reden.«

Pat drückte sich die Fingernägel in die Kniekehlen, tief, ohne sie zurücknehmen zu können.

»Pat, ich denke, wir zwei, das glaubte ich, wären Freunde.«

Biß sich in die Lippen, um die Schnitte, um die Fingernägel in seinen Beinen ertragen zu können.

»Wir sollten es bleiben. Sollten reden miteinander. Über alles. Sieht fast so aus, als wär ich hier der einzige, mit dem Du drüber reden könntest.«

Pat drehte sich zur Seite, weg von dem. Eine Möwe setzte sich in einiger Entfernung auf den Klippenrand, beobachtete ihn, den Pat, und hob wieder ab. Pat schob ihr seinen Blick nach und glaubte dann, unterm Galgenberg Fischersegel gesehen zu haben, rote Doppelsegel, wollte die aber nicht sehen, sich nicht ablenken lassen, schon gar nicht von diesen flinklebendigen Augen in Juans Mariagesicht.

»Pat«, sagte der, bittend, »vielleicht bin ich der einzige, der so etwas sagen kann. Denn ich – bin ja bald wieder weg, weit weg, vielleicht kann darum gerade nur ich es sein, der es Dir sagen muß. Sagen will ich, Agnes und Du, Ihr – Du bist noch so jung – und –«

Pat sah das fremde Gesicht vor sich in doppelten Kreisen. Diese Kreislinien schoben sich übereinander, und Pat hörte aus diesen vielerlei Gesichtern mehrfache Stimmen. »Ich glaube«, sprachen sie zu ihm, »Ihr beide, Agnes und Du, Ihr paßt eigentlich nicht zusammen. Maria, was soll uns die Last.« So tönten sie und »versteh mich jetzt richtig« setzten die hinzu und »versteh, es geht um Euch beide«, raunte es um ihn herum. »Es geht um Agnes und um Dich«, sagten die Stimmen. Und ›dies alles hast Du nicht so wie sie, mein Jungchen‹. Und ›werde deswegen nie betrübt‹.

Juan hatte aufgehört zu sprechen. Schaute auf den reglos gekrümmten Pat. Der preßte sein Kinn immer noch zwischen die Knie. Juan war noch bereit zu weiteren, zu genaueren Worten, aber er schwieg jetzt lieber.

Am südlichen Horizont, hinterm kahlen bleichen Black Head, da schien jetzt Bewölkung aufzusteigen. Der Wind pfiff heftiger über die Kante. Juan zog mit den Schuhspitzen Linien in den Sand. Zwischendurch schaute er wieder zu Pat hinüber, wußte nicht, ob ein Weiterreden jetzt sinnvoll war. Meinte zu erkennen, in welcher Anspannung der junge Lynch dort hockte, sah darum lieber wieder weg, auf seine Schuhspitzen. Und mußte doch reden, offen reden. »Wir, Agnes und ich, haben heute nacht«, sagte er, »einen Ausflug gemacht. Zusammen, auf dem Schwarzen. Es war sehr gut. Sie reitet sehr gut. Verrückt unsinnig war das alles, wie in dieser Nacht ja wohl fast alles, oder? So eine wie Agnes, will ich sagen, die kann niemand besitzen – nicht wie ein Haus – einen Acker – ein Schiff –«

Der Wind fegte Staub und Sand über die Felskante. Die Brandung schlug jetzt schwerer. Unter den gerissenen Felsen dröhnte es, tief unter den Bodenspalten zu ihren Füßen.

»Pat«, sagte wieder das mehrfache Gesicht, »versteh mich jetzt richtig«, so sprachen die Stimmen. »So eine wie Deine Elfe, Deine Agnes – wie wunderbar – so eine Freie – verrückt Fröhliche – aber ich glaube, ich lasse das jetzt – spür das doch auch jetzt, wie Dich das aufregt, ungeheuer, nicht wahr?«

»Sag es!« stöhnte Pat. »Hast Du mit ihr geschlafen?«

Und Juan drückte sich nicht um die Antwort, seine Gesichter schwebten unverändert, in mehreren Linien durcheinander. Blickten ihn aber jetzt sehr traurig an. »Pat. Also ja. Wir haben –«

Mehr vernahm Pat nicht. Tränen jagten ihm durch Augen und Gehör, seine Agnes Joyes hatte es getan, seine, Pat Lynchs Agnes, Tränenwasser zerbrach das vielfältige Mariagesicht zum achtfachen Möwenkopf, zu elf irrwitzigen Fratzen, und Pat entlud sich, schlug, trommelte mit Berserkerwut auf die Fratzen ein, sah in seinen Tränen die Sonnen und die Gesichter tanzen zwischen seinen Fäusten, all diese glatten miesen falschen Mariagesichter, »Hör auf!« schrien diese Gesichter, »Pat!«

Juan war gestolpert. War nach hinten gestürzt, auf die Felsenkante gefallen, hatte dort keinen Halt gefunden, war weggekippt, seitwärts weg und hinab.

Keuchend stand Pat, begriff nichts. Begriff. Schrie auf und warf sich auf den Boden, brüllte, biß sich in die Faust. Krallte die Finger in die Steinfugen, in die Risse im Felsen, schob sich auf dem Bauch seitlich weg, kroch schreiend, zitternd von der Kante weg, schabte sich das Gesicht auf, an den Plattenrändern, dem Sand. Sturzwirbel vor Augen, Feuerflecken im Kopf. Schrie, die Schreie kamen stoßweise, erstarrten zu Rufen, »Vaa« kam aus diesem Schrei-Atem, »Vaa« bildete sich aus den Schreien, immer bestimmtere Silben röchelten sich da heraus: »Vaa – – ter! Vaa – – ter!«

Sah nichts mehr, sah sich geblendet von vielerlei Farben und Schreien, drückte sich empor, sackte zurück, erhob sich wieder, torkelte. Sprang dann in unförmigen Schritten den Hang hinunter. »Vaa – ter! Vaa – ter!«

Aus ihrem Kräuterhaus schoß die alte Kate, sah den Patrick Lynch, wie der brüllend an ihrem Steinhaus vorbeisprang und fiel und wieder aufsprang und weitersprang mit viel zu großen und mit viel zu kleinen Schritten. Wie er immer weiterschrie und hinter der Senke im Moorwald verschwand – zu hören noch lange, immerzu, sein Schluchzen, sein Schreien – »Vater! Vater!« – da bekreuzigte sich die Frau – verschwand in ihrem Haus, schlotternd –

Die Halle im Lynchhaus war bis auf den letzten Platz besetzt. Da saßen wieder dieselben Leute, die in diesem Raum noch vor nur knapp zwölf Stunden getafelt und gefeiert hatten. Auch Graf Cork auf Larminie war erschienen. Der thronte zwischen zwei seiner Bewaffneten. Jetzt ebenfalls im Eisenhemd, an allen Gliedern geschient, so saß er da. In der ersten Reihe thronte er und hatte sich vorerst wohl doch entschieden, in Galway zu klagen statt zu schlagen.

Hinter dem Grafen Cork, ja rings im ganzen Saal wurde nur gedämpft geredet von dem, was nun kam, und ebenso leise wiederholte man sich, was gewesen war, vor allem diese selten wunderliche Zuneigung des wüsten Cluricaun zur trüben und langsamen Martha Curtin.

Man raunte auch was über das verwickelte Haus des Jeremiah und über den Banchee-Schrei der alten Kate. Andere, die klarer im Kopf waren, bedachten, was der alte O'Brian noch in der Nacht angedeutet hatte von dem alten Jammer des Jeremiah Curtin, von dem unglücklichen Ende seiner Frau.

Kaum einer bemerkte unterdessen, wie Julia Blake sich beim Kamin treuäugig neben Pater Ricardo setzen wollte. In der Nacht auf der Heide hatte er sich ihre Nähe angenehm sein lassen, nun erhob er sich und zog sich auf einen hinteren Stuhl zurück, in einen Winkel, in dem er mit Nachbarn nicht zu rechnen hatte.

Da öffnete sich die Tür zum Hof. Frederic Fitzpatrick erschien als Seneschall, kam mit dem Gerichtsstab, dreimal stieß er den auf den Steinboden. Schon beim ersten Stoß erhob sich die Versammlung, und nach dem dritten trat Walter Lynch in die Halle. Die goldenen Hände mit dem Herzen darin trug er nun auf der schwarzen Richter-Tunika, so trat er vor den alten Galwayer Gerichtsstuhl. Von dem hatte vor dreihundert Jahren John Lynch, der erste beurkundete Richter der Stadt, die Unabhängigkeit Galways von den Gesetzen der Grafschaften verkündet. Als Lynch Platz genommen hatte, setzten sich auch die Versammelten.

Und jeder blickte nun wieder zur Hoftür. Fitzpatrick brachte den Jeremiah Curtin. Zwei Stadtgardisten aus der Truppe des grimmen Edward kamen mit dem Seiler herein und stellten sich zu beiden

Seiten der Tür auf, gestützt auf ihre Hellebarden. So starrten sie nun, wie ihr Herr, vor sich hin, finster und ohne Anteilnahme.

Fitzpatrick führte den Jeremiah Curtin zur Anklagebank, ließ ihn sich dort setzen und ging selber, wankend vor Schiefheit, zum Platz des Gerichtsschreibers, setzte sich an die Schmalseite des Tischs vor dem Richterstuhl.

Als das alles geschehen war, blickte Lynch auf. Keine leutefreundliche Miene mehr in seinem blassen Gesicht. »Bürger«, sagte er, »ich eröffne diesen außerordentlichen Tag des Galwayer Gerichts. Zu Gerichtsräten rufe ich auf, die derzeit die gewählten Stadträte sind und bitte sie, auf den Stühlen hinter mir ihre Plätze einzunehmen: William O'Brian. Ronald Skerrett. John Joyes. Douglas O'Donnoghue. Flann O'Flaherty. Als sechster Rat wäre zu berufen Jeremiah Curtin. Da er heute angeklagt ist, rückt der auf unserer Liste nächste ins Amt, Marc Coolridge.«

Für die sechs Räte standen hinter dem Richterstuhl, an der Stirnseite des Saals, Sessel vom Tisch der besseren Leute am Abend zuvor. Walter Lynch wartete eine Weile. Als alles Sesselrücken und Murmeln vorbei war und jeder seinen Platz gefunden hatte, fuhr er fort: »Zur Verhandlung steht der Totschlag von Jeremiah Curtin an dem Grafen Cluricaun auf Killmanroy. Ist jemand, frage ich, der die Klage übernehmen will?«

»Ja, es ist jemand«, schnaubte Cork.

»Es klagt Graf Cork auf Larminie, der Stadt wohlbekannt.« Frederic notierte eifrig. »Ist jemand, frage ich, der die Verteidigung des Bürgers Curtin übernehmen will?«

»Ja, ich«, rief O'Donnoghue aus der Reihe der

sechs Räte. Die aufmerksamen Zuschauer vermerkten, daß der Braumeister, um sich zu melden, aufgestanden war, während sein Widerpart aus Larminie sich nicht vom Platz gerührt hatte.

»Aber das geht doch nicht!« sprang George Blake auf. »Douglas will den Jeremiah verteidigen und nachher darf er selber urteilen. Außerdem ist er mit dem Angeklagten verschwägert, seine Frau ist die Schwester von Curtins Frau.«

»Ruhe!« mahnte Fitzpatrick. George gab keine. »Er weiß doch schon jetzt, wie er urteilen wird.«

»Ruhe!« Fitzpatrick sprang auf und stieß seinen Gerichtsstab auf den Steinboden.

»Das ist kein ehrliches Gericht!« schrie George, so daß ihn sein miesmuscheliger Vater zurück auf die Bank ziehen mußte. Doch auch im Sitzen setzte der Sprechbold die Debatte fort, Frederic mußte nochmal aufspringen und stampfen, dann sagte Lynch: »Wem das Galwayer Gericht nicht gefällt, der hätte sorgen sollen, daß etwas anderes Gesetz würde. Wir verfahren und richten nach dem bestehenden.«

Danach legte sich die Unruhe. Daniel Blake zischelte noch »Verfassung für immer!« und nickte seinem nervösen Bruder bedeutsam zu. Als es dann endlich still war, setzte sich O'Donnoghue wieder auf seinen Platz, nunmehr Gerichtsrat und Verteidiger zugleich.

»Graf Cork, bringt Eure Klage vor!« sagte Lynch.

Diesmal stand er auf, der Freund und Raufgeselle des erschlagenen Ritters Cluricaun, stand also auf und nahm dabei mit seiner Hüfte das Schwert seines rechts von ihm sitzenden Leibgardisten mit in die Höhe, krachend fiel es wieder herab. Graf Cork, erregt, kümmerte sich nicht um den Lärm und redete sofort los: »Ich klage diesen Jammerlappen Jeremiah Curtin an, meinen Schwager, den sehr ehrenwerten Cluricaun – meuchlings und heimtückisch hat dieser verfluchte Jeremiah ihm mit einem Ochsenjoch den Schädel eingeschlagen, mit einem stinkenden Stück Holz, jawohl, meuchlings und ohne offenen Kampf, so wie das die Ratten machen und die Stinktiere, daher verlange ich vom Galwayer Gericht, wenn es denn den Namen eines Gerichts überhaupt verdient, verlange ich, diesen Curtin umgehend verrecken zu lassen am Galgen von Galway, obwohl es besser wäre, ich erwürgte diesen Drecksack –«

Weiter konnte er nicht reden, Tumult hatte sich erhoben, von den Zuschauern, vom Richter und von den Räten mehr und mehr Einsprüche und Zwischenrufe. »Unverschämter Kotzbrocken!« schrie schließlich MacBride. – »Halunke!« wütete George und drehte sich zurück zum Publikum: »Scheiß doch der Hund auf die Ritter!« – »Auf die Engländer«, korrigierte MacBride. – »Raubritter!« wußte Daniel Blake und wußte noch mehr, aber Betty hielt ihm den Mund zu. – »Ruhe!« mußte Frederic wiederholt und immer energischer fordern. Die Ruhe entstand schließlich, weil man hören wollte, was Lynch zu erklären hatte.

»Graf Cork, Ihr habt hier nur die Klage vorzubringen. Welches Urteil gesprochen und wie es vollstreckt wird, das ist in Galway Ratssache und Richtersache.«

»Was zum Henker gibt es da zu raten und zu richten – einen Wehrlosen totzuschlagen, habt Ihr da Schwierigkeiten, ihn gleichfalls rüberzuprügeln in die ewige Hölle der Maden und Schmeißfliegen?«

»Kläger, wir haben Eure Vorwürfe gegen Curtin gehört, heimtückisch, sagt Ihr, hätte er den Ritter Cork ermordet, wir wissen das nun, der Schreiber hat das notiert, vorerst könnt Ihr Euch setzen.«

Cork, mit vor Verachtung aufgeblasenen Backen, wollte sich setzen, doch dann schmetterte er noch ein weiteres Wort in die Halle, eines, das nun die Runde zu machen schien, »Galgen-Galway!« Dann allerdings setzte er sich, abermals quietschte sperrig das Schwert seines Leibgardisten, verklemmte sich in der Sessellehne. »Galgen-Galway?« zischte es durch die Reihen der Zuhörer, war dies die wahre oder die neue Bedeutung des Stadtnamens?

»Bevor ich den Angeklagten aufrufe, bitte ich, eines der Fenster zu schließen.« Windstöße hatten Fitzpatricks Pergamente wiederholt zusammengerollt und vom Tisch geblasen, so daß er nach dem Einsammeln der Unterlagen noch immer damit beschäftigt war, Corks Anklage zu notieren.

»Angeklagter, bekennt Ihr Euch zu der von Graf Cork beschriebenen Tat, wonach Ihr den Herrn auf Killmanroy erschlagen habt?«

Räte, Schreiber und Zuhörer schaute auf Jeremiah Curtins verkniffenes Gesicht, aus dem schließlich ein helles »Ja!« tönte. »Ja, dazu bekenne ich mich!«

»Wollt Ihr Euch dazu jetzt äußern, oder soll das erst Eure Verteidigung tun?«

Curtin schwieg.

»Oder wollt Ihr Euch zunächst mit Euerm Verteidiger besprechen?«

»Oder wollt Ihr erst noch einen Honigkuchen essen oder eine Runde Karten dreschen?« kodderte Graf Cork, der sich vor Ungeduld und Hitze in den eisernen Hemdkragen fassen mußte.

»Sagt aus, Curtin«, mahnte Lynch.

»Es soll erst die Verteidigung sprechen.«

»Bitte, O'Donnoghue!«

Braumeister, Rat und Verteidiger Douglas O'Donnoghue trat vor, mit einigen ungewohnt schnellen Schritten tat er das und räusperte sich – er hatte sich offenbar einiges vorgenommen und zurechtgelegt und geglaubt, nun mindestens einen Tag des Zorns heraufreden zu können gegen die Übermacht der Kaufmannssippen in Galway, doch schwanden ihm angesichts der großen Versammlung mit dem cholerischen und wehrhaften Grafen vornweg von all den guten Formulierungen, die er sich über Nacht ausgedacht hatte, just die schönsten aus dem Gedächtnis.

»Bürger. Wenn wir, die Bürger von Galway, uns in unserer eigenen Stadt nicht mehr gegen die – gegen die Frechheiten, gegen die Übergriffe von – von Gästen wehren dürfen, dann ist es, finde ich, mit unserer Stadt nicht zum besten bestellt.« Douglas O'Donnoghue schluckte. Hatte ein paar Vergleiche verloren und die Fortsetzung seiner Rede. Schaute mit großen Augen auf den Angeklagten, der starrte nur verkniffen auf seine Knie und dachte nicht daran, seinem Verteidiger Stichworte zu liefern. »Dieser Angeklagte, Jeremiah Curtin«, sagte O'Donnoghue, »der ist uns allen bekannt als ein – ein tüchtiger, ein gottesfürchtiger Mann, der sein Handwerk seit je in Ehren betrieben und der auch seine Tochter Martha in den gleichen ehrenhaften Sitten erzogen hat. Wenn nun ein solch ordentlicher Mann sich dazu hat hinreißen lassen müssen, einen anderen umzubringen, um wieviel mehr muß da der andere an ihm und an seiner Tochter gefrevelt haben.«

»Was hat Cluricaun gefrevelt, he!« Corks Posaunenstimme war so stark, daß O'Donnoghue tief Luft holen mußte und vorerst nicht in der Lage war, Cork zu antworten. Suchte statt dessen nach seinem vorgesponnenen Redefaden.

»Wie hinterhältig muß ein frommer Mann um teures Gut betrogen, wie feige muß an ihm gehandelt worden sein, wenn einer wie Curtin zu solcher Gegenwehr greifen mußte!«

»Feige?« rief Cork. »Wer denn war hier feige! Wer denn wohl war hinterhältig!«

»Frevel, Frevel, Höllenschwefel! Und wo bleibt der Gnom?« polterte George und es war klar, was er mit dieser Frage meinte, die er sonst nur dem Fitzpatrick in die Abendgesänge rief, genauer sollte O'Donnoghue reden, nicht so wolkig singen, sondern zur Sache kommen.

»Sollte denn«, bemühte sich der Brauer, »sollte denn unser Freund Curtin mit ansehen, wie seiner jungen, unerfahrenen, unbescholtenen Tochter Martha –«

»Wohl bescholten«, rief George, »Tranfunzel hat sie O'Flaherty gescholten und ich hab schon Weihnachten gesagt, sie ist eines der temperamentvollsten nassen Handtücher, die je in Walter Lynchs Badehaus –«

»Ruhe!«

»– sollte denn Jeremiah mit ansehen, wie seiner reinen, stillen Martha in gemeinster Weise die Ehre genommen würde? Nein, es ist keine Entschuldigung, wenn gesagt wird, daß dem Fräulein Martha nun mal das Temperament fehle und daß an solchen Festen die Sitten sich eh zu lockern pflegen. Deswegen darf ein erfahrener Mann in den Jahren seiner Weisheit und erst recht ein Ritter nicht die Unerfahrenheit, ja, die Wehrlosigkeit eines Mädchens, die darf er nicht ausnützen, darf nicht den allgemeinen Umtrieb eines Stadtfestes zum Vorwand nehmen, sich ihr unziemlich zu nähern, ja, unziemlich –«

Gleich beim ersten ›unziemlich‹ hatte George Blake laut zu gähnen begonnen, darum wiederholte O'Donnoghue dies Wort mit krampfhafter Betonung, wußte aber dann nicht mehr weiter, hätte nun wohl dieses Wort erläutern sollen, aber wie –

»Unziemlich?« murrte nun auch der Graf. »Wie näherst denn Du Dich einem Mädchen? Mit einer Kuchengabel?«

Richter Lynch sprang dem Verteidiger bei: »O'Donnoghue, lassen wir mal beiseite, was wir in Galway unter ›unziemlich‹ verstehen, wahrscheinlich jeder von uns etwas anderes, aber die Anklage bringt vor, Jeremiah Curtin habe einen Wehrlosen umgebracht, feige, heißt es. Mal vorausgesetzt, daß Menschen wie Ihr oder Curtin tatsächlich meinen könnten, der Erschlagene habe sich zuvor unziemlich benommen, haltet Ihr es für ein rechtmäßiges Mittel, einen Unziemlichen zu erschlagen?«

»Nein, für rechtmäßig kann ich das Erschlagen nicht halten. Aber für verständlich.«

»Hohooo!« führte George eine Gruppe von Widersprechenden an. Das Wort ›verständlich‹ machte nun die Runde im Saal.

»Warum verständlich?« wollte der Richter wissen.

»Weil – ich habe es doch gesagt, weil Cluricaun einer unberührten, einer ahnungslosen –« Douglas hatte keine Worte mehr, Lynch half ihm abermals.

»Wenn ich Euch recht verstehe, meint Ihr, auch Martha sei wehrlos gewesen gegenüber Cluricaun?«

»Ja, wehrlos wie nachher Cluricaun selber. Gleiches hat Curtin mit Gleichem vergolten, so, ja, so meine ich es.«

»Aber«, fragte Lynch weiter, »ist es nicht eines Vaters Sache, seine Kinder wehrhaft zu machen, auch eine Tochter, nämlich sie zu lehren, alles an Gefahren rechtzeitig zu erkennen und alles an Versuchungen zu bestehen? Wie kann ein so tüchtiger Mann, als den Ihr den Jeremiah Curtin beschrieben habt, wie konnte der vergessen, seine Tochter das schützen zu lehren, was Edelleute Tugend nennen oder Reinheit.«

»Ziemlichkeit!« rief George.

»Wer Tugend oder Ehre für das Höchste hält, darf der eine junge Frau unwissend und wehrlos lassen? Wie Martha es nach Euren Beteuerungen war? War er's also nicht selbst, der sie als Wehrlose unter die Leute ließ? Und wenn er ihre Ehre oder Unbescholtenheit schon schützen zu müssen meinte, wären dann andere Mittel nicht nur rechtmäßiger, sondern auch angemessener gewesen und verständlicher?«

»Ihr vergeßt, hohes Gericht«, erklärte O'Donnoghue, »daß dieser Vater seine Tochter allein zu erziehen hatte. Daß ihm die Ehefrau früh genommen wurde. Und welche ›anderen Mittel‹ meint Ihr denn? In dem Augenblick, in dem dieser Vater den Ritter mit seiner Tochter im Heu erblickte, da war es doch für ein Mittel, für ein sofort wirkendes Mittel die allerhöchste Zeit –«, an dieser Stelle Gelächter zu hören, verwirrte den Douglas O'Donnoghue. Ratlos zog er sich auf seinen Ratsstuhl zurück.

Lynch betrachtete den Angeklagten eine Weile mit seinen ruhigen braunen Augen, wartete wohl, ob dem Gerichtsrat noch irgendwas zur Verteidigung einfiel, das war aber nicht der Fall. Da rief er den Jeremiah Curtin auf, und da verstummte sofort alles Gelächter im Saal. Der Angeklagte erhob sich.

»Curtin, ich frage Euch, wie lange war Eure Tochter gestern abend mit Graf Cluricaun zusammen?«

»Von Anfang an. Sie saßen ja schon an der Tafel nebeneinander. Ihr selber habt sie so placiert. Neben diesen Unhold.« Rasch und verknurrt sprach der Seiler.

»Unhold?« rief Cork. – »Ruhe!« hörte man von Frederic.

»O'Donnoghue«, wandte sich der Richter noch einmal an den Braumeister, »gab es für Curtin nicht schon sehr früh die Möglichkeit, ein solches, wie Ihr es nennt, unziemliches Treiben kommen zu sehen? Und konnte er da nicht schon viel früher Gegenmaßnahmen treffen? Jedenfalls früher als erst im allerletzten Moment?«

»Natürlich«, antwortete Douglas vom Ratssitz aus, »aber –«

»Aber?«

»– aber dieser rechtschaffene Galwayer Bürger glaubte nun mal an die Ehrenhaftigkeit dieses Edelmannes von Killmanroy, dieses Ritters –«

»Nein! Daran glaubte ich keinen Augenblick!« schrie der Angeklagte, fiel seinem Verteidiger schreiend ins Wort, zitternd stand er da, die verkniffenen, die verbitterten Züge waren endlich in Bewegung geraten und öffneten sich zur zornigen Fratze. »Unsere englischen Herren sind allesamt gottlos, ja, sie sind des Teufels, egal, ob sie noch katholisch oder neuerdings anglikanisch sind, das weiß – bei der heiligen Maria – das weiß keiner besser als ich.«

Lynch, mit sehr ruhiger Stimme, fragte: »Jeremiah Curtin, wenn Ihr diese englischen Herren so einschätztet, wenn Ihr dieser festen Überzeugung wart, erst recht frage ich dann, wie konntet Ihr Eure Tochter einem solchen nach Eurer Meinung ›gottlosen Unhold‹ fast eine ganze Nacht lang überlassen?«

Nach dieser Frage setzte sich jeder im Saal so zurecht, daß er Curtins Gesicht genau beobachten konnte. »O ja!« rief Cork, »das würde auch mich interessieren. Er selber war es, der teuflische Pläne verfolgte. Er selber ist ein Satansbraten.« Der Ritter auf Larminie lärmte, indem er mit seinen eisernen Pranken auf die Lehnen seines Holzsessels klopfte.

Curtin antwortete mit einer merkwürdig gepreßten Stimme. »Ich habe sie ihm nicht ›überlassen‹. Ich habe meine Tochter und habe auch Cluricaun in jedem Moment im Auge behalten. Unziemliches verfolgte dieser Teufel von Anfang an. Ich habe gesehen, auf wie viele Arten er's versucht hat, wahrhaftig als ein Teufelsknecht. Nein, meiner Tochter wäre nichts passiert, ich habe aufgepaßt.«

Gerede blubberte durch die Ratshalle. Fitzpatrick maulte um Ruhe, aber Lynch fragte weiter: »Das bedeutet, Ihr habt dieses Spiel zwischen Cluricaun und Martha, das Ihr für teuflisch haltet, in Ruhe angesehen? Nicht verhindert? – Weil? – Warum?«

Der Seiler antwortete zunächst nicht. Dann murrte er leise und gepreßt: »Wie denn, bitte, sollte unsereiner bei diesen Räubern etwas verhindern?«

»Wo Unrecht geschieht, haben wir in Galway ein Gesetz.«

»Für alle!« rief George, »auch für Ritter!«

»Ist doch alles Quark!« schrie Cork. »Widerwärtiger fauler Fisch stinkt in diesem Galway zum Himmel! Dieser Drecksack hat meinen Freund in eine Falle gehen lassen! In der er ihn dann in aller Ruhe erschlagen konnte! Feige und bequem meucheln!«

»Stimmt das?« fragte der Richter den Angeklagten. »War das alles sorgfältig berechnet? Eine Falle?«

»Der Erfolg spricht für mich. Meine Tochter, meine liebe Martha, sie ist trotz aller Cluricaunischen Finessen Jungfrau geblieben. Und sollte dieses Gericht sich darauf verstehen, mich zu verurteilen – vor Gott stehen meine Tochter und ich rein da. Sie sowieso. Denn der Schläger von Killmanroy hat ihre Seele keinen einzigen Moment lang berühren können. Und ich ebenfalls, weil ich die Reinheit ihres Leibes rettete.«

Rasselnd sprang Cork auf: »Elendes Dreckschwein von einem Katholiken! Heuchler! Ratte!«

»Ruhe!« mahnte Frederic.

»Bei aller Erregung, Graf, dieses Gericht bittet um Respekt auch vor dem Angeklagten. In Galway leben Katholiken wie Protestanten. Auch die Religionen genießen den Schutz unseres Gesetzes.«

Aber nun wetterte Graf Cork auf Larminie weiter, ohne Unterlaß: »Diese Heuchler-Religion wird geschützt? Nicht aber ein aufrechter Ritter? Wehe! Diese widerwärtige Ratte hat sorgfältig geplant, hat meinen Cluricaun in eine Falle gehen lassen, ja, da hat Lynch recht, in eine Falle, hat meinen Schwager eine ganze Nacht lang mit Nettigkeiten benebelt. Cluricaun sollte glauben, diese Giftotter von einem Netzflicker würde den fürstlichen Umgang mit Martha billigen, ja, würde eines Ritters Interesse womöglich als angenehm und schmeichelhaft empfinden. Nein, diese Seilerkanaille ist eine Giftnatter, nicht besser als die Kaufmannsbrut ringsum, die uns kaputtmachen will, aber wehe, jetzt treten wir zu!«

Und Cork hob seine eisernen Beine und stampfte auf, rasselnd, als hätte er den Curtin geringelt unter seinen Schuhen liegen. Und schnauzte weiter. »Diese verlogene Schweinebacke! Auch seine Martha, das ist doch klar, würde vögeln, was das Zeug hält, hätte sie nur die geringste Ahnung von der Lust!« Auf eine beschwichtigende Gebärde von Lynch zog er sich dann endlich wieder auf seinen Sitz zurück. Rasselnd.

»Curtin«, setzte der Richter fort, »was zuerst so schien, als sei das nur das Aufbrausen eines Vaters, der empört war und erschrocken, das war in Wahrheit vorbereitet? Eine lang vorausgeplante Falle?«

Curtin schwieg, zog sich wieder in seine Verkniffenheit zurück.

»Als ein Mensch, der, wie uns O'Donnoghue geschildert hat, auf jene Sitten so großen Wert legt, die nach seiner Meinung rein sind, als ein solcher hättet Ihr nicht früher eingreifen können? Habt das unterlassen? Weil Euch etwas anderes wichtiger war?«

Jeremiah schwieg weiter.

»Was muß da für ein Haß sein in Euch. Ein Haß, der Eure Tochter Gefahren aussetzte und Versuchungen, die Ihr für gottlos haltet. Ein Haß, der Euch schließlich – gestern nacht – den Verstand geraubt hat. Curtin, erklärt uns diesen Haß.«

Der Angeklagte erhob sich wieder. Und begann, mit mühsam ruhig gehaltener Stimme. »Was das für ein Haß ist, das fragt ausgerechnet Ihr? Richter Lynch? Der Ihr meine Bitte, gegen Baron Seamus vorzugehen, vor bald sechzehn Jahren selber abgeschlagen habt? Ihr fragt nach meinem Haß und wißt doch selber am besten und ich erkläre es hier allen, auch diesem Herrn auf Larminie, der kein bißchen besser ist als sein Schwager es war, ist einer so wie der andere –«

»Gott sei's getrommelt!« rief der.

»– auch ihm sage ich ins Gesicht, wie meine Gemahlin umkam und wer sie zu Schanden brachte: Baron Seamus, dem zu Willen zu sein sie sich weigerte im Wald von Whaley, der hat sie erschlagen, mit einem Holzprügel – und noch im Tod entehrt –«

Curtin machte eine Pause. Hatte Luft zu holen, mehr als sonst, stand nun seitwärts abgewandt, redete gar nicht mehr mit Lynch und mit dem Gericht, sondern zu den Leuten in der Halle und empor zu einem ewigen Richter.

»Und Walter Lynch, der damals noch nicht Lord Mayor war, aber schon Richter in Galway, der klopfte schon damals mit seinen Händen auf das Galwayer Gesetzbuch: ›Der Wald von Whaley, tut mir leid‹, sagte der, ›der steht gerade nicht mehr auf dem Boden, auf dem dieses Stadtrecht gilt, Seamus verfällt dem Rechtsspruch der Grafschaft Larminie!‹ – Ja, und ob je Herr Seamus seinem Vetter Cork auf Larminie und dessen Rechtsspruch verfallen ist, das wißt Ihr alle, die Ihr hier sitzt und an Gerechtigkeit glaubt. Und wie sehr bald darauf der Galwayer Weinhandel mit den Herren Cork und Seamus und auch mit Herrn Cluricaun ins Blühen kam, das wißt Ihr ebenfalls. Was also, frage ich, soll ein Frommer allein gegen die englische Herrschaftsbrut ausrichten? Wenn inzwischen auch alle anderen in dieser Stadt ihre Wuchergeschäfte mit diesen gottlosen Bestien verkuppeln?«

Der Tag des Zorns, den Braumeister Douglas O'Donnoghue so gern herausgeredet hätte, der stand nun dem Jeremiah im Gesicht. Niemand mehr im Saal, nicht einmal George, wagte in die Stille vorlaute Bemerkungen hineinzurufen.

»Was also«, fragte Curtin ein weiteres Mal, »was sollte ein Einzelner da tun? Da bleibt einem Rechtschaffenen nichts anderes, als seinen gerechten Zorn runterzuschlucken und zu warten – «

»Zu warten, bis er selbstherrlich handeln kann?« fragte Lynch. »Selbstherrlich als Richter wie als Henker?«

»Zu warten, bis eine Gelegenheit kommt. Bis ihm der Herrgott eine Möglichheit schenkt. Die ihm das Ochsenjoch in beide Hände gibt. Zwar war es heute nacht nicht der Seamus, der hat sich vorigen Winter selber totgesoffen am Jerez und am Sevilla, nein, jetzt war es der Cluricaun. Aber da ist einer wie der andere, der Killmanroy war keinen Deut besser und wollte meiner Tochter nichts anderes besorgen als Seamus meiner armen Frau, diesmal mitten im Hause des Richters. Wahrlich, darum mußte er büßen. Und jetzt versteht! Jetzt urteilt! Ist jetzt alles verständlich? Gott weiß, daß ich wahr gesprochen habe.«

Curtin setzte sich. Es blieb still im Saal. Man blickte sich an, versuchte auch wohl, das Gesicht des Grafen Cork zu erkennen, der mit seinen beiden Bewaffneten flüsterte. Aber da war vor allem das ernste Gesicht des Richters. Von dessen Namen sich kurze Zeit später der Name für eine Justiz ableiten sollte, die er soeben selber als ›selbstherrlich‹ mißbilligt hatte, der Name für die Selbstjustiz.

Lynch fragte, ob Anklage oder Verteidigung das Wort wünschten. Da rief Cork: »Man sagt, in Irland gebe es keine Schlangen. Von jetzt an wissen wir das genauer.«

Danach meinten wohl alle, alles gesagt zu haben. Niemand wünschte mehr zu sprechen. Da bat der Richter die sechs Räte, untereinander über ein gerechtes Urteil nach den Galwayer Gesetzen zu beraten und nachzudenken.

Der Wind war scharf jetzt und wirbelte den Staub in langen Fahnen über das ausgetrocknete Land. Der Rappe in der Wiesenmulde, als ein Wirbel direkt auf ihn zuflog, der stieg und raste davon.

Für Murray und Keats war es inzwischen unmöglich geworden, nah genug unter die Felsen zu kommen, dorthin, wo wieder die Brandung heulte. Sie wußten zwar genau die Stelle, wo das, was vom höchsten Punkt der Klippe abstürzte, aufschlagen mußte, wußten das, weil Murray als Junge einmal versucht hatte, dort einen Schatz zu bergen, den der alte Sean Curtin vom Mount Golgatha hinuntergeworfen hatte, weil er seinem verkorksten Sohn Jeremiah diese Goldmünzen nicht vererben wollte. Damals hatte Jessy Murray unter den Trümmern des Salzhügels nur ein paar angetriebene Schiffsplanken gefunden und Ruderbretter.

Und damals war die See ruhiger gewesen. Jetzt wühlte sie sich von Stunde zu Stunde tiefer auf. Wer hier einen Herabgestürzten bergen wollte, wagte selber sein Leben. Tobby blieb in seinem Boot zurück und hielt das Seil, das zu Jessy hinübergespannt war und mit dem er den Freund notfalls wieder herauszuziehen hatte aus dem Tumult, zurück ins Boot.

Walter Lynch bat die sechs Räte um ihr Urteil. Einer nach dem anderen stand auf, trat vor und sagte seinen Spruch. Zuerst Ronald Skerrett, der hatte sich sein Urteil aufgeschrieben und las es ab. »Es war Mord. Lang geplanter, also absichtlicher Mord. Mein Urteil: Tod.«

Im Saal war es still. Nun stand William O'Brian auf. Der brauchte keine aufgeschriebenen Sätze. »Ein Wehrloser erschlug den anderen Wehrlosen. Es war Gegenwehr. Spät zwar und listig, aber in Gegenwehr. Mein Urteil: Freispruch. Aber Aberkennung der Ratswürde.«

»Bravo, Alter!« rief George und lobte den Freispruch, obwohl er doch in der Nacht noch den Jeremiah als Esel gelästert hatte. »Schlaumops!« keifte hinter ihm Daniel Blake, »lernst endlich denken, wie?« – »Ruhe!« drohte Fitzpatrick.

Nun stand Douglas O'Donnoghue auf, der Schwager. Er trat wieder einige schnelle Schritte nach vorn und urteilte: »Es war Jeremiahs einzig mögliche Gegenwehr, ja, seine einzig mögliche. Mein Urteil: Freispruch. Und Wiedereinsetzung als Stadtrat.«

Dann sprach Marc Coolridge, der Schiffszimmermann, zum erstenmal im Richterrat. »Es war Mord. Heuchlerischer Mord, lang und in übler Absicht vorausgeplant und mit starker Gefährdung der hilflosen Tochter. Nach dem Galway-Gesetz gibt es meines Wissens nur ein einziges Urteil: Tod.«

Alsdann war die Reihe an Lynchs neuer Verwandtschaft. Knurrbart John Joyes stand auf, faßte sich in den Gürtel und schickte zwei wacklige Blicke übers Feld der Zuschauerköpfe, einen ersten in etwa auf den Klotz von Larminie. Den anderen Blick ziemlich genau dorthin, wo George saß. Dann aber hielt er sich an Walter Lynch und, das Auge fest auf den Richter gerichtet, erklärte er: »Es war heimtückische Absicht. Also Mord. Mein Urteil: Tod.« Und setzte sich.

»Schönen Gruß vom Schwiegersohn!« giftete George und hatte bittere Lacher auf seiner Seite. Ja, wo war Pat Lynch? Man blickte sich um im Saal, fand Agnes allein sitzen, sehr weit hinten. Auch Juan fehlte. Man vergaß es wieder.

Denn jetzt stand es für den Tod drei zu zwei. Jeder im Saal hatte die linke und die rechte Hand zum Zählen genutzt, Finger für Finger. Als letzter sollte nun der listige Flann O'Flaherty sprechen, der neben O'Brian offenbar als einziger die alte Geschichte genau gewußt hatte, die Untat jenes Barons, deretwegen Jeremiah seine große Frömmigkeit hatte vergessen müssen, der sie gekannt hatte, diese Geschichte vom Seamus auf Duilearga, der dort gemordet hatte, wo die englischen Lords das Sagen hatten, nicht das Galway-Gesetz.

Der rote O'Flaherty bewies auch jetzt, fistelnd und zischend, seinen herzigen Familiensinn: »Es war späte, aber doch, wenn man an Martha denkt, noch rechtzeitige –«, hier lachten die Schwankbrüder im Saal gern noch einmal auf, jedoch nicht zu laut, weil auch sie nichts überhören wollten, »jedenfalls höchste Zeit für eine boshafte, wenn auch verständliche Gegenwehr. Mein Urteil: Ein bißchen Kerker, zwei Jahre Nachdenken über die Pflichten eines Familienvaters, das, meine ich, täte diesem Hanfverhökerer gut.«

Ein Seufzen ging nun durch manche Kehle, wie immer dann, wenn auf dem Irischen Platz vor dem Osttor die alten Tjostkämpfe ausgetragen wurden und die Kontrahenten gleich stark waren, so daß keiner aus dem Sattel sinken wollte.

Drei zu drei stand die Partie für und gegen Jeremiahs Leben. Und nun erhob sich, zur entscheidenden Stimmabgabe, der Richter Lynch. Viele wußten nicht, ob sie jetzt ihn oder Curtin oder Cork anschauen sollten, schließlich aber zog doch Lynch mit seinen dunklen Augen die meisten Blicke auf sich bei der folgenden Rede.

»Bürger«, sagte er, drehte sich dann aber kurz zurück, zur Stirnseite, zum Fenster, hinter den Pergamenten und im Gebälk hörte man den neuen Wind, »die Lynchs, die Joyes, die Blakes und die anderen, diese vierzehn Sippen, von denen jede, wie Ihr wißt, einen Turm zu bauen hatte in unserer Stadtmauer, diese Sippen kamen vor Hunderten Jahren, um das wehrhafte Galway zu begründen. Ich weiß, es hält sich der Vorwurf, sie seien als Eroberer gekommen, hierhergesandt aus London, damit im Westen Irlands das Wilde verschwindet, das, was Leute wie Jeremiah Curtin und O'Donnoghue das ›Unziemliche‹ nennen.«

»Nein!« rief MacBride, »sie kamen, um uns kaputtzukriegen!«

»Ich weiß, MacBride. All diese Vorwürfe kenne ich. Wenn es denn wahr ist, daß diese Sippen als Eroberer kamen und als Unterdrücker, so ist es ebenso wahr, daß sie inzwischen diese Stadt lieben. Daß sie Galway Wohlstand brachten und schließlich die Künste, die Schönheiten der Spanier. Vor allem aber haben sie dieser Stadt mit einer eigenen Verfassung Unabhängigkeit gebracht. Freiheit von allen Herren dieser Welt. Auch Freiheit von London. Was der Angeklagte nun vorbrachte, klang so, als würde abgewiegelt. Als gelte unsere wunderbare neue Verfassung nur für Herrschaften. Sie gilt innerhalb der Stadt für alle!«

Walter hatte zu diesem ›für alle‹ die Rechte auf

sein Herz gelegt. »Achtzigmal nennt die Chronik Galways den Namen Lynch als den des frei gewählten Stadtoberhaupts. Ausgerechnet ein Lynch wird nicht derjenige sein, der das Galway-Gesetz ignoriert. Das jedem hier zumindest eines garantiert, das Grundrecht auf Leben. Jedem das Recht auf Unversehrtheit. Einem Katholiken ebenso wie einem Protestanten, einem Grafen ebenso wie einem Fischer, einem Vater gradeso wie einer Tochter, einem Klugen gleichermaßen wie einem Dummen. Wer wie Jeremiah Curtin dieses Grundrecht auf Leben mißachtet, der hat sich selber aus unserer Stadtrepublik ausgeschlossen. Beide, Curtin wie Cluricaun, hatten schon zuvor über den Menschen Martha Curtin verfügt nicht wie über einen Menschen, sondern wie über ein Schaf. Wie über einen Stuhl, einen Haufen Torf. Was alsdann der eine dem anderen antat, das war zwar Gegenwehr. Aber mit unrechtmäßigen Mitteln. Mit feigen, mit bestialischen Mitteln. Nämlich mit einem Rückfall aus dem Menschlichen ins Barbarische. Das den Mitmenschen als Ding mißbraucht. Ja, geradeso wie dieser Baron Seamus die unglückliche Maeve Curtin mißbraucht hat, so daß dieser vermeintliche Edelmann in Wahrheit der Barbar war, der Mörder. Gegen Mörder verfügt das Galway-Gesetz, verfügt unsere Verfassung die Todesstrafe.«

Einige sprangen auf, Frederic rief um Ruhe, Lynch hob die Hände und sagte: »Das letzte Wort hat der Verurteilte.« Und setzte sich.

Curtin schnellte wie eine Feder von seiner Bank und stürzte drei Schritte vor. Erschrocken sprang Seneschall Fitzpatrick ihm nach, auch die Stadtgardisten hoben ihre Waffen, aber Jeremiah lief nicht weg, sondern wendete sich an die Zuhörer und verkündete mit einer Stimme, die er zweifellos für diejenige der Ewigkeit hielt: »Das letzte Wort? – hat Gott!«

Dann blieb der Seiler, ohne noch weiteres zu erklären, stehen, wo er stand und ließ sich, den Blick dorthin emporgerichtet, wo für ihn das wahre Gericht zu Hause war, von Edwards Mannen abführen. Auf den Hof hinaus, in den Kerker.

»Na also!« donnerte Ritter Cork zum Richter Lynch hinüber. »Weg mit dieser Pestbeule!« Ehe weitere Reden geführt werden konnten, kluge oder dumme, sprang an der Stirnseite eines der Fenster auf und fuhr der Wind mit Staub und Laub unter die Papiere und die Leute und heulte und wirbelte in der Halle herum, Frederic Fitzpatrick sprang hierhin und dorthin, um sein Aufgeschriebenes wieder einzufangen, man half ihm, reichte ihm die Blätter. Dann kam Edward O'Flaherty zurück und übergab dem Kerkermeister zwei Schlüssel, der Delinquent war also im Verlies, war nun eingesperrt. Betty verschloß das Fenster, riegelte es diesmal richtig und fest zu.

»Na also!« donnerte nochmal Cork auf Larminie. Dann stand er auf, rasselnd, blickte sich nach allen Seiten um, als nehme er rings aus dem Saal noch Widersprüche entgegen. Als niemand was zu entgegnen wagte, setzte er sich in Bewegung und schritt mit seinen gleichfalls geschienten Wächtern klirrend aus der Halle hinaus. Zweifellos mit dem festen Vorsatz, daheim, auf Larminie, den hängenden Untäter Curtin allein als das Ergebnis seiner, Graf Corks, glänzenden Anklagekünste darzustellen.

Lynch indessen, blaß und ohne solche bedeutenden Gebärden, winkte Marc Coolridge, den Zimmermann, zu sich und bat ihn, sich vom Henker Frederic die alten Zeichnungen des Gerüsts geben zu lassen, jenes Gestells, auf dem vor fünfundfünfzig Jahren der Köhler David Gallagher gehängt worden war. Nach diesen Plänen gelte es, bis zum nächsten Vormittag das gleiche auf dem Irischen Platz aufzustellen.

Sprach's, ging aus dem Saal und ließ seine Bürger allein. Ließ sie zu wirren Gesprächen auseinander- und wieder zusammenschwirren und die Eifrigen von Gruppe zu Gruppe eilen, um Meinungen zu sammeln und loszuwerden.

Ja, da standen und saßen sie in Menschentrauben zusammen, rührte sich keiner aus dem Saal, bevor nicht von Grund auf das Urteil und wie es zustandegekommen war, besprochen und hin- und hergewendet war mit vielfältigen Kommentaren. Da mußte man nachspüren, warum der eine Rat so, der andere aber anders geurteilt hatte, ob es beim einen die Freundschaft zu Lynch und zu den guten Galwayer Geschäften war, die ihm sein Urteil vorgezeichnet hätten und ob beim anderen nicht doch Reste jener von Jeremiah Curtin so eindrucksvoll beschworenen Gottesfurcht den Ausschlag mochten gegeben haben. Flinkredner wie George jedoch meinten, daß dieser Seiler sich selber um Kopf und Kragen geschwätzt, daß er sich in den Netzen seiner eigenen Frömmelei verwickelt habe, zum Beispiel ganz aussichtslos da, wo er seinen blinden Haß herausließ, seine Ansicht, Ritter seien per se gottlos und erschlagenswert.

Lynch ließ sie palavern, seine aufgeschreckten Bürger, zog sich zurück in seinen Philipps-Raum, setzte sich an den Schachtisch, goß sich aus der Karaffe vom Roten ein, trank, bedachte eine Weile einige unsichtbare Figuren auf dem Tischbrett, trank wieder und betrachtete dann, wie am Rand des großen Fensterbildes dies gut gebaute Schiff, wie diese vorbildliche Kaufmanns-Galeone an Europas gefährlichen Westküsten sicher entlangfuhr, an all den vor- und rückspringenden Felsenküsten Portugals, Frankreichs und Irlands sicher vorüber, in kluger Berechnung der korrekten Fahrtwinkel. Schaute von dieser nützlichen Mathematik zurück in das hell leuchtende Zentrum dieses spanischen Bildes, blickte auf den legendären tatkräftigen Philipp in der Mitte jener dunkel verworrenen Schlacht, in der er persönlich das Schwert schwang und dennoch die Übersicht behielt, beides zur gleichen Zeit.

Seine Hand, eben ausgestreckt, den Silberbecher wieder zu fassen, zuckte einen Moment, zögerte und griff erst dann zu. Das Geräusch, das er hinter sich gehört hatte, kam von Ricardo. Der ließ sich, als wollte er seine Partie nicht aufgeben, ja als müsse er sie nun erst recht eröffnen, an der anderen Seite des Schachtischs nieder und schaute den Richter abwartend an.

Lynch hatte auf sein Bild zu schauen und dachte weder an Zug noch Gegenzug, als sei jetzt jeder Gedanke an den dünnlippigen Geistlichen nur verschwendet.

Dann begann der, ungefragt. »Lynch«, begann er, »Ihr habt zwar Euren Sohn, Euer einziges Kind, nach dem ersten großen Christen Irlands benannt. Eure Gemahlin heißt zwar nach der Gottesmutter. Aber offenbar denkt Ihr, damit sei ein für allemal genügend Tribut entrichtet an die heilige Ordnung, die unserer Welt zugrundeliegt.«

Ricardo machte eine Pause. Lynch widersprach

nicht. Sagte gar nichts. Ließ sich erst mal auf kein Gespräch ein, hob ab und zu seinen Becher, trank und schien ganz und gar in den Anblick jenes militanten Weisen in der frühen gläsernen Schlacht versunken.

»Jener Philipp, den Ihr da bewundert, der war, überseht das nicht, ein frommer Katholik.« Ricardo wartete ab, aber auch dieser Vorstoß brachte keinen Gegenzug. »Ja, zugegeben, auch dieser Philipp hatte ein gut durchdachtes, ein vernünftiges System. Aber das war eines, das der heiligen Weltordnung sich fügte. Zwar ließ auch er fremden Einfluß und Zauber zu und die schönen Künste, ließ Paläste bauen im arabischen Stil, ließ Lieder singen nach morgenländischen Weisen, sogar Liebeslieder, unterschied klar zwischen weisen Arabern und mörderisch unvernünftigen. Hat aber bei all dem die allein seligmachende Ordnung keinen Augenblick lang verleugnet. Sondern hat, während er die kunstsinnigen verehrte, die bestialischen Mauren bekämpft. Trotz der Paläste, trotz der Gesänge. Ihr dagegen, Ihr öffnet der Selbstherrlichkeit, öffnet dem protestantischen Eigensinn alle Tore, laßt die Galwayer sich berauschen am englischen Gift. Am Gift der Freiheit. Und sie verfallen ihm. Eure Bürger. Blähen sich auf. Nach Eurem Vorbild hält sich allmählich jeder für einen Lynch. Sieht jeder sich als die Mitte der Welt.«

Der Pater schickte einen neugierigen Blick über den Tisch, doch war an Lynch keine Wirkung zu beobachten. Da sah er wohl ein, daß er genauer werden mußte. Zum Beispiel, was diese Bemerkung von Jedermann als der Mitte der Welt betraf. Er schöpfte Luft und hob die fein gegliederte Hand:

»Von Euch und Euren achtzig Vorgängern im Amt hörten die Galwayer über Jahrhunderte hin immer wieder die Behauptung, jeder müsse nur sein Herz mutig genug in die eigenen Hände nehmen und sein Glück wagen, jeder sei selbst seines Glückes Schmied. Inzwischen fühlt ihn fast jeder in dieser Stadt, den Schmiedehammer in seiner Hand. Ihr seht es jetzt an Jeremiah Curtin. Der nahm nicht den Hammer, sondern das Ochsenjoch. Der hielt und hält sich zwar noch immer für einen Katholiken, und doch meinte auch er, selber zuschlagen zu müssen.«

Weiß Gott, diesen Umstand mußte doch dieser Lynch nun bedenken. Ob er sich's anmerken ließ oder nicht. Lynchs eigener Geist sollte aus Curtins Untat sprechen? Aber selbst solche Andeutungen waren offenbar noch immer nicht herausfordernd, noch nicht ungeheuer genug, um den Richter von seinem tatkräftigen Vorbild und Ratgeber im ›Fenster der Vernunft‹ Abstand nehmen zu lassen. Der blickte jetzt wieder nur an den rechten Rand des Fensters, auf diese mathematische Kühnheit, wo auf einer Kugel die Umrisse Europas zu sehen waren und ein Schiff über exakte Winkel und Längen, über Winkel zwischen Erde und Sonne, den sicheren Kurs vorgezeichnet bekam.

»Lynch, ich sage Euch, mit dem Geld der engländischen Barone und Universitäten habt Ihr protestantischen Geist in Eure Stadt hineingelassen. Habt Euch und Galway schon so sehr an dieses fürwitzige Berechnen des Kurses, an dieses dünkelhafte Denken verkauft, daß eine Heilung inzwischen fast ein Wunder wäre. Das Fest in der vergangenen Nacht hat es mir gezeigt, wie sehr die Galwayer sich inzwischen auf diese schamlose Selbstüberheblichkeit eingelassen haben, so sehr, daß selbst ein so bigotter, ein scheinbar noch ganz und gar katholischer Mann wie Jeremiah Curtin nur noch auf sich selber baut. Kaum anders als Euer ungehobelter Stadtpriester Kirwan. Weil sie alle von Gottes ewiger Ordnung letztlich nichts mehr erwarten, aber alles vom eigenen Fürwitz und eigener Kraft. Wenn Ihr diesem Eigensinn und diesem Hochmut weiterhin alle Freiheiten gebt, dann richtet Ihr Eure Galway-Welt zugrunde. Lynch, denkt an mein Angebot.«

Wieder stand diese Pause im Raum, dieses Angebot zum Antworten. Aber die Antwort blieb aus. Stumm ritt Philipp, stumm fuhr das Schiff, stumm sann Walter Lynch ihnen nach. Der Pater blickte zwischen dem Fenster und dem Stadtlenker hin und her und sprach schließlich mit einer Heftigkeit, die wie beleidigt, ja, die eifersüchtig zu klingen schien. »Ich sage Euch, Euer *experimentum medietatis,* diese Lust, Mitte sein zu wollen, sich selbst absolut zu setzen, die ist die schlimmste der Sünden, die verhängnisvollste. Der Frevel, sich selbst über alles zu stellen, diese Grundsünde, die macht Euch nicht, wie Ihr hofft, unabhängig von allem, sondern abhängig. Kettet Euch für immer an die verworrenen Wege dieser Welt. Isoliert Euch endgültig von dem, in dessen Hand wir alle sind, ob wir mögen oder nicht.« Er atmete tief.

»Nun, da Ihr das so nicht seht, da Ihr das so nicht erkennen wollt, so nehmt denn weiter Euer Herz in die eigenen Hände. Und werdet, wenn Ihr nicht im letzten Moment noch umkehrt, enden in der Verirrung eben dieser Herzen. In der absoluten Hölle.«

Stand auf, wartete nun nicht mehr auf eine Antwort. Sondern ging hinaus. Und hörte nicht, was

Lynch ihm antwortete. Als die Tür zum Philippsraum schon wieder geschlossen war, da knurrte der: »Verdammte Priester. Priester selber sind es, die sich absolut setzen. Und jeder ein Erpresser.«

Der Spanier, von dem die meisten nicht recht wußten, ob er aus Malaga gekommen war oder doch direkt aus Dublin, dieser Pater Ricardo schritt inzwischen gazellenfüßig durch die menschenvolle Gerichtshalle. So geistergleich glitt der Schwarzäugige daher, daß in den Rate- und Räsonierrunden, an denen er vorüberschritt, die Gespräche für Augenblicke verstummten.

Diese Gespräche waren noch immer um die gleichen Fragen herumgesegelt und, als Ricardo endlich aus der Halle war, da blähten sie sich sofort wieder voll auf und fragten, ob denn die Tat des Jeremiah nun Gegenwehr oder Mord war, und ob das neue Gesetz über den Verstoß gegen Handel und Wandel nicht doch den Ausschlag gegeben hätte bei Lynchs Todesurteil. Nein, meinten John Joyes und andere, selbst wenn heute noch das alte Gesetz gelten würde, auch dann hätte Lynch den Jeremiah an den Galgen verurteilen müssen.

Warum denn aber, mischte Betty sich ein, warum überhaupt ein Todesurteil nötig sei. Ein einziger Umgebrachter sei immer schon einer zu viel. Wieso da immer wieder die eine Idiotie mit der anderen beantwortet werden müsse. Gegen Leute wie diesen Curtin könne man sich doch sehr viel gescheitere Strafen ausdenken, ihr jedenfalls fielen bessere ein als das Erwürgen oder Zerbrechen von Hälsen. O, dieser

Betty kamen plötzlich viele zügellose Worte aus dem schönen großen Mund. Die sagte dann dem alten Herrn Skerrett, der immer etwas hölzern herumstand und selten was redete, es sei denn etwas, was er schon früher oft geredet hatte und sein Vater ebenfalls und schon sein Großvater, diesem zähen Herrn sagte sie nun: »Solche dürre Knochen wie Du, Ihr hättet dem Neuen Galway-Gesetz nie zugestimmt, hätte Walter Lynch nicht diesen Schwachsinn aus der Vorzeit drin liegen lassen, diesen Galgen. O ja, Skerrett, auch Du, Daniel, George, Ihr alle – einen Mitmenschen totzumachen, wann wird das endlich klar, ist das Allerschwachsinnigste. Hat nicht Herr Lynch auch heute wieder großartig gepredigt vom ›Grundrecht eines jeden auf Leben‹? Und ist denn nicht selbst dieser Idiot Curtin auch nur ein Mensch?« Betty schaute energisch herum, sah jeden der klugen Räte und Zuhörer an, jeden, der in ihrer Nähe stand. »Ein auffallend menschlicher sogar, wenn er nämlich noch nach Jahren nicht hinwegkommen kann über diese elende Tat des Barons Seamus.«

Schaute sich um, nach allen Seiten, auch ihr pfiffiger Schwager George wußte auf ihre tolldreisten Fragen keine Antwort. Nur von Mary Lynch, von der Blinden bekam sie eine, von der fühlte sie sich berührt, an ihren Arm faßte die Mary sie und murmelte: »Was können wir Frauen schon tun, gegen die Herren.« Die beiden steckten ihre Köpfe zusammen und gingen zur Seite, gingen zu den hinteren Reihen hin, redeten weiter über die Herren, nun aber über Juan und Pat und ob sie, Mary, wisse, was in der Nacht passiert sei mit ihrer Schwester Agnes, die wirke verändert, und wo denn jetzt Pat sei und wo Juan.

Derweil hatte sich in den Männergruppen das Gespräch an der Frage festgeklammert, wie dieser Seiler Curtin seine gerechte Wut auf eine so unsinnige Weise habe überhaupt austoben können, wie er diesen liebestollen Ritter Cluricaun erst heißlaufen und dann auflaufen lassen konnte auf dieses schädelberstende Ochsenjoch, da sei doch wohl, mitten in seiner frommen Wut, eine kalte Falschheit am Werk gewesen. »Eine Falle, ganz klar«, sagte George. – »Die ›Heuchelei der Huren‹«, sagte Flann O'Flaherty. »So kalt wie die Huren unsere Leibeslust ausnützen und die Priester unsere Todesfurcht, so kalt und hinterhältig fuhrwerkte dieser Frömmler.«

Betty war wieder zurückgekehrt, hatte eigentlich fragen wollen, wo jetzt Juan und Patrick seien, hörte aber ›Heuchelei‹ und mischte sich wieder ein. »Heuchelei? Die fing doch schon da an, wo es dem Curtin egal war, was alles der geile Cluricaun an seinem Martha-Kind betatschte. Mit seinen Fettfingern. Wie einen Kuchen, wie einen Stuhl, hat Walter gesagt, wie einen Haufen Torfdreck, ja, recht hat er, der Richter. Befingern durfte der Schmiersack das Töchterchen – aber erst als ihr Häutchen drankommen sollte, da, meinte er, müsse er aber ganz schnell dreinschlagen. Zum Teufel mit diesen schwachsinnigen, mit diesen falschen Vätern!« So brummte es aus den Tiefen ihres erfahrungssatten Leibes. »Entweder es juckt mich oder es juckt mich nicht, daran ändert ein Häutchen mehr oder weniger so viel wie eine Möwe am Ozean ändert, wenn sie in ihn hineinscheißt.«

So erklärte das Betty Blake den Männern und sie wollte eben ihre volle Lache noch hinterherschicken, weil sie merkte, wie verwirrt die Männer sie abermals anblickten und daß sie offenbar ein Wort gesprochen hatte, das es verdiente, die Runde zu machen – das Häutchen als Möwenschiß im Ozean –

– da aber wurde die Tür von der Straße her aufgerissen. Und da stand, durchnäßt und nach Luft ringend, Tobby Keats.

»Lynch!«

Das klang wie ein Schrei.

Der Joyes-Knecht keuchte und schluckte.

»Leute –«, Keats kam aus dem Eingang zwei Schritte näher. Schaute sich um. Mit Augen, als seien sie geborsten. Sah von einem zum anderen, als suche er jemanden, dem er an den Hals springen könnte. Um sich auszuschreien?

»Wem – wem sag ich denn das?« Ging vor, blieb stehen. Mitten im Schritt blieb er stehen, stand fest. Glotzte wie erfroren gegen die Leute. Im Eingang sah man, daß es regnete.

»Wo ist er – der Richter –«

»Tobby – was ist passiert?« fragte Betty.

Offenbar war der »Lynch«-Schrei oben, überm Eingang, durch das Philipps-Fenster hindurch zu hören gewesen – jetzt kam er in die Halle, der Richter. Trat langsam in die sprachlose Runde. Sah sich diesen tropfenden Angstboten an. Und fragte, sehr ruhig: »Tobby, was ist?«

Aber der bekam die Worte, die er zu wissen schien, nicht heraus.

»Sag's endlich!« fauchte Betty ihn an, winselte gleichzeitig mit den Augen um Schonung. Regen prasselte in die offene Tür, gegen die Fenster, gegen die vom Sturm geschüttelten Fenster.

Keats schwieg. So kannte ihn niemand, der war keiner von den aufs Maul Gefallenen, war auch nie einer von der weinerlichen Sorte, eher von der frechen und pfiffigen. Jetzt verkroch er sich, wich aus in die Ecke, in der Lynch nicht war, dem er's doch hatte sagen wollen, als er hereinkam. Und fiel nun nicht dem Richter, sondern der Betty um den Hals, stammelte es ihr keuchend.

Flüsterte aber so leise, daß es beim ersten Mal niemand verstand, auch Betty nicht, daß es beim zweiten Mal aber genügend viele im Saal hören konnten: »Juan – der Juan ...« – »Was ist mit Juan!« – »... ist tot.«

Betty schob ihn von sich weg, als wäre Tobby nicht richtig im Kopf, als hätte der die Pest.

Die anderen wichen ihm ebenfalls aus. Verzogen sich vor der Gefahr, das gleiche geflüstert zu bekommen. Ließen den Keats da stehen, wo er stand, den Rasenden, den Wahnsinnigen. Ließen ihn dort, wo Betty sich von ihm losgemacht hatte. Ließen ihn aber nicht aus den Augen, überlegten, ob noch alles beisammen sei in diesem Saal und die Bänke jetzt nicht in die Balken flögen und die Lynchburg in Wahrheit ein Spielkartenhaus sei im Wind oder ob jetzt die Flut die Straße heraufdränge in diese Halle.

Aber da prasselte nur der Regen, die Deckenbalken hielten das Dach weiterhin stabil, die Bänke und die Stützen rührten sich nicht, nichts löste diesen verzerrten, diesen zitternden Tobby in Luft auf. Er war vorhanden.

Auf dem Kamin standen immer noch die drei Geschenke an den Gast aus Spanien. Dorthin, zum Kamin, an den der Tobby sich geflüchtet hatte, kam nun auch Lynch, kam langsam um die Bänke und Stühle herum, stieß an eine Eckbank, stolperte und fing sich und ging auf den Keats zu, der da vorhanden war und allein stand mit seinen zerrissenen Augen und fragte den: »Keats, was hast Du gesagt?«

Und Walter Lynch zeigte nun ein Gesicht, in dem die braunen Augen mit den Ringen rund um die gekräuselten Tränensäcke größer waren als sonst, ein gelb geknittertes Gesicht war das, keins mehr, so sagte es später der alte William O'Brian in O'Donnoghues Bierhalle, das war kein Gesicht mehr aus Galway, kein Seemanns- oder Handelsmannsgesicht mehr, sondern eines aus grauen Gespinsten, eines aus der Totenstadt hinterm Black Head.

»Junge! Sag was!«

Der Richter packte den Keats bei den Schultern. Keats drehte sich weg, verdrückte sein Gesicht zur Seite, dahin, wo die Blake stand. »Betty, sag Du's ihm doch –«

Die zuckte in den Schultern, schüttelte ihren Kopf, sah sich gleichfalls in der Runde um und blickte dann zum Richter, mit Augen, die fürchteten, von einem Blitz geblendet zu werden, und sagte zum Richter: »Er sagt, Juan Gonzales ist tot.«

Keiner wagte eine Bewegung, einen Ton. Nicht mal zu atmen schienen die Menschen in dieser Halle. Denn jeder hatte es nun gehört und jeder sah dieses Gesicht aus dem bleichen Reich hinter Black Head. Dieses starr gefaltete, abgekräuselte Gesicht, das aus seiner Totenhaut dann endlich leise und einfach »Nein« sagte. Und nochmals: »Nein.«

Und ohne den Tobby anzuschauen, preßte Lynch die Stirn gegen den Kamin, hob das Gesicht wieder hoch, »Keats«, sprach das Gesicht, und blieb tot und sagte: »Keats. Sage, daß es nicht stimmt.«

Keats antwortete: »Richter – es stimmt.« Tobby

schluckte und dann konnte er noch mehr Worte sprechen. »Im Wasser, unterm Salzhügel. Da lag er, am Mount Golgatha. Bin vorausgerannt. Jessy bringt ihn, mit dem Karren. Ihr solltet – damit Ihr nicht so – wegen dem Schreck, sagte Jessy. Er muß –«

Tobby merkte, daß seine weiteren Reden nicht mehr paßten. Da hörte er einfach auf mitten im Sprechen, und als niemand ihn zum Weiterreden auffordern konnte und der Richter keine Frage mehr hatte, keinen Blick, keine Bewegung, verzog Tobby sich unter die anderen.

Da atmete tief der John Joyes: »Aus.« Und noch einmal kam's aus dem Knurrbart. »Aus, aus. Schluß.«

Lynch mit dem fremden Gesicht stand da, hatte seine Fäuste um das goldene Herz in den Händen gekrallt, das ihm vor der schwarzen Richterbrust hing, schien nichts zu hören, nichts zu kennen, setzte nur langsam Fuß vor Fuß, machte Schritte.

Die Schritte führten ihn zurück, an der Eckbank langsam vorbei, führten ihn dorthin zurück, wo sein Platz war. Die im Weg standen, machten ihm Platz. Seine Schritte brachten ihn wieder neben jenen Tisch, an seinen Richterstuhl, wo er in den Knien einknickte, mit den Händen die Lehnen griff, sich stützte, auf den Sitz sank.

Da saß er auf dem alten, auf dem dreihundert Jahre alten Gesetzessitz. Die Hände weiterhin auf den Lehnen, die Ellenbogen hochgestellt, den Kopf nach unten geneigt, sprach nichts.

Und die in der Halle wagten ebenfalls nichts zu sprechen, schauten sich kaum an. Elisabeth hielt beide Hände über ihren Mund und blickte mit ihren Augen so knapp über ihre Hand hinweg, als müsse sie diese Augen schützen, blickte so in die Runde.

Keats zuckte hinten an der Wand mit den Schultern, als ob er irgendwas falsch gemacht hätte, fragte mit seinen Blicken stumm ringsum, doch niemand sah ihn an oder hätte ihm raten können, was er hätte anders machen sollen, was jetzt überhaupt noch zu machen war. Priester Kirwan stand mit offenem Mund, in Atemnot, schwitzend. Neben ihm sprach Daniel in die Miesmuschelohren seines Vaters Blake, schreckensbleich, das Wort von John Joyes nach: »Aus.« Und der? Wiederholte nun nur das, was er sich vom Auftritt des Ritters auf Larminie gemerkt hatte. »Galgen-Galway.«

Regenrauschen. Sonst kein Geräusch.

Sogar Sprechbold George hielt seinen Mund. Und selbst der Bierbrauer O'Donnoghue blickte so verstört, als sei er es gewesen, der allein durch die Kraft seiner herzhaften Mißgunst Lynchs Spanienfenster oder das Herz in den Händen oder sonst eine Kostbarkeit zertreten hätte und habe das so endgültig nun auch wieder nicht gemeint.

Mary Lynch tastete sich vor. An den Bänken und am Stuhl des Schreibers fühlte sie sich vorwärts, zum Tisch des Richters. Und fand dort den vorgebeugten Kopf ihres Mannes, nahm den in zitternde Hände.

Seneschall Frederic blickte rund durch den Saal, als habe er Gnomenheere gesehen. Ging zu der Straßentür, durch die der Keats gekommen war und die noch offen stand, neigte dort seinen schiefen Kopf und schaute die Straße hinunter, dorthin, von wo der Unglücksbote gekommen war. Sturm sprang in die Halle, fauchend stoben Blätter herein, nasse Blätter jetzt.

Fitzpatrick drückte sich noch enger gegen den Türpfosten. Schlug sein Kreuz. Denn nun trugen

Murray und Gallagher die Bahre heran, schleppten sie herein, stellten sie auf die vordere leere Bank.

Segeltuch war darübergedeckt. Weißes Tuch, nicht rostrotes von den Hookern, sondern weißes, solches von den Galeonen. Das Tuch lag über einem undeutlichen Auf und Ab. An diesen Erhebungen hätte keiner Einzelheiten ausmachen können, Fußspitzen etwa. Oder einen Kopf. Wären nicht diese rostbraunen Verfärbungen gewesen an dem Ende, an dem Murray getragen hatte. Geronnene rostbraune Verfärbungen.

Lynch richtete sich aus dem harten Stuhl auf, näherte sich, den Rücken vergebens streckend, dem Tuch, faßte es an, hob es und erkannte Juan. Den Sohn des berühmten Señor Christophoros Gonzales von Malaga. Stöhnte, fiel auf die Knie.

Im Saal war Stille. Draußen kreischte Wind ums Haus, warf den Regen über die Fenster, Türen schlugen. Einige Frauen hielten mit Schluchzen nicht zurück. Juan tot. Diese schöne reiche junge –

Hinten, allein, in der letzten Bankreihe an der Wand, Agnes. Ohne Bewegung saß sie. Nur ihre Hände im Schoß zitterten, niemand sah es.

Das Licht aus der anderen Tür, die Helligkeit in der Hoftür erlosch. Jemand hatte die Tür geschlossen. Kate, die kleine Frau Kate war hereingekommen. Schlich jetzt zur hinteren Wand, die Lippen wie zum Sprechen bewegend. Nahm Platz, nicht weit von Agnes.

Lynch noch an der Bahre. Sein Gesicht aus den fremden Welten. Von weit hinterm Buckel Black Head. Das hatte nun die Farbe des Segels. Griff jetzt nach Mary, auch Steuermann Jessy Murray half ihm, sie stützten ihn hoch. Der Richter stand eine Weile, ohne etwas zu sagen oder zu tun. Aber dann ging er plötzlich, unsicher im Schritt, aber so rasch fast wie sonst, ging wie mechanisch um den Gerichtstisch herum, zurück an seinen Sitz, nahm Platz und bat den Sänger und Kerkermeister, im Saal die Fackellichter zu zünden. Und er forderte Murray auf, zu sagen, was er wisse. Trocken und schnell sprach er.

Murray, neben der Trage, den Regenhut in der Hand, drehte sich halb um zu den Versammelten, von dort wieder zurück zu Lynch. Und begann. Sie, nämlich er und Keats, sie wären, weil dort so oft schon Schwärme gestanden hätten nach Tagen mit ruhiger See, wären mit dem ersten Wind unter der Küste entlang zum Fischen, dorthin, wo See und Brandung sonst zu wild waren, unterm Salzhügel Mount Golgatha also. Bis zu dieser Höhe, bis zum Galgenberg oder Salzberg also, seien sie auch gekommen, dort wären dann oben auf der Kante zwei Männer gewesen, und –

Fitzpatrick kam aus der Küche herein mit den Lampen und Fackeln, ersetzte an den Wänden die verbrannten von der Nacht zuvor und hielt das Feuer daran, es wurde heller. Murray fuhr fort: Gerade hätten sie unten in ihren Booten mit dem Netzauslegen begonnen, als Keats erschrocken hinaufgezeigt hätte und auch er, Murray, habe es deutlich gesehen und die Schreie gehört. Der andere Mann habe auf diesen hier – der Steuermann zeigte auf die Bahre – habe auf diesen hier eingeprügelt und ihn über die Felsenkante gestoßen. Zweimal sei Juan – Murray stockte – sei auf die Stufen geschlagen – dann ins Wasser – zwischen die unteren Steintrümmer –

Sofort hätten sie die Netze außen gelassen und versucht, an die Stelle zu gelangen, ja, an die Aufschlagstelle, was aber wegen der schweren See nicht mehr habe gelingen können. Doch wäre dann der Leichnam von der Brandung erfaßt und in die Bucht hinausgetrieben worden, wo sie ihn ins Boot genommen hätten.

Während er das alles sprach, der Jessy Murray, ging schweres Atmen durch die Halle, einige Frauen schluchzten jetzt heftig, auch von den Männern hörte man Nasenschneuzen, Räuspern. Agnes Joyes hatte den Kopf hinabgekrümmt, in ihren Schoß, das Gesicht gegen die Fäuste gepreßt.

Denn als jeder nun zu hören bekommen hatte, wie dieser berühmte Gast aus dem Süden, wie dieser Juan Gonzales gestürzt war, da war es, als müßte jeder selber die Golgatha-Felsen hinab, auf die Stufen hinab, auf die Felsen schlagen und von doppelter Kirchturmhöhe herab in die Brechersteine stürzen. Man schloß die Augen, um diese Bilder zu vertreiben. Aber die Bilder kehrten wieder, sooft man nur auf das blasse Tuch blickte mit den Erhebungen und dem braunen Rot, diese Bilder hefteten sich in die Gesichter, so daß diese Galwayer Gesichter im Dämmerdunkel der Halle nur noch düsterer erschienen.

Hinten an der Wand nickte die Kräuterkate mit redenden Lippen, so stumm wie aufgeregt. Neben ihr hielt Agnes Körper und Hände verkrampft, drückte ihre Hände gegen Augen und Stirn.

»Der andere?« Lynch fragte den Murray. »Der andere. Oben überm Felsen.«

»Der?« Jessy dachte nach. »Nichts mehr – «

»Tobby?«

»Nichts, Richter. Der war weg.«

»In die Binsen«, murmelte Kate, ohne daß es im Saal jemand verstehen oder auch nur hören konnte.

»Jawohl. Ins Moor ist er gegangen«, sagte sie leise und nickte.

»Der andere!« rief laut John Joyes, dem ein Lichtblick gekommen war.

»Jawohl, der andere! Wer war dieser andere!« erwachte nun auch George Blake aus der Lähmung. Und schon schwirrten hellere Töne, schon wanderten kluge Ratschläge quer durch die langen Schatten der Fackeln und sprangen wie Hoffnungsschimmer gegen die ölgetränkte Pergamenthaut des Fensters. Ja, nun müsse man wenigstens diesen anderen kriegen, der den Juan geschlagen hatte und umgebracht, das sei der Weg, der einzige, der jetzt zu gehen wäre.

Da sprang auch schon, ohne noch lange auf Anweisungen des Richters und Lord Mayors zu warten, dieser George Blake auf seine Bank und gestikulierte und teilte ein: »Auf, Leute! Zwei Gruppen! Die eine geht hinterm Corrib innen herum, bis zum Whaley-Moor, die andere außen an der Küste und muß –«

Da krachte, als sollten alle Wände zerspringen, mit gelbem Schwefelblitz ein Donner, knallte auf die erschrockene Gemeinde nieder und hämmerte und rollte mit langen dumpfen Schlägen. George setzte sich wieder hin, denn er sah wohl ein, daß im Moment, bei diesem Unwetter, mit den Galwayern keine größeren Manöver durchzuführen seien.

Als erster erholte sich Bruder Kirwan, den wegen seines Lebenswandels, worin er zwar der Schöpfung alle, den Kirchenregeln aber wenig Achtung schenkte, insgeheim fast immer ein schlechtes Gewissen plagte. Dies unsichere Gewissen trat jedoch erst bei solchen plötzlichen Begebenheiten wie Unglücken und Wetterschlägen klar zutage, das entlud sich diesmal im Schrei »Meine Kathedrale!« Unter diesem Ruf sprang er von hinten nach vorn über die Bänke, »meine Kathedrale!« schrie er, schob Leute und Bänke beiseite und griff sich im Springen an seinen schmerzenden Bollen, hüpfte weiter zwischen den Galwayern hindurch, rannte zum Ausgang –

– und blieb im Ausgang zur Straße wie erschlagen stehen – weil ihm mit einem neuen Blitz Krachen und Hagelschauer entgegenschlugen? Weil er seine Kathedrale brennen sah? Aus Angst vorm tobenden, vorm metallen schmetternden Wetter?

Jedenfalls trat er, verzagt und langsam, nach außen blickend, die Straße hinabstierend, einen halben Schritt wieder zurück und noch einen ganzen, wieder hinein in die Halle.

Da ging Fitzpatrick vor, um den Priester hereinzuholen und die Tür zu schließen, denn der Hagel sprang in die Halle – doch Frederic, kaum stand er in der Tür, zuckte gleichfalls zusammen, bekreuzigte sich und blickte schiefen Gesichts, gnomenäugig, zurück in die Halle, zum Richter. Beide, Seneschall und Priester, als wäre das steinerne Ungeheuer über der Tür, jenes das Kleine küssende oder fressende Große, zum Leben erwacht – sie wichen wie unter einem Bann, weg von dem Eingang. Traten in den Saal zurück, machten die Tür aber nicht zu, eine Weile blieb alles im Ungewissen, die Körner prasselten auf die Schwelle, tanzten in den Gerichtssaal –

– da erschien auf der Straße – langsam – für alle sichtbar – wie ein Meergeist – verschrammt, durchnäßt, entstellt – Patrick Lynch –

Blieb stehen in dem Wetterloch, starrte die Leute an, hatte die Arme herunterhängen, stand da in der Nässe, im Sturm, als sei er zurückgekehrt als Elf oder Geist, stand in diesem lärmenden, rauschenden Türschlund, hob nun ein wenig die Arme, ein bißchen nur die Hände und Unterarme, streckte sie vor, auf die Menschen zu und sagte dann in einem heiseren dünnen Ton: »Va – ter –«

Sagte wohl noch ein anderes Wort, das niemand hören konnte, setzte noch einmal an und sprach in das Wetterprasseln wieder etwas Hörbares, in einer fremden Stimme, etwas, das »nicht gewollt« hätte heißen können, stürzte dann aber ganz rasch, mit den springenden, mit den ungleichen Schritten, nach vorn, über den Hallenboden, stürzte vor die Mutter, jammerte auf den Knien in ihren Schoß. Ann, die Magd, lief fort, holte Decken, Betty riß ihm den wasserschweren Kittel vom Leib und hüllte ihn in die Decke. Derweil verzog er sich in sich selber, sagte in seinem Schluchzen nichts mehr. Nur, daß er noch einmal »Vater« murmelte, leise, soviel war zu vernehmen. Ließ sich die Hand der Mutter auf den Kopf legen.

Walter Lynch beteiligte sich nicht an den Besorgungen um seinen Sohn. Lynch saß da wie ein Eckstein des Richterhauses. Wie Bein aus den Gebilden hinter Black Head, aus der bleichen Geisterstadt. Saß in seinem Gesetzesstuhl, blickte vor sich auf den Tisch und hielt in der Hand das Tuch, mit dem Mary ihm die Stirn hatte trocknen wollen.

Inzwischen war niemand mehr in der Halle, der etwas hätte denken oder sagen können. Zu oft hatte sich in diesen letzten Stunden alles gewendet und wieder verändert von Grund auf, als daß jetzt noch irgend jemand vorgab zu wissen, was nun käme oder sei oder gar getan werden müsse.

Lediglich O'Donnoghue besaß den Mut, seinen Platz zu verlassen und sich neben Pater Ricardo zu setzen. Wagte es aber nicht, den dunklen Mann, der nun ebenfalls bleich erschien unter der südlichen Haut, anzusprechen. O'Donnoghue wartete, er spürte, daß er nun wirklich gekommen war über die Stadt Galway, der Tag des Zorns. Und daß damit auch endlich die Gelegenheit näher kam, seinen alten Lieblingsgedanken zu äußern, diesen Lieblingsgedanken womöglich von diesem klugen Geistlichen bestätigt zu bekommen, nämlich den, daß dieser Walter Lynch mit all seinen großartigen Unternehmungen nun wohl doch zu weit gegangen sei, letztlich Gott versucht habe und jetzt seine gerechte Strafe erhalte. So etwa legte der Brauer es sich schon mal zurecht.

Vorerst war im Saal kein Raum für das Reden, auch für solch feierliches nicht. Fast allen fehlten Luft und Wörter. Die Geschichten und Gesänge von Fitzpatrick oder O'Brian und von all denen, die man sonst hatte singen oder erzählen hören, die reichten nicht mehr hin, die durchdrangen nicht mehr den heute heranwankenden Wald.

Verzagt blickten die meisten auf Patrick Lynch, auf ihren Pat. Konnten es nicht fassen, daß er ›der andere‹ gewesen sein sollte. Einige sahen beklommen zwischen der Bahre und den drei Lynchs hin und her, vom Sohn zum Vater und zurück zur Lady Mary und fragten sich, wer hier die größte Last zu tragen hatte. Und wie das alles denn enden sollte unter dem bergschweren Buckel. Maria, was hattest Du vor – was soll uns die Last – Liedfetzen sirrten durch die Köpfe, durch das Gewitter –

Agnes hielt sich jetzt an ihren Vater, klammerte sich an John Joyes, der mit Elisabeth zu ihr gekommen war. Beide konnten der Tochter keinen Trost sagen, konnten sie nur festhalten.

Der für Trost zu sorgen gehabt hätte, der Priester, der hatte die blitzenden Fenster vergessen und seine Kathedrale, der blickte zwischen Pat und dem Richtertisch hin und her, wollte inzwischen lieber St. Nicholas in Schutt und Asche wissen, wenn er dafür zwischen Vater und Sohn und Galway noch irgendeine Vermittlung gewußt hätte. Wenn er dieser unglücklichen Familie nun noch irgendeinen Rat hätte geben können. Statt der bewährten Sprüche aus dem heiligen Buch und aus den keltischen Vorräten drehten sich auch ihm nur die verhexten Kehrreime des Henkers Fitzpatrick durch den Kopf, hämmerten auch ihm durch Ohren und Hirn – Maria, was soll uns die Last – das hattest Du vor mit den beiden?

Kirwan verwünschte seinen dröhnenden, seinen schwachen Schädel, starrte hilfesuchend auf den spanischen Pater, doch den, der doch der Verwandte war, der Vetter dieses Erschlagenen, den schien das alles nur noch stiller und fremder zu machen und noch weiter zu entfernen. Der Stadtpriester schlug sich gegen seinen alten Kopf. Einen solchen Tag, das stand fest, hatte es in Galway nie gegeben.

Nun machte Lynch eine Bewegung. Nur eine einzige knappe Bewegung war das. Und fast alle hatten sie gesehen. Eine Bewegung mit der Hand. Dem Gerichtsbüttel galt sie. Der stakste heran, bog sich zu seinem Herrn herab, hörte ihm zu und nickte. Nickte, richtete sich wieder auf, zögerte einen Moment, brauchte wohl Atemluft, hob dann den Stab in seiner Hand und stieß ihn auf den Steinboden.

Es war sowieso schon ruhig im Gerichtshaus, niemand überhörte das Klopfen. Und niemand überhörte die Mitteilung, daß nun jeder der sechs Gerichtsräte sich wieder zu versammeln hätte wie zuvor, an der Stirnwand gälte es noch einmal Platz zu nehmen, es gebe an diesem Tag ein zweites Galwayer Gericht.

Als das heraus war, als es ausgesprochen war, daß der Vater Gericht einrief über den eigenen Sohn, da wurde es den Galwayern kalt im Leib. »Galgen-Galway«, murmelte nun auch George.

Und Betty Blake, die noch vor kurzem eine so wilde Rede gehalten hatte gegen das Aufhängen, die sah man, wie sie sich ihre langen Haare gegen die schüttelnden Schläfen drückte, wie sie sich die dunklen Strähnen in ihr Gesicht hineinriß und in den Mund, um darauf zu beißen.

Dann redete auch die alte Kate ein Wort. Eines, das rasch die Runde machte, weil das diesmal alle sofort verstanden, ein Wort, das seither im Wortschatz der Galwayer geblieben ist. »Lynch«, so sagte die kleine verlederte Frau, und ihre schnellen Lippen entließen damit die zweite hörbare Rede an diesem Tag, »richtet alles zugrunde.« Das konnte sich jeder merken. Beides, das ›Galgen-Galway‹ und das ›Zugrunde-Richten‹, das sah man deutlich vor sich. Das blieb. Und wie das im einzelnen zugehen werde, man würde auch das nun sehen.

Es mußte wohl zugehen wie immer. Fitzpatrick stieß abermals seinen Gerichtsstab nieder, dies überflüssige Gebot in dem stillen Saal. Dann leitete er Pat Lynch zu der Bank, auf der zuvor Jeremiah Curtin gesessen hatte und wo der zum Tode verurteilt worden war.

Pat fügte sich ohne Willen. Saß nun da, rührte sich nicht. Sah auch nicht mehr nach seiner Mutter. Wenn er aufblickte, sah er nur kreisende Köpfe auf sich gerichtet, fremde Gesichter, Stimmen von sehr weit weg. Aber darunter war eine, die dröhnte tief drinnen in ihm, die Stimme des Richters. Dieses Dröhnen wollte er als wohltuend empfinden. Er fühlte das dankbar und beschloß, nichts anderes mehr hören zu wollen. Nur noch die Geborgenheit in dieser einen Stimme zu fühlen. In der des Vaters.

Die sechs Räte, ratlos gingen sie zu ihren Sitzen. Doch einer von ihnen fand Mut und sprang wieder auf, Knurrbart John Joyes war das, der rief: »Walter Lynch! Du solltest dieses Gericht abgeben!«

Lynch hob den Kopf. Dann stand er langsam von seinem Richterstuhl auf, nahm das dunkle Tuch, das er noch immer in den Händen gehalten hatte, und band es sich um das Haupt, so daß es sein Gesicht verdeckte. »Das Gericht«, sagte er mit einer Stimme, die so tat, als sei sie unverändert, als sei sie unerschütterlich, »das Gericht gibt in Galway derjenige Richter ab, dem von den Räten nachgewiesen wird, daß er die Gesetze nicht beachtet.«

Machte eine Pause, als warte er darauf, daß ihm das jemand nachweise.

Dann redete die Stimme weiter. »Die Gerichtsräte sind dieselben wie im Verfahren gegen Jeremiah Curtin. Zur Verhandlung steht –«, er zögerte, als sei das unsagbar, »– steht Totschlag an Juan Gonzales –«, schluckte, »– durch Patrick Lynch.«

Wie konnte einer, so fragten sich viele, so ungeheuere Dinge in so wenig Worte fassen. Lynch sprach, von geringen Pausen abgesehen, in Tonfall und Tempo wie sonst. Schien in der Tat unveränderbar. Nur meinten einige gehört zu haben, daß seine Stimme von nun an geborsten klang.

»Ist jemand, der die Anklage übernehmen will?« Lynch wartete einen Moment. Es meldete sich niemand. Ricardo, der Vetter des Erschlagenen, rührte sich nicht. »Die Anklage erhebt die Stadt Galway. Vertreten durch mich. Ist jemand, der die Verteidigung übernehmen will?«

»Ja!« rief John Joyes und sprang wieder auf. »Die übernehme ich.«

Fitzpatricks Feder kratzte übers Pergament. Gegen das Fenster prasselte neuer Regen. Agnes Joyes, nachdem ihr Vater sich gemeldet hatte zur Verteidigung, hielt sich an ihre Mutter.

Pat hörte und sah nun nur seinen Vater. Die kreisenden Köpfe waren zum Stehen gekommen, waren verschwunden hinter dem einen, hinter dem tuchumhüllten, dessen Stimme er so gut kannte, dessen Stimme ihm wohltat.

»Angeklagter«, sagte die Stimme hinter dem Tuch. In dem Ton, in dem sie jetzt redete, konnte ihn nun jeder deutlich erkennen, den Riß in Walter Lynchs Stimme. »Gestehst Du«, fragte die Tuchstimme, »daß der, der hier liegt, dieser Juan Gonzales, durch Dich umgebracht worden ist.«

Diese Frage klang nicht wie eine Frage. Da erhob sich am Ende die Stimme nicht, wie sie das bei einer Frage zu tun pflegt, im Gegenteil, die Stimme sank, versank ins fast Lautlose. Diese Stimme fand sich ab mit dem, was nunmehr jedem offenbar war und unveränderbar, nahm hin, ergeben, wie der Sterbende seine letzten Augenblicke –

Pat stand langsam auf, wußte, daß ein Angeklagter, der gefragt wird, aufzustehen hatte. Erhob sich von der Bank, mit weit aufgerissenen Augen, sah auf den Richter, atmete dreimal, viermal tief und sagte dann, kaum hörbar: »Ja.«

Nach einer Pause tönte wieder tief in ihn hinein

diese Stimme: »Murray und Keats haben uns bezeugt, es hätte einer auf Juan Gonzales eingeschlagen, oben am Mount Golgatha, der auch Salzhügel heißt. So lange habe der geschlagen, bis Juan Gonzales über die Felsen gestürzt sei. Stimmt das.« Die Töne hinter dem Tuch schienen zu fragen. Und stellten doch nur fest.

In Pats Kopf begannen sich wieder diese Schläge um die Sonnen zu drehen, die Fäuste mit den elf Mariagesichtern um die acht Sonnen herum und dazu Stimmen wie ›elfmal riskieren‹ und ›niemals den Kopf verlieren‹ –

»Stimmt das?«

Pat duckte sich unter den Sprech-Hieben und zog es vor, rasch eine Antwort zu geben. »Ja. – Aber, ich habe –«

»Du hast ihn hinuntergestürzt?«

Holte tief Luft und: »Ja!« Dies Wort schrie er, schrie es so kläglich in den Raum, daß viele ihr Gesicht unter Schmerzen verzogen.

»Die Verteidigung hat das Wort.«

John Joyes stand auf, trat langsam vor, bis kurz vor die Anklagebank. »Pat«, sagte der, den man Knurrbart nannte und der jetzt versuchte, ruhig und beruhigend zu sprechen. »Pat, es muß einen Grund gegeben haben. Einen Grund, weswegen Du auf Juan losgegangen bist. Er muß Dich in Zorn gebracht, beleidigt haben. Hat er das?«

Pat schwieg. Die Sonnen und Fäuste in seinem Schädel kreisten jetzt langsamer. Er erkannte wieder das Juangesicht.

»Hat er Dich in Wut gebracht?«

Nach einer Weile konnte Pat antworten: »Ich dachte, ja.«

»Und wie hat er das gemacht?« John Joyes gab ihm eine Pause. So sanft hatte man ihn noch nie fragen gehört. »Hat er Dich beleidigt? Gekränkt?«

Nach einer weiteren Pause sagte Pat: »Ich will das nicht sagen.«

»Er hat Dich also verhöhnt? Schlecht gemacht? Obwohl es doch gestern nacht beim Fest so aussah –«

»Ich will es nicht sagen.«

Agnes drückte ihre Stirn gegen Mutter Elisabeths Schulter. Vorn im Saal fragte John Joyes weiter, freundlich und beruhigend wie selten. »Aber es gab einen Grund. Der Dich in Wut brachte.«

»Ja. Ich – ich dachte es.«

»Pat. Wir kennen Dich alle hier. Wir kennen Dich als einen gutwilligen Jungen. Nur ganz selten warst Du mal, wenn Du meintest, es sei ein Unrecht geschehen, da konntest Du jähzornig werden oder voreilig – war es so etwas?«

»So etwas? – Ja.«

»Bereust Du, was Du gemacht hast?«

»Ja.« Pat, mit erstickender Stimme, setzte sich, versteckte sein Gesicht hinter den Enden der Decke, in die Betty ihn gewickelt hatte.

»Gericht von Galway«, sagte Joyes, »ich finde nicht viel Schuld bei diesem Jungen. Ich sehe, hier liegt kein Mord vor, sondern ein Streit. Eine Prügelei zwischen jungen Leuten. Aus gleichgültigem Anlaß. Wenn auch mit einem äußerst unglücklichen Ende. Denkt doch, achtzehn Jahre, denkt, wie jung er ist. Niemand hat je einen Burschen verurteilt, der einen anderen, nach einem Fest – Galwayer Räte! Sprecht ihn frei!«

Joyes ging zur Stirnseite zurück, setzte sich, unruhig, als wollte er sofort wieder aufstehen. Drehte sich nach allen Seiten um, schaute die anderen Räte und den Richter herausfordernd an. Blieb aber sitzen, schwieg.

Da kam von Lynch noch eine Frage. Leise sprach er die und auch die ohne fragende Betonung. »Pat. Warum bist Du hierhergekommen.«

Statt des Angeklagten sprang wieder John Joyes auf. »Was soll das? Walter! Er ist hierhergekommen, weil er in Dein Haus gehört und weil er ein reines Gewissen hat, weil er weiß, daß alles nur eine fürchterliche Dummheit war, deswegen ist er gekommen! Mörder kommen nie! Freiwillig nie!«

Aus dem Tuchgesicht kam unbewegt noch einmal die Frage. Die Stimme hatte nun unüberhörbar den Sprung. »Pat«, sagte es aus dem Tuch, »warum bist Du hierhergekommen.«

Durch Pats Kopf schleuderte jetzt dieses Vaterwort, dieses Warumwort, das wirbelte gegen die Schädelwände, scheuerte immer dröhnender darin herum.

»Weil – wie John Joyes es gesagt hat.«

Er begann dann auch aufzustehen, weil er merkte, daß er vergessen hatte zu tun, was sich gehörte. Verstand nicht mehr, warum ausgerechnet diese sonst so wohltuende Vaterstimme ihn das fragen mußte. Wo sie doch im Grunde so angenehm war und tief drinnen in ihm alles kannte und alles wußte. »Es – es mußte doch sein.«

»Warum mußte es sein?«

Pat blickte auf den Boden, auf die großen Steinplatten. Sah auch dort seinen Vater. »Warum?« Lynch wartete. »Weil Du ein reines Gewissen hattest? Oder ein schuldiges –«

Nun hämmerte dieses ›rein‹ oder ›schuldig‹, dieses gespaltene ›weil‹ gegen seine Schläfen. »Weil«, antwortete er, »weil – – – ein schuldiges.«

Und, nach einer Pause, in der ihm die Ohren zerspringen wollten unter dem Wort ›schuldig‹, nach dieser Pause, in der ihm der Kopf zu platzen drohte, gelang es ihm zu sagen: »Es war doch unser Gast – der Juan –« Konnte nicht weitersprechen, setzte sich, duckte sich unter die Decke.

Joyes rief: »Nein!« Knurrbart sprang auf und kam drei Schritte vor. »Jetzt seht, wie dieser Vater, dieser rabiate – Walter Lynch! Du redest es ihm ein! Du redest Deinem Sohn die Schuld erst ein!«

Aus dem Tuch drang die ruhige, aber geborstene Stimme. »Dieser Sohn ist, ohne daß einer ihm etwas einreden mußte, hierhergekommen. Freiwillig. Warum? Weil er sich einer Schuld bewußt war. ›Es war doch unser Gast – der Juan.‹ Es war das Vergehen gegen Handel und Wandel.«

Der hinter dem Tuch machte eine Pause, wußte dann aber weiter. »Inzwischen hat er sich selber klargemacht, daß dieser Tod, dieser grauenhafte Tod, daß dieser folgenschwere Tod einen nichtigen Anlaß hatte. Einen, den er sich einbildete. Jähzorn. Das hat die Verteidigung selbst herausgefragt. Dieser nichtige Anlaß aber ist nicht zu verwechseln mit dem Gewicht der Folgen. Die wiegen so schwer, wie noch kein Fall in Galway gewogen hat. Betreffend Handel und Wandel. Will die Verteidigung das Wort?«

Joyes wollte. Stand noch immer, nicht weit vom Richter. »Solange der Angeklagte nicht aussagt, was ihn in Zorn gebracht hat, bleibt die wichtigste Frage unbeantwortet. Ob es sich da um Gegenwehr gehandelt hat oder nicht. Solange Pat hierzu schweigt, so lange kann nicht entschieden werden, ob der Anlaß ›nichtig‹ war oder nicht. Es ist dem Angeklagten sogar hoch anzurechnen, daß er über diesen Toten nichts Schlechtes vorbringen will, daß er den Grund des Streits verschweigt.« Joyes setzte sich.

Aus dem Saal blickten hilfesuchende Gesichter auf den Mann hinter dem Tuch. Das Tuch bewegte sich nicht, auch nicht, als nun wieder die Stimme zu hören war. Die sagte: »Das Gericht weist darauf hin, daß ein Verschweigen der Gründe nur die schon gemachte Aussage bekräftigt, wonach diese Gründe unerheblich waren. So unerheblich, daß sich der Angeklagte inzwischen schämt und alles, wie er zugibt, bereut. Ist es so, Pat?«

Es kam keine Antwort. In Pat surrten die vielen Worte. Die Vaterworte. Und nun noch einmal: »Pat, ist das so? Du schämst Dich?« Nach kurzem Zögern nur kam dünn die Antwort. »Ja.«

Lynch, hinter dem Tuch, wartete. Niemand sprach. Den Regen hörte man rasseln. »Wenn keiner das Wort mehr wünscht –«

»Doch, ich!« rief Knurrbart John Joyes und sprang wieder auf, »dies kann doch, zum Teufel, nicht das letzte Wort gewesen sein. Auch für eine bloße Dummheit schäme ich mich und eigentlich sogar nur und einzig und allein für eine Dummheit!« Holte schnaubend Luft und sagte dann zugunsten desjenigen, der im Begriff gewesen war, sein Schwiegersohn zu werden: »Ich wiederhole, es ist dem Angeklagten hoch anzurechnen, daß er schweigt. Weil er über den Toten nichts Schlechtes vorbringen will. Das ist in Wahrheit kein Schuldbekenntnis, sondern das ist ein letzter, ein verzweifelter Freundesdienst! Und etwas anderes ist ebenso gewiß, die Tat geschah in plötzlichem Zorn – um sich geschlagen hat er ja wohl nicht, weil er Galways Handel und Wandel hat schaden wollen!«

Joyes setzte sich. Lynch ließ eine lange Pause. Von fernher hörte man noch immer Gewittertöne. Im Saal hatte eine dicke Fliege zu surren begonnen, knallte gegen die helle Fensterhaut. Schließlich sagte der Richter, kaum hörbar: » – dann bitte ich die Räte um ihr Urteil.«

Und es ergab sich, daß drei von den Räten aufstanden und Freispruch forderten, drei andere den Tod. Aus Gründen, die bei jedem anders aussehen mochten, bei Coolridge zum Beispiel wie Sympathie mit seinem mächtigen Auftraggeber Lynch und bei O'Brian und O'Flaherty wie Sympathie mit dem dickhaarigen gelben Jungen.

Während die Männer ihre Urteile fällten, hatte Betty sich in die erste Reihe gehockt, neben Mary Lynch, da umarmte nun eine Frau die andere. Als erster war Marc Coolridge aufgestanden, Fitzpatrick hatte mit seinem Finger auf ihn zuerst gezeigt. »Was passiert ist«, sagte der Schiffsbauer, »verstieß gegen Handel und Wandel, zwar nicht in der Absicht, aber wahrlich im Ergebnis. Und es verstieß zum zweiten gegen das Recht auf Leben. Beides ahndet das neue Galway-Gesetz mit der höchsten Strafe. Mein Urteil richtete sich nach der Verfassung. Erkennt auf Tod.«

Der alte William O'Brian faßte sich kürzer. »Was passiert ist, war Hilflosigkeit. Ein Unglück unter verrückten jungen Leuten. Unter lebendigen Leuten. Freispruch!«

Noch kürzer sagte es sein Freund Flann O'Flaherty: »Freispruch, aus demselben Grund! Denn das Leben, das muß ja dieser sehr Lebendige hier erst noch lernen!«

Ronald Skerrett dagegen hatte wieder einen Zettel vorbereitet, von dem er ablas, stockend, aber bestimmt. »Den wir hätten hüten sollen wie unser eigenes Kind, der wurde umgebracht, leichtsinnig, aus nichtigem Anlaß, aus schamhaft verschwiegenem Anlaß. Das einzig mögliche Urteil: Tod.«

John Joyes sprang dann auf und sagte: »Mein Urteil habe ich ausführlich begründet. Den Unglücklichen, diesen Reumütigen auch noch zu hängen, das hilft niemandem. Betty hat vollkommen recht, das hieße, die eine Idiotie mit einer anderen beantworten. Ein solches Urteil hülfe nicht einmal Handel und Wandel! Freispruch!«

Dann erhob sich der Braumeister. O'Donnoghue machte eine Bewegung mit beiden Armen, wie ein wahrer Schmerzensmann. Und sagte: »Ich fasse diese Freisprüche nicht. Nicht im geringsten. Wo hätte, frage ich, Patrick Lynch je ein Unrecht erlitten, das auch nur annähernd so bitter war wie all das, was Jeremiah Curtin hat erdulden müssen. Curtin wurde heute und hier zum Tode verurteilt. Wenn das vor diesem Gericht rechtens war, um wieviel rechtmäßiger ist dann dasselbe Strafmaß in diesem Fall, wo kein Unhold vernichtet wurde, sondern, aus nichtigem Anlaß, der von uns allen bewunderte und bewillkommnete Gast der Stadt Galway. Ich plädiere für die Höchststrafe.«

Und so blieb nun nur noch der Augenblick, in dem allen das gepeinigte Herz endgültig zu stocken drohte, wo allen nur noch der Spruch der alten Kate im Kopf herumschwirren wollte, der Spruch vom Zugrunderichten. Denn nun erhob sich der Mann, der zitternde Mann unter dem Tuch, stand da, hatte sein Gesicht im schwarzen Tuch verborgen, legte nun die Hand auf sein Herz und erklärte, mit der geborstenen Stimme: »Es war nicht Mord, es war Totschlag.

Aus nichtigem Anlaß. Für seine Tat, die schwerwiegendste Untat in Galways Geschichte, hat der Angeklagte die Verantwortung auf sich genommen. Von sich aus, freiwillig. Mein Urteil – ohne Ansehen der Person – im Namen von Galways Freiheit und Handel und Wandel – ich kann nicht anders – Tod.«

Sackte hinunter in den Sitz. Die meisten Räte und Zuschauer, »nein!« ächzten die und stöhnten auf und faßten es nicht. Nun war eingetreten, was Jeremiah und O'Donnoghue sich gewünscht hatten, der Tag des Zorns. Der Spruch des Vaters, des obersten Richters, gab den Ausschlag.

Eheleute hielten sich an den Armen, die alten Blakes, die Joyes-Eltern wußten ihren Kindern keine Antwort, selbst O'Donnoghues Spruch vom versuchten Gott, den er nun offen herauszulassen versuchte, fand keine Beachtung, auch fromme oder kluge Worte, sie brachten weder Rat noch Trost noch Hilfe für die Aufgescheuchten und Verschreckten.

Endlich schien man zu begreifen, warum die zwei grimmen Stadtgesellen des Hauptmanns Edward ihre Gesichter immerzu so finster hielten wie das ihres Anführers. Nun endlich, da sie die Bahre mit dem bleichen, dem rostrot verfärbten Segel hinaustrugen, zur Kapelle hinüber, nun paßte ihr Gesicht zu der Sache.

Die Schluchzer schwollen erst recht, die entluden sich wie tiefe schwere Krämpfe, als nun Frederic Fitzpatrick den Pat, seinen Pat, beim Arm zu nehmen hatte und ihn hinter den Gardisten, hinter den Bahrenträgern her hinausführte, auf den Hof, in den Kerker.

Die Seufzer schwollen nicht ab, der Jammer wurde nicht still, neue Rufe, Fragen, Klagen erhoben sich und wurden immer dringlicher. Aber da war bei niemandem Klarheit zu finden. Pater Gonzales in seinem schwer zugänglichen Winkel, der war auf und davon, und die anderen, Priester Kirwan eingeschlossen, die mochten nun höchstens noch so dunklen Worten wie denen der Hexe Kate und des Henkers Fitzpatrick Glauben schenken.

Im Wirrwarr der Worte, der Fackellichtschatten und der umeinanderdrängenden Menschen mochte außer der fast blinden Mary niemand zur Kenntnis nehmen, wie der Richter, nachdem er sein Urteil gefällt hatte, in eine Ecke des großen schwarzen Stuhls hinabgerutscht war und sein Gesicht, als wäre das Tuch nicht Maske genug, in den Händen barg.

Alle, außer Mary Lynch, die sich nun an der hohen Rückenlehne des Richterstuhls festhielt und die leise auf ihren Mann einredete, alle anderen, die Galwayer Gemeinde samt ihrem sonst so fröhlichen priesterlichen Hirten, sie benahmen sich wie Hennen, die es fertiggebracht hatten, sich selber den Hals aufzupicken und die nun mit todeswütiger Aufregung gegen Mauern flatterten.

Endlich gab es Fälle von Atemnot und Platzangst, man drängte hinaus, scheute draußen den Regen nicht, manche begrüßten ihn gar als das alte reinigende Galwayer Fischerwetter des Atlantiks. So gakkerten und fauchten und kollerten sie davon, durch die grauen, durch die dunkel glänzenden Straßen, unter den Wimpeln und Bannern hindurch. Die hingen nun naß und schlaff, von Erker zu Erker, von Turm zu Turm. Dem spanischen Gast zu Ehren.

Die Galwayer fanden sich aber in den eigenen Häusern ebenso unerträglich. Man starrte in den Regen, in die feuchte Dämmerung. Fand keinen Geschmack an Schlaf oder Essen, jeder daheim fragte sich nur, was jetzt die anderen dächten oder unternähmen, wohin jetzt die Reise ginge und wohin man sich nun denn überhaupt noch wenden könne – ja da nahm man die Regensachen von der Wand, die Felle und Mützen und Häute, und ging murmelnd wieder hinaus in das Wetter.

Da sah man wieder die Fahnen, schwer vom Regenwasser, sah die dunkle Kathedrale, unverbrannt. Und sah, wie Leute von Coolridges Werft Bretter und Balken schleppten, durchs Osttor zum Irischen Platz. Und man ging eilends weiter.

Und so fand sich nach und nach fast jeder ein in des Braumeisters Douglas O'Donnoghue alter Bierhalle. Die Alten zuerst, die Räte, aber dann auch die Jungen, und, als einzige Frau, Betty. Sie ließ ihre Piepsie an diesem Tage sein, ließ sie zu Hause. Kamen dort zusammen, sahen sich an, nur Coolridge fehlte, der Schiffs- und Gerüstbauer. Sahen sich an, stumm. ›Maria, das hattest Du vor?‹ fragten die Blicke.

Still setzte sich einer nach dem anderen, wortlos in den fast dunklen Raum, an die schwarzen Tischbretter, wo Douglas die Tranlichter aufsteckte. Und hockten dann allesamt da, ohne die regennassen Häute abzulegen, die Felle, die Mützen, steif und sprachlos.

Vom Dunst der Menschen beschlug das Fenster, und wäre nicht ab und zu die Tür wieder aufgegangen, um einen neuen Unglücklichen hereinzulassen, die Luft im Raum hätte der in Lynchs Badehaus an Nebeldicke nicht nachgestanden. Rings um die Schuhe sammelte sich das Regenwasser, bildete Pfützen am Boden, tropfte es von den Häuten unter die Bänke, schwarze Rinnsale zogen zum Ausguß in der Hallenmitte. Niemand sah es. Niemand sprach.

Ab und zu brummte O'Donnoghue, der selber das Bier nachstellte, ab und zu brummte der was von Gott und vom Ende unter die Leute und hätte zu gern ein Gespräch gehört oder in Gang gesetzt. Darum ließ er sich's auch nicht nehmen, die Töpfe selber zu bringen, hierhin und dort an den Tisch, schickte seine Dorothy in die Küche, lief emsig herum und eifrig, es könnten ihm ja wichtige Murmellaute entgehen.

Ihm selber schoß gar zu viel durch den gewitzten Kopf, vieles, was er noch anbringen wollte, warum er so geurteilt hätte und nicht anders, für die Höchststrafe, das wollte er begründen, aber rings die Gäste, die vielen Gäste, so viele wie seit zehn Jahren nicht, die stießen ihn mit ihren Blicken zurück, mit Augen, aus denen Witz und sumsendes Gemüt verschwunden, in denen die Hilflosigkeit eingezogen war. Die hielten sich lieber an die dicken dunklen Tischbretter und ans bittere Bier. Und trauten sich und anderen kein Wort mehr zu.

Endlich, nach einem langen dämmernden Schweigen war es Betty, die reden konnte, die laut sagte, was viele schon erwogen haben mochten. »Jetzt«, sagte die starke Frau, »jetzt könnte nur einer was erklären. Aber der hat nun keine Zeit mehr für uns.«

Niemand sagte dazu was.

»Frederic«, blubberte sie schließlich selber.

Am zarten Nicken einiger grauer Köpfe hätte sie ablesen mögen, daß man ihr recht gab. Was half es, daß sie recht hatte. Da blieb nur der schwarze Schluck aus dem irdenen Topf, das krumme Hängen über dem breiten Tisch und die verworrenen Gedanken und Erinnerungen an Frederic. An den Sänger und Henker.

Andere, denen man nicht nachsagen konnte, daß sie irgend etwas an Frederic und seinen Gesängen nicht mochten, gaben leisen Zweifeln Ausdruck, und der erste, der nach Betty ein Wort wagte, war Priester Kirwan. »Fitzpatrick«, sagte der, »jetzt vergingen auch dem Luft und Sprache.« Und der Priester und Glücksfreund sprach weiter: »Bis heute war keins von seinen Gnomenliedern so finster wie das, was uns dieser Tag vorgesungen hat.«

Nach einer weiteren stillen Weile, in der nur der Regen am Fenster zu hören war und im Dunkeln das Klappern der Becher, nach einer neuen bedrükkenden Wartezeit war es der sonst so geschwinde George, der es mit Mühe fertigbrachte, das Gespräch fortzusetzen. »Fitzpatrick«, sagte er, »das ist wahr, der hat immer gut gesungen. Aber wir hier, wir haben den Märchenmann. Den William O'Brian.«

Jeder überdachte nun, was George gemeint hatte. Einige schielten auf den grauen Kugelkopf im hinteren Eck. Der rote runde Kopf, vom grauen Kurzhaar eingerahmt, aus dem war noch in der Nacht zuvor die schöne Sage gekommen vom reichen und vom armen Galway-Mann im Himmel.

O'Brians Augen blieben halb geschlossen, schienen nur da zu sein, um im Topf auf dem Tisch den Schimmer des Bierschaums wahrzunehmen. Auch der Märchenmann, wenn der Balladensänger mal nicht zugegen war, weil er für Lynch Schreiber- und Verteilerdienste zu leisten hatte, auch O'Brian hatte mit Elfen- und Gnomengeschichten nicht selten die Abendrunden erlöst aus ihrem Schweigen und hatte die einsamen Träumer zu gemeinsamen gemacht.

Freilich, so wild und so laut und so irr wie Frederic Fitzpatrick konnte der alte O'Brian es nicht. In den fröhlichen Runden und bei verwegener Stimmung entschied man sich meist für Frederics Balladen, egal, wer darin dann wieder verschlungen würde oder verzaubert oder getäuscht. Mochte sein, daß man diese Unglücke und Abstürze nun nicht mehr ertragen mochte. Mochte sein, daß nunmehr Williams Zeit gekommen war.

Doch es erschien denen hier in der Bierhalle unvorstellbar, daß der durch die Stein- und Waldwüste, in die dieser Tag des Zorns sie alle geworfen hatte, einen Märchenweg wußte. Eine Erlösung wäre es freilich und zu schön, als daß man sie sich durch allzu häufiges Hinüberschauen und durch sehnsüchtig große Augen vorschnell verderben sollte. Da galt es und lohnte es, zu warten.

Und was man kaum zu hoffen gewagt hatte, geschah. In die Stille hinein, ohne daß jemand ihn mit Worten noch dazu aufgefordert hätte, sprach William O'Brian. Sprach mit leiser Stimme und erzählte ein neues Fischer- und Elfenmärchen.

»In früheren Zeiten«, sagte er aus seinem hinteren Eck, »da lebte in Galway ein Mann, der hieß Brendan. Dun Brendan hatte sieben Söhne. Die ernährte er durch harte Arbeit als Fischer auf dem offenen Meer. Eines Tages aber trieb ihn der Sturm viel zu weit hinaus, so daß er den Weg zurück nach Galway nicht mehr fand.

Gegen Abend, als der Sturm nicht nachließ und Brendan den Lebensfürsten laut anflehte, ihn zu retten und zu seinen Söhnen zurückzubringen, da sah er ein Land. Das waren die Aran-Inseln nicht, das waren ganz andere, das waren weiche Hügel, über denen der finstere Himmel wieder hell wurde und oben, auf der Küstenhöhe, stand in der Abendsonne eine rot schimmernde Stadt.

Im Hafen darunter landete Dun Brendan sein Schiff, fand er freundliche Menschen, die ihn beherbergten und pflegten, die ihm herrlich zu essen gaben und zu trinken und die muntere Geschichten wußten vom Hinüberkommen über den großen Atlantik, die untereinander soviel und herzlich lachten und Freude hatten und allesamt strahlten, daß es Brendan sonderbar vorkam und er bald merkte, daß er in einer Stadt seliger Gnomen war.

Da ihm aber ihre Händel und Sitten gefielen, wohnte er eine Weile unter den glücklichen Wesen und fragte erst nach achtundzwanzig Tagen, wie er wieder zurückfinden könnte nach Galway, zu seinen Söhnen. Da antworteten ihm die, die ihn aufgenommen hatten, er solle nur sein Schiff besteigen, es brächte ihn heim.

Als Brendan das hörte, wollte er auch noch wissen, wie er, falls es ihn verlange, die goldene Stadt wiederfinden könnte. Da antwortete ihm der Älteste: ›Dun Brendan, es wäre besser, Du vergißt uns. Sonst fändest Du nie mehr Ruhe. Wir zeigen Dir gern den Heimweg, kehr zurück, arbeite und mach Dich nicht traurig in der Erinnerung.‹

›Vergiß uns‹, rieten ihm auch andere. Doch er wollte den Weg zur rotgoldenen Insel wissen, damit er wiederkommen und den Weg auch seinen sieben Söhnen beschreiben konnte. Er fragte, wen immer er traf, aber die Gnomen schwiegen.

Erst in seiner letzten Nacht auf der Insel verriet es ihm eine Elfe, mit der er innigen Umgang hatte und die ihn zu gerne fröhlich machte. ›Einmal im Jahr‹, sagte sie, ›fünf Tage vor der kürzesten Nacht‹, und dazu spreizte sie ihre fünf Finger, ›da wächst eine Brücke über das Meer. Diese Brücke ist ein goldenes Seil. Auf dem mußt Du hinübergehen. Gegen Abend, wenn die Sonne untergehen will überm Ozean, dann spannt sich das Seil nach Westen, von Euerem Berg Golgatha bis in unsere Stadt. Willst Du aber Deine sieben Söhne mitbringen, so lehre sie elf Jahre lang das Seilgehen. Lehre es sie richtig, gib ihnen Sicherheit und Gleichgewicht.‹

›Wie soll ich sie richtig lehren und ihnen Sicherheit geben?‹

Die Elfe antwortete nicht. In seinen Armen war sie verschwunden.

Am nächsten Tag fuhr Dun Brendan sein Schiff aus dem Hafen, geleitet von aufmerksamen Delphinen. Die Tiere begleiteten ihn, bis Black Head zu sehen war und er allein nach Galway zurückfinden konnte.

Zu Hause lehrte er seine Söhne, auf dem Seil zu gehen. Er sagte ihnen, daß sie beherzt und ihrer Sache sicher sein sollten, sie nickten und verstanden und verehrten ihren Vater sehr. Er übte mit ihnen, ließ sie täglich über ein Seil gehen, und alle hatten bald glänzende Fähigkeiten, denn sie hatten begriffen, daß ihr Glück von diesen Übungen abhing.

Nach elf Jahren, fünf Tage vor der kürzesten Nacht, führte Brendan seine verständigen und geübten Söhne auf die Höhe des Berges Golgatha. Sie blickten nach Westen, übers Meer, in die untergehende

Sonne. Und erkannten in ihren Strahlen deutlich das Seil.

Die Mahnungen des Vaters im Ohr, die guten Fertigkeiten in ihren geschmeidigen Gliedern, so begannen die Söhne, auf das Seil hinaufzutreten, und machten sich auf, einzeln, nacheinander, hinüberzugehen. Aber sie schwankten über dem Abgrund, stürzten alle in die Tiefe und zerschlugen.

Da zerriß sich Brendan seine Kleider und wollte sich gleichfalls hinabwerfen, aber seine Elfe erschien: ›Du hattest es nicht geglaubt. Der Weg da hinüber ist zu schwer für Euch. Selbst elf Jahre reichen Euch nicht, Leib und Kopf ins Gleichgewicht zu bringen.‹ Und dann waren Luft und Meer erfüllt von fünfundfünfzig guten Geistern:

Wer es verachtet, endet umnachtet.
Alle elf Jahre warst Du vernarrt.
Das Paradies – mußt Du vergessen.
Wer das nicht tut – stürzt und erstarrt.

Dun Brendan trafen diese Worte ins Innere und zerrissen es, er redete irre, starb, wurde vergessen. Aber von dem goldenen Land im Westen ging in Galway noch lange die Kunde.«

William O'Brian schwieg. Eine gute Weile hielt man still, bedachte die Geschichte. Regen rann über die Fenster. Unter den dunklen Eichbohlen im Eingang drang das Wassser von außen herein, sickerte die Schwelle hinab, lief ein bißchen an der Wand vorbei und dann, in langen schwarzen Zungen, unter die Tische.

Jedem gab Williams Geschichte auf eine andere Weise zu denken, und da war keiner, der nicht wußte, wer mit Brendan gemeint war und wer mit den Söhnen.

»Ich glaube«, sagte Patrick MacBride als erster, »ich glaube, O'Brian hat wahrgesprochen.«

Brauer O'Donnoghue beeilte sich, deutlich zu machen, daß auch er Williams Märchen verstanden hatte. »Noch heute«, sagte er, »gibt es in Galway manchen, der andere dazu zwingen will, auf Seilen zu gehen.«

Doch antwortete dem Brauer niemand. Nicht einmal ein Nicken konnte er in dem trüben Licht erkennen, und er sagte sich, daß seine Gäste sich zweifellos genierten vor ihm, nachdem sie nun alle auf einmal, die meisten nach Jahren zum erstenmal, wieder in seine Bierhalle gekommen waren.

Flann O'Flaherty, der schon den vierten Krug unter seinem roten Gesicht stehen hatte, kümmerte sich um den eifrigen Braumeister wenig, wiederholte vielmehr den MacBride. »Wahrgesprochen. Jawohl. Nur ein Kugelkopf wie der von O'Brian kann unsere verworrene und verwickelte Jammerstadt in eine so runde Geschichte rollen. Weiß Gnom, Gott und Geier, wahrgesprochen. Häuft und baut Lynch Faß auf Faß, elf Jahre lang und mehr, und schert sich den Scheiß drum, wie es drinnen gärt. Wie der Druck rauswill. Und daß ihm der Zapfen am Ende beim eigenen Söhnchen um die Ohren fliegen muß, das ist der Witz und das Tolle. Nein, nicht aus Irish Town trifft ihn der Schlag, nicht die gegängelten Fischer, auch nicht die anglikanisch verpesteten Kaufleute erschlagen ihn, nein, das brave Goldsöhnchen selber tut es. Alle Weisen hatten es anders vorausgesagt. Die verkauften Wasser-Iren, sagten sie, die Kelten, die Ureinwohner, oder mindestens der grimme Edward, wie ihr meine eigene taube Nuß nennt, der als erster würde dreinhauen eines Tages mit seinen achtzig gälischen Gaunern, na, hab ich es denn nicht immer geweint, hier in Bier, drüben in den Roten aus Andalusien: Den ihr den ›grimmen‹ nennt, weil er dreinglotzt wie ein teutonischer Landsknecht von der Nürnburg, diesem Kälbertotstecher, dem die Mädchen nachblicken, weil sie meinen, solche großen wilden Generäle, die erfüllten ihnen alle Träume wie dem Dun Brendan die Elfen auf der goldenen Insel, dem läuft in Wahrheit seine Isobella nachts fort mit Jammern und drängt sich in mein dürres Gestell und weint und stemmt sich aus beim alten Flann. So trübe, liebe Leute, so trübe wie in meiner eigenen hohlen Edward-Nuß, so sah es wohl auch in Lynchs glattem gelben Söhnchen aus und hinter all unseren anderen goldenen Vorbildern, glaubt's mir und glaubt's O'Brians Geschichte, bei seinem eigenen Kronprinzen waren ein paar Bibelkapitel vergessen worden, zum Beispiel die vom traumhaften Gleichgewicht. Freilich«, schränkte er ein und schob den Krug, den er sich schon herangeholt hatte, noch einmal zurück, »freilich weiß ich nicht, ob in der Bibel solche Kapitel übers Balancieren zwischen Leib und Kopf überhaupt geschrieben stehen. Mir scheint eher, da geht's nicht ums Leben, sondern ums Sterben. Hab ich recht, Kirwan?«

Von Flann O'Flahertys wundersamer Bier-Rede fühlte sich Bibelverwalter Kirwan sehr berührt. Der seufzte und sagte: »Nein, Flann, so trübe hat Lynch uns seine Unternehmungen nie gelehrt. Vergeßt nicht, wie er uns feiern, singen und völlen, wie er allen Freuden und schönen Künsten Freiheit ließ, noch letzte Nacht, wie er sich da gefreut hat auch über dies ›Heute, hier und jetzt, Ihr Freunde, schlürft das goldne Himmelreich‹. Wir wären ja noch immer mitten im Schlürfen, hier schräg über die Straße, wenn nicht einige von uns sich glatt überfreut und totgefeiert hätten. Nein nein, den Druck in den Fässern, den hat er immer gekannt und ihn rausziehen lassen wollen mit Toben, Greifen, Fressen und Gesängen und mit Prachtgebäuden zu Wasser wie zu Land und mit all diesem brimborischen Schabernack, ach nein, nur eins, wahrlich, eins stimmte nicht: Was Lynch mit uns wollte, das war wohl zu früh für viele, zu gut, zu scharf, zu golden und zu spritzig – da hatten die Geister recht mit ihren Warnungen, die Gnomen auf Dun Brendans Insel: Dem Wein, den Walter Lynch nach Galway brachte, der Freiheit, der Lust und dem Besitzschwindel, dem waren noch nicht alle Freunde hier gewachsen, nicht wahr? Der König Walter im Lande Ghue, der sang zu fremdartig seine Lieder, der dachte zu frei seine Schlüsse, der trieb's zu herrlich und zu schnell auf seinen Seilen, da hockten noch Dubliner Patres und andere Alps und Bukkel auf unseren Schultern. Und da schweigt sich allerdings auch die Heilige Schrift gehörig aus. Über das Leben im Diesseits, über das Gleichgewicht auf den Seilen, darüber sagt sie nichts. Da muß es also immerzu diese Abstürze geben, nicht wahr?«

Die volle Mutter Betty, die saß in ihrem weiten Woll-Umhang unter dem Fenster wie ein grauer Berg. Hockte da und gluckte, die einzige Frau hier, am oberen Ende des großen Tischs saß sie und schaute durch den O'Donnoghue hindurch, der mit seinem Bierbringen zu gern auch ihre Meinung herausgelockt hätte. Betty schaute überhaupt durch alle Männer hindurch, blickte über deren Köpfe hinweg, durch die trüben Scheiben hinaus auf die dunkle Gasse, dorthin, wo das graue hohe Steinhaus stand, in dem sie einander noch vor wenigen Stunden herumgeschwungen und wüst gefeiert hatten. In das sich nun niemand mehr hineingetraute.

Außer Betty Blake riskierte keiner einen Blick dorthin. Drüben, in dem grauen Burgturm, da war jetzt Pat, ihr, Bettys lieber Freund Pat, der Verlobte ihrer Schwester, der war jetzt dort, angekettet im Kerker. Ihren Blick richtete Betty weit hinaus aus der muffigen feuchten Bierhalle und mußte doch, so sehr sie sich mit den Augen hinausdrängte, anhören, was ringsum, links und rechts von ihr an den Tischen die Geduckten und die Grauen, was die verschreckten Männer von Galway zu murren hatten und zu denken.

Dem Recht Genüge tun, das mußte er, der Richter, so munkelte jetzt Ronald Skerrett. Aber jetzt, wo dem Galway-Gesetz Genüge getan worden sei, da werde Lynch den Spruch auch wieder zurücknehmen. Da werde er praktische Überlegungen walten lassen.

Was das denn für Überlegungen seien, wollte O'Donnoghue wissen, solche, die sich gegen gültiges Recht richteten? Gegen die Verfassung?

Gleich drauf hörte Betty einen Dritten und einen Vierten, und die Stimmen überkreuzten sich immer schneller. O'Brians Märchen und Flanns und Kirwans Kommentare, die hatten den Bann gebrochen, nun konnten sie reden, immer rascher und knapper flogen die Meinungen hin und zurück, nun hatten sie endlich Worte für das unsägliche Ereignis.

Die Stadt Galway stehe und falle freilich mit dem Galway-Gesetz, wußte Ronald Skerrett und erinnerte an die Losung ›Verfassung für immer‹.

»Ja, für immer«, knurrte John Joyes, »bis in den Abgrund!« Und fügte hinzu, der Handel mit dem unglücklichen Vater Gonzales, dieser ganze glorreiche Spanienhandel sei nun so oder so verdorben und Galway sei mit oder ohne Todesurteil ruiniert, aus sei es, aus, da helfe nun auch ein vollstrecktes Galgenurteil überhaupt nicht mehr heraus, diese Hinrichtung könne Lynch sich sparen, schon einfach aus ›praktischen Überlegungen‹.

George Blake redete dagegen. Den Handelsmann möchte er sehen, der nicht auch dann noch für seine Geschäfte Wege wüßte, wenn ihm abgestürzte oder gehängte Söhne die Sicht versperrten. Handel und Gewinn, die gingen dem Menschentier nun mal über alles. Auch über die eigenen Leichen. Ob in Galway oder in Malaga. Das Paradies, das solle man endlich vergessen, da hätten Dun Brendans Gnomen vollkommen recht.

Nein, erklärte nun wieder der Skerrett, der einzige Weg, den Spanienhandel einigermaßen am Leben zu halten, wahrscheinlich führe der nur über dieses Urteil und nur über seine Vollstreckung.

Oh! Ob denn nur Hirngespaltene hier säßen, ächzte Priester Kirwan, ob denn keiner von ihnen ahne, was in diesem Augenblick drüben in Walter Lynch umginge, der niemals bloß ein Handels- und Gewinnmann gewesen sei, sondern immer auch und vor allem ein Mensch, ja, und Christ, nämlich Vater, Freund und Gemahl, Vater seiner Stadt wie seiner Familie. In diesem Walter Lynch würden zu dieser Stunde mehr Gedanken kreisen als hier in diesem dunklen Pub in den meisten Duckmäusern ihr Leben lang.

Das wollte niemand bestreiten, aber dennoch,

George ließ nicht locker, Gedanken hin, Familiengefühle her, auch bei Lynch hätten die Geschäfte immer obenan gestanden, was es denn sonst zu bedeuten habe, daß die Sippe der Lynchs sich in die der Joyes hatte hineinheiraten wollen. Dem Gewinn sei's getrommelt und gepfiffen, nur dem vereinten Handel und Wandel zuliebe werde auch der John Joyes sich am Ende noch hinter den Todesspruch stellen, man werde sehen – Skerrett habe ihm ja noch eben jetzt diesen Rat gegeben.

Nein, das werde man nicht sehen, fauchte der Knurrbart. Seiner Agnes und seiner eigenen Haut zuliebe werde er, Joyes, hinter dem künftigen Schwiegersohn stehen, was hülfe ihm ein gerettetes Lynchhaus, wenn Pat am Galgen erwürgt sei. Was wirres Zeug hier gedroschen werde, maulte der streitbare Mann. Handel hin, Gewinn her, er bleibe bei seinem Kampf gegen den Richtspruch, bei seinem Kampf für Pat Lynch, dem Unrecht geschehe.

Miesmuschel-Vater Blake befand, all dies sei Wolkenkuckucksgeschwätz, morgen oder noch heute würden Cluricauns rächende Reiter über Galway und seine Stadtgarde herfallen und den Curtin aufhängen und den Richtersohn gleich mit –

Hirnrissig fand O'Flaherty Blakes Angstbilder. Da solle er doch erst mal den alten O'Brian fragen.

Der nickte und wußte zu erzählen, der Graf Cluricaun auf Killmanroy sei nicht nur mit Makel gestorben, sondern auch schon in Schanden gezeugt worden. Mit einer Schweinemagd aus den Connought-Sümpfen hätte es Cluricauns Vater im Suff getrieben, ja, mit einer gälischen und nun, da der englische Ritter am Ende auch nur in den Armen einer Seilertochter verreckt sei, habe sich auf Killmanroy ein alter Hader endlich gelöst und könnte nun Ritter D'Arcy, Zweitsohn zwar, aber, soweit die Zeugnisse glaubhaft wären, herrenmäßig gezeugt, nun, nach Jeremiahs frommem Schlag mit dem Ochsenjoch, könnte der D'Arcy seine rechtmäßige Lordschaft auf Killmanroy antreten, was ihm jahrzehntelang der ränkereiche Cluricaun vereitelt hatte, sowohl mit Machenschaften über die englische Krone als auch mit eifrigen Bestechungen des Bischofs, der ihm seine edle Abkunft immer aufs neue bescheinigt hätte, nein, weiß Gott, O'Flaherty habe recht, niemand aus dieser endlich befriedeten Grafensippe würde nach diesem Totschlag undankbare Gefühle hegen und schon gar keine kriegerischen. In diesem Fall, im Fall von Cluricauns zerplatztem Schädel sei die Stadt fein heraus, im Gegensatz zum Todessturz des Gonzales.

»Wer hat das bessre Los ergriffen?« kommentierte Flann diese Rede, und vielfältiges Gemurmel von Gottes Trommeln und Pfeifen füllte den Raum.

Nun hielt Douglas O'Donnoghue sich nicht mehr im Zaum, nun endlich ließ er ihn los, den lang gestauten Groll, ja Kreuz und Kuckuck, was denn das solle, was denn von all dem Gejammer hier der Jeremiah Curtin würde halten müssen, wenn er etwa zu hören bekäme, wie in seiner, in O'Donnoghues lang verachteter Bierhalle ausgerechnet um den halbgaren, um den grünen Rauf- und Tückebold Pat graue Haare wüchsen, ob der hängen solle oder nicht und daß über ihn aber, den Grafentöter und Unholdumbringer, keiner auch nur ein einziges gutes Wort verlöre. Ob denn nicht erst recht der Seiler vor dem Strick zu retten sei! Und wenn schon über Ausnahmen vom Gesetz gemunkelt würde, dann doch wegen Curtin, dem mutigen, und nicht wegen Patricks blindwütigem kopflosen Totschlag. Bloß weil der ein lustiges gelbes Luchs- und Löwengesicht habe, zöge man ihn dem Gottesfreund Curtin vor? Lynchs vorwitzige Touren über die Handelsmeere dieser Welt seien schließlich – Bruder Kirwan, da höre er doch bitte mal zu –, die seien schließlich nicht nur für das eigene Söhnchen zu spritzig und zu freiheitlich hinausgeprescht, sondern auch für diesen ehrbaren Jeremiah sei Walter Lynchs Gangart um einiges zu dreist, zu wild, sogar zu ungerecht gewesen, das mögen doch alle hier im Saal bedenken, auch wenn es beim Curtin nur um Nebengewerbe ginge, nur um Seile und Netze und nicht um Galways stolze Handels-Dynastien.

Als der Brauer den Bruder Kirwan auf diese Weise pfiffig bei seiner eigenen Auslegung des Märchens und der Verhältnisse gepackt und das ›zu spritzig und zu freiheitlich‹ auf ganz andere Weise ausgelegt hatte, da seufzte der Priester und wollte eben ein schmiegsames Wort um die beiden Galgen-Kandidaten herumstricken, als die Tür der Halle sich öffnete.

Die Köpfe wandten sich, auch Betty richtete ihren Blick vom Fenster weg zum Eingang. Da stand im matten Licht Mike Pitt, dieser Klotz an Mann, der stand da, aus dem grauen regentropfenden Fell dampfend, in der Faust das Netz mit silbern glänzenden Lachsen.

Einen Moment lang blieb Pitt stehen, nickte, mochte sich wohl wundern über die volle Halle. Dann schob er langsam die Tür hinter sich zu und ging an den Reihen der zerredeten Bierköpfe vorüber. Und wollte zu Dorothy, in O'Donnoghues Küche.

Da hielt Flann ihn fest und schrie, und fünf Krugfüllungen schwitzten ihm aus dem Rotgesicht: »Mike Pitt! Du bist der einzige, der noch klaren Kopf hat. Du allein hast nicht mitgemacht beim Affentanz auf Dun Brendans Goldseil, das hinübergespannt war über den Ozean, in die Neue Welt, in den sagenhaften Reichtum. Du bist geblieben, wo wir Idioten mit Biersausen im Hirn nun alle am liebsten wieder hinwollen und nicht mehr können. ›Zu spät, zu spät, fröhliche Leute!‹ Mike, Du bist geblieben am Corrib und auf der Galway-Bay, beim Silberlachsfang, bravo, Pitt, hast Deine Hunde scheißen lassen auf die rotgoldenen spanischen Paläste und Handelsschiffe – Halleluja, Pitt selig!« Und ließ ihn, der nichts verstanden hatte, los, damit er in die Küche gehen konnte, um Dorothy die Fische zu verkaufen.

Als das vorbei war, meldete sich im Dunkeln die Stimme von MacBride. Nein, sagte der dem Flann, nicht nur dieser Pitt, sie alle würden schon noch wieder dorthinkommen, wo der Mike geblieben sei. In wenigen Jahren würden sie wieder durch den Corrib stapfen, wieder die kleinen Hooker über die Bucht steuern wie früher, selbständig und ohne fremde Kommandos. Aus sei's mit dem Lynch-System.

»Kann sein, MacBride hat recht«, sagte George. »Unsere protzigen Kauffahrtschiffe, die sollten wir umgehend an die Piraten von Connemara verhökern, vorläufig noch für gutes Geld, solange die noch nicht spitzgekriegt haben, in welcher Klemme Galway steckt.«

Ob der kesse George also Angst habe vor den O'Malleys und vor den anderen grausamen Seeräubern, erkundigte sich O'Flaherty und schien belustigt, vor all denen also, die sich von der Handelsreligion nie hätten einfangen lassen. »Also vor den Claddagh-Leuten? Vor Irish Town?«

»Angst? Die sollten wir, wenn schon, vor den Engländern haben. Sobald sich diese neue Stadtkrise durchspricht bis zur Themse, werden sie die augenblicklich ausnutzen, wie sie dort seit je allen Handel, der krank wird, zerschlagen haben, um ihn selber zu machen. Ob mit Seeblockaden oder mit neuen Steuern oder mit Soldatenbesuch. Wonach aus London dann wieder mal ein neuer Patron folgt, ob nun ein bischöflicher oder ein weltlicher. Nein, diese dumme Kuh Galway gerät ständig zwischen alle Wölfe. Und bildet sich trotzdem immer noch was ein auf das krumme stumpfe Gehörn an ihrem Kopf, das Lynch Verfassung nennt. Ob er mit diesen Hörnern nun zustößt oder ob er sie zurückzieht, ob er die Verfassung bricht oder realisiert – Kate behält recht, ›zu spät zu spät, fröhliche Leute!‹«

Mit diesem ›zu spät‹ war der Schwall der Reden erst einmal versiegt. Die Töpfe wurden leiser aufgesetzt als zuvor. Das Unglückswort der Kate stand im Raum, hing schwer über den Köpfen, wie der feuchte Dunst. Einige Männer schielten dorthin, wo Mike Pitt verschwunden war, schienen über den nachzudenken. Andere starrten nur vor sich hin, auf das schwere Tischbrett, als wollten sie's mit ihren Blicken durchbohren.

Die ältesten, Daniel Blake, Patrick MacBride, Ronald Skerrett und auch William O'Brian, die sannen nach, wer denn nun dieser Stadt ›zwischen allen Wölfen‹ überhaupt noch helfen könne und wie. Die Greise erinnerten sich an so manche Sturm- und Sterbenacht, in der die Kathedrale gemieden wurde und die Leute aus Irish Town wie aus der Oberstadt lieber doch, auch bei Nebel, Wind und Nacht, die Küste entlangstolperten. Ja, wer war nicht schon heimlich hinaufgeschlichen auf den zerbrechenden Salzhügel, zur Kräuterkate, um fürs kranke Kind oder den sterbenden Vater Latwerge zu holen, Zimtsirup oder was sonst Kate aus Wurzelmark vom Eisenhut, Huflattich oder der Tollkirsche zu zerstoßen und mit Honig zu verflüssigen wußte – aber nun? Gegen das, was nun war, war da noch ein Kraut gewachsen?

Vinetas Glocken höre er, sagte Skerrett. – Atlantis, murmelte Vater Blake.

Die einzige, die nicht klar zu wissen schien, daß gegen Galways Abstieg nichts zu machen war, war offenbar Betty Blake. Ohne Unterlaß hielt sie ihren Blick hinausgerichtet, sah durch die dunklen Scheiben, hinter denen tags das hohe Haus zu sehen war, die graue Steinburg mit den Löwen- und Luchshäuptern, mit den Weinranken und Drachenspeiern und mit dem denkwürdigen Steinbild gleich überm Eingang. Niemand hatte das kommen sehen, mit einemmal sprang die graue große Frau auf, schlug auf den Tisch und schrie.

»Jetzt reicht's!« Blitzend und plötzlich ganz nah schimmerte ihr breites Gesicht auf die Männer hinunter. Und überaus anwesend kreisten ihre Augen und stachen von Kopf zu Kopf jedem ins Gewissen; »Ihr Jammerlappen! Specksäcke! Jaulböcke! Da sieht man, was rauskommt, wenn Männer, wenn immer nur Männer das Kommando haben – Katastrophen! Bankrott! Und unendliches Gejammere! Ihr Bankfurzer, Ihr Stinktränen, Trübmolche, Ihr weint hier seit zwei Stunden in O'Donnoghues mieses Bier, und was hat Patrick davon? Nichts! Und was haben Walter und Mary Lynch davon? Ebenfalls nichts! Drüben über der Straße brennt es, und Ihr Heulmäuler sitzt hier herum und ratet, was wohl am Ende übrigbleibt, wenn alles niedergebrannt ist! Ihr Schlappärsche, ja, Dich meine ich, Kirwan, und Dich, Skerrett, Blake, Joyes, O'Brian, O'Donnoghue, MacBride, O'Flaherty, George – Ihr alle, keiner ausgenommen, auch mein eigener Erzeuger nicht, der Brägen hängt Euch in so dicken Klumpen im Schädel, daß er nur noch dazu gut ist, hier in die Hefesuppe zu winseln – in den Corrib mit Euch Ochsen! Ich mach's allein!« Und fuhr krachend aus der Bank, raffte ihr Wolltuch vor der Brust zusammen, stampfte zum Ausgang, riß die Tür auf und schlug sie hinter sich zu.

Verdatterte Männer blieben zurück, krümmten den Rücken. Schielten zwischen Biertopf und Nachbarn hin und her. Niemand wußte Bettys Kanonade klar zu deuten. Bis schließlich Redebold George aufsprang, etwas bruddelte, was heißen mochte, er müsse Schlimmeres verhüten. Und ebenfalls zur Bierhalle hinaussprang, hinter seiner schweren Schwägerin her.

»Betty!« Mit diesem Seufzer hielt es auch den alten John Joyes nicht mehr an seinem Platz. »Meine Betty«, maulte er und stand auf und setzte sich wieder.

»Deine Betty erklärt jetzt der Stadt den Krieg«, lästerte O'Flaherty.

»Seit diesem Tag«, knurrte John Joyes, »ist in Galway die Zeit für Deine Witze vorbei.« Raffte seinen Umhang vor dem Bauch zusammen und stürzte sich, verwickelt ins Anziehen und Überstülpen, ebenfalls in die Regennacht.

Abermals hielten sich die Zurückgebliebenen verdutzt an ihren Töpfen fest. Schließlich wagte der

Priester die Frage: »Und jetzt? Was werden sie machen? Was meint Ihr? Wird Betty hinübergehen? Ins Lynchhaus?«

»Kann sein, sie geht zu Ricardo«, murmelte O'Brian. Ihm gaben Kirwan und MacBride recht. Denn wenn in dieser Stunde noch einer übersah, was geschehen war und was zu geschehen hatte, dann war das dieser katholische Priester, der aus Dublin gekommen war.

»Sie hat ja vollkommen recht, man muß was tun«, kratzte sich der alte O'Flaherty den roten Kopf.

»Aber was«, fragte O'Donnoghue. »Gut reden hat sie: was tun!«

»Ist eh alles vertan.«

»Das beste wäre, wir überließen jetzt nicht ausgerechnet diesem Weib das Feld«, fauchte MacBride.

»Und auch wir gingen jetzt zu Ricardo hinüber.« O'Brian sagte das. »Auf Ricardo hört der alte Lynch, auch jetzt. Gerade jetzt.«

»Lynch haßt ihn.«

»Aber er hört auf ihn.«

»Jawohl, gehen auch wir hin«, meinte Daniel, »ehe sie wieder alles auf den Kopf stellt. Kenn doch meine Gemahlin.«

»Ärgern und beleidigen wird sie den armen zierlichen Pater«, klagte Bruder Kirwan. »Und wird wie immer mächtig übertreiben. Und statt Hilfe haben wir am Ende von dem klugen Don aus Dublin nur noch mehr Schwierigkeiten.«

»Noch mehr sind nicht denkbar«, bemerkte O'Flaherty.

»Ricardo ist ein glatter Hund«, wußte MacBride.

»Ein frommer Mann. Und ein kluger«, befand O'Donnoghue.

»Wenn's in seine Pläne paßt, wird Pat hängen.« Priester Kirwan war's, der das gesagt hatte.

»Ja – soll denn Pat etwa nicht hängen?« fragte der Braumeister.

Eine kurze Pause folgte, dann rumpelten abermals die Ansichten energisch aufeinander los, polterten quer über die Tische und prallten aufeinander. Pat zu hängen, erklärte O'Donnoghue, das sei doch die allerletzte Möglichkeit, aus diesem Strudel noch herauszukommen, irgendwie. Nein, ihn zu hängen sei der letzte Irrsinn, rief O'Brian. Aber das Gesetz und die Verfassung, rief der alte Skerrett. Schon war kein Wort mehr klar zu verstehen und O'Donnoghue holte verbissen weiteres Bier in den Streit.

Derweil hatte George Mühe, seiner Schwägerin zu folgen. Sie war nicht zum Lynchhaus gegangen, nein, sondern lief die dunkle Middle-Street hinunter. Fast schwarz standen die Mauern in der Regennacht, nur wenig trübes Funzellicht drang aus den Häusern. Auch hier hingen noch schwer und tropfnaß die Banner vom Jubeltag. Geschwind eilte die Frau an all dem vorbei, über Pfützen sprang sie. Und bog unten ins Joyes-Haus.

George versuchte Schritt zu halten. Was wollte sie dort? Wen wollte sie wofür gewinnen? Er stolperte durch den dunklen Eingang in die Halle, da war niemand, leer standen auch das hintere Zimmer und die Küche, Betty nirgends zu sehen oder zu hören, auch keiner von den Haussklaven. Die waren jetzt zweifellos im Claddagh, in Irish Town, um dort unter sich, hinter Vorhängen von Whiskey oder Bier und geschützt von gälischen Wortwänden, die neuen, die unfaßlichen Ereignisse zu fassen und am Ende ihre irrwitzige Lage und die Herrschaft der englischen Handelsherren doch wieder nur im Kopfrauschen zu ersäufen.

George blieb in der Halle neben dem Kamin stehen, ging dann unter die Treppe und horchte. Irgendwo wurde in diesem Haus geredet. Er sprang über die Steintreppe nach oben und hörte die Stimmen jetzt deutlicher, hinter einer Tür.

»Er wird es nicht tun, wie oft soll ich das sagen.« Das war Agnes.

Und dann Betty. »Ich kenne ihn auch, ein bißchen. Und ich werde dafür sorgen, daß er's tut.«

Er öffnete die Tür, sah Agnes in einem Stuhl und Betty, wie sie ihre Schwester an den Schultern gepackt hatte, leicht schüttelte und auf sie einsprach. Nun hörte sie damit auf und murrte: »Der Schwatzbold. Muß sich selbst hier einmischen.« Kam auf ihren George zu, umarmte und küßte ihn, energisch.

George schloß die Tür. »Euer Geschrei hört man bis auf die Straße.«

»Tu, als wäre er nicht da«, riet Betty der Schwester und hatte ihren Schwager, der sich an den Türpfosten lehnte, fest beim Gürtel gepackt. »Ich will, daß sie ihm schreibt.«

»Und ich versuche ihr zu sagen, daß es sinnlos ist. Daß er nicht mitmacht.«

»Agnes schreibt ihm und Du besorgst die Schlüssel.«

»Was sollte ich ihm schreiben. Er haßt mich.«

Agnes ließ den Schwager los, näherte sich wieder der Schwester. »Warum mußt Du Wildsau auch diesen Wahnsinn machen.«

»Du hättest es nicht anders gemacht.«

»Doch nicht am Tag der Verlobung, ich bitte Dich!«

»Gerade dann – nichts wahnsinniger –«. Sie warf ihren Kopf gegen Bettys Leib. »Er ist so wunderbar –«

»War!« Betty streichelte sie. »Begreif das endlich. Und jetzt muß uns was einfallen. Was tun müssen wir. Bevor's auch von Pat heißt, er war!«

»Aber er macht nicht mit. Hast Du ihn denn nicht gesehen? Sein Gesicht? Das ist nicht mehr sein Gesicht. Schleicht seinem Vater nach, wie ein Hund –«

»Stimmt«, sagte George, »ist nur noch der Vater. ›Va-ter‹ –«

»Ich hätte ihm alles erklärt.« So flüsterte die Schöne, die Unglückliche.

»Und was?«

»Daß ich ihn liebe. Hätte ich ihm gesagt. Ja, nach wie vor liebe ich ihn, diesen Berserker, diesen blöden. Wirklich! Und das hätte er mir geglaubt. Alles hat er mir bisher geglaubt. Auch meinen Unsinn. Aber er? Was tut er, als er sieht, daß auch dieser Juan mich mag? Da haut er ab. Dreht durch. Und ist seitdem nur noch wie sein Vater. In klein.« Schluchzte. Klammerte sich an die große warme Schwester.

Die streichelte. »Er muß halt noch auf die Weide. Vor allem aber – er muß raus aus dem Turm. Weg von diesem Vater. Von diesem wahnsinnigen. Sowas mußt Du ihm schreiben, klar? Und George besorgt die Schlüssel.«

»Schlüssel?«

»Du weißt, wer sie hat. Und wenn Pat draußen ist, dann schafft George ihn und diese Verrückte weg. Ja, auch diese hier. Weit weg! Zum Onkel nach Dublin, hinten herum, über die Joyce-Berge.«

Agnes stand auf. Ging auf George zu. »Ja, George, bitte, tu das! Weg hier!«

»George tut das, keine Sorge. Und zwar hat mein kleiner Daniel diesen Wagen mit doppeltem Boden. Da könnten wir ihn verstecken.«

Agnes legte ihre Arme um den George Blake. »Du tust das? Bringst uns weg? Noch heute nacht?«

George schien diese Vorstellung nicht unangenehm. Nickte heftig. »Du Verrückte. Mit doppeltem Boden. Hättest besser mich nehmen sollen.«

»Hör auf«, rief Betty.

»Aber es mußte ja der Lynch sein.«

»Hört auf damit, wenigstens jetzt. Und dies hier« – Betty Blake zeigte auf das Schmuckkästchen aus Spanien –, »das nehmt ihr mit.«

Agnes schien zu erschrecken. »Das? Ist mehr wert als die ganze Lynchburg.«

»Eben deswegen. Nehmt ihr's mit. Im doppelten Boden.«

In der Bierhalle hatte der Streit um Bettys Brandrede die Gäste in zwei Lager geteilt. Zwar waren sich alle einig, es müsse in der Tat schleunigst etwas geschehen, nur stellte sich heraus, daß man das aus den verschiedensten Gründen wollte und in die unterschiedlichsten Richtungen. Die einen riefen Galway und meinten bessere Geschäfte, die anderen riefen Patrick und meinten die sagenhaften Zustände vor der Heraufkunft der reformierenden Lynchs und ihres Goldenen Zeitalters.

So ergab es sich, daß einige – sie waren in der Minderzahl – aus der allgemeinen Verwirrung ableiteten, Pat habe zu hängen. Wogegen die anderen gerade umgekehrt folgerten, Patrick gelte es zu retten. Man müsse eilends dem obersten Richter, diesen zum Richter erstarrten Vater, so erklärte es O'Donnoghue, diesem Monster müsse man eine Abordnung auf den Hals schicken, unterstützt oder, besser noch, geführt vom Priester Kirwan.

Da kam viel Zustimmung rings von den Tischen und einige erdachten dem Priester bereits allerhand schöne Sprüche von Vernunft und Christlichkeit, von Milde und Barmherzigkeit. Andere aber meinten, vor diesem Lynch hätten nur klare Worte oder gar Drohungen Aussicht auf Erfolg, wer vor den hintrete, der solle nicht fromm drumrumreden, so erklärte O'Flaherty, sondern solle handfest ankündigen, falls es morgen zur Hinrichtung komme, dann würden die gälischen Stadtsoldaten, dann würden seines wilden Sohnes Edward achtzig Hellebardenträger ihre Dienste verweigern und fänden dabei Unterstützung von der Mehrzahl der Galwayer, nicht nur von den Niederstädtern.

Priester Kirwan rieb sich die Kopfhaut, suchte und schlürfte sich Rat aus dem Biertopf und ließ sich aus der Küche Brotfladen kommen und Lachs, da er den Mangel an guten Ideen gern auf die Leere im Magen zurückführte. Aber auch das Brot von Dorothy O'Donnoghue, so frisch es duftete und krachte, brachte den Geistlichen nicht viel weiter, das weichliche Innere, das er nicht mochte, warf er hinter sich gegen die Wand, er fühlte sich gepeinigt und hatte keinerlei Begabung, Peinigungen als Wohlbefinden anzusehen.

Da sprang Braumeister O'Donnoghue in die Bresche, dies war seine Stunde. Er bot sich an, die Abordnung zu führen. Möge der Priester nur immer mitkommen und flehentliche Sprüche dreinflechten über die wahre Sohnesliebe, da hielten die heiligen Schriften ja vielerlei bereit. Die Hauptsache aber, die müsse in der Tat hart vorgetragen werden, da dürfe es keine Mißverständnisse geben.

Der Brauer hätte gern so weiter geredet, hätte ihn nicht der alte O'Brian unterbrochen. »Douglas, ich meine mich zu erinnern, Du warst für die Todesstrafe. Wofür bist Du jetzt?«

»Gegen den Weinhandel ist er, für sein Biergeschäft«, maulte O'Flaherty.

»Hat halt begriffen«, ergänzte MacBride, »daß es seinem Bier im Chaos am besten geht.«

»Wofür also bist Du jetzt?«

O'Donnoghue schüttelte den Kopf. »Die Mehrheit in Galway, das wird doch nun immer klarer, egal ob Geschäftsleute oder Fischersleute oder Frauen, die Mehrheit will Begnadigung. Und wenn die entsprechende Bitte von besonnenen Leuten vorgetragen wird, von einem zum Beispiel, der im Gericht nach der Verfassung geurteilt hat, also für den Galgen, dann kann Lynch das so einem unmöglich abschlagen. Einem wie mir. Dann muß er das ernst nehmen. Dem Recht zunächst Genüge getan. Alsdann aber das Gnadengesuch. Wer geht mit?«

Diese Rede bekam denn doch einigen Beifall, machte den Bedrückten in O'Donnoghues Halle Mut. Zwar schüttelte der alte Skerrett den Kopf und wiederholte nochmal halbherzig seine Ansicht ›Rettet Galway und hängt Pat‹, aber die meisten fühlten jetzt ihre Herzen schlagen für den jungen unglücklichen Patrick Lynch. Den Bedächtigeren unter ihnen war dennoch nicht recht wohl. Vor allem der

Märchenmann und der Vielweibermann, O'Brian und O'Flaherty, die vermerkten es mit Sorge, wie ihr Gastwirt umgeschwenkt und aus einem Patrick-Verurteiler ein Patrick-Retter geworden war. Warum? Wohl weil der in der Tat nach fleißigem Bierausgeben durchschaut hatte, wie sie aussah, die Stimmung in der Stadt, und wie sie sich am geschicktesten gegen den alten Rivalen Walter Lynch nutzen ließ.

Nun, mochte daraus der Braumeister die Hefe ziehen, die er brauchte, es mußte gehandelt werden. Man bestimmte noch den listigen O'Flaherty zum dritten Mann in der Abordnung und schickte dann Priester, Brauer und Fischer mit gut abgewogenen Ratschlägen hinaus auf die Straße, hinüber zum hohen grauen Haus.

»Warum sagst Du nichts?«

In Lynchs großer Halle standen die Tische und Bänke noch so, wie sie nach dem Gericht über den Sohn verlassen worden waren. Sie standen verschoben, zum Ausgang hin beiseite gedrückt und quer. Niemand fand bisher Zeit und Besinnung, Ordnung zu schaffen.

Die Verwirrung der Sitzreihen vergrößerte sich in den langen Schatten der Fackeln und Lampenflammen, von denen seit dem Gericht nur noch wenige brannten.

»Warum sagst Du nichts?«

Die Frage von John Joyes kam von der Stirnseite, von dort, wo die Räte ihren Platz hatten beim Gericht und wo nun John wieder saß und auf Antwort wartete von Walter Lynch.

Wo der sich befand, war nur aus den Bewegungen von Mary Lynch zu schließen. Deren Gestalt wurde in Umrissen neben dem lichtspiegelnden Fenster sichtbar. Verschwand dorthin, wo der Richterstuhl stand.

»Wie soll er was sagen«, murmelte sie. »Laß ihn. Er kann nicht.« Mary sprach leise, als sei ein Kranker im Raum. »Denk, Du wärest Richter«, flüsterte sie. »Und gleichzeitig Vater. Denk Dich an seine Stelle. Dann versuch zu reden.«

Eine Weile war wieder Schweigen. Draußen fiel der Regen. Dann lispelte nochmal die Frau. Redete wie zu sich selber. »Lynch hat gesprochen. Hat seinen Spruch getan. Mehr kann einer nicht tun. Mehr kann ein Mensch nicht denken. Es zerreißt ihm das Hirn.«

Sie verschwand in der Tür zur Küche, kam mit einem Wachslicht wieder, das sie auf den Richttisch stellte. Nun war zu erkennen, daß ihr Mann immer noch in der hinteren Ecke des großen dunklen Stuhls lehnte.

Mary wendete sich wieder ab, dorthin, wo an der dunklen Stirnseite John Joyes saß. »Walter nimmt alles auf seine Schultern. Schon immer. Wie Frederics Ghue. Wie König Ghue.« Ging ein paar Schritte auf den Joyes zu. »Aber Walter ist kein König. Und wenn einer meint, es könne irgendeiner mehr fühlen als er, mehr denken, dann – dann laß ich den bei seiner Meinung.«

Sie ging umher, verrichtete neue Dienste, deren Zwecke nicht gleich zu erkennen waren. Finster blieb es im Raum. Lady Lynch aber fand sich zurecht in der verstellten Halle, sah mit dem Leib und mit den Händen, bewegte sich zwischen den matt schimmernden Dingen mit Sicherheit und redete dazu ihre sehr leisen Worte. »Mehr kann einer nicht leiden, ich weiß es.«

»Mary«, meldete sich Johns Stimme wieder. »Ich glaub Dir, was Du sagst. Aber eben darum, weil ich das genauso sehe wie Du, meine ich, es gibt – in diesem Fall – einen Ausweg«, die schwarze Stimme des Knurrbart zitterte, »einmal, das hab ich gehört, als ich in Cork war – da gab es dort einen Richter. Als der einen Verwandten verurteilen sollte, da hat der erklärt: Diesmal führt das Gericht in Cork ein anderer. Das ist es. Sie haben damals einen aus Waterford geholt. Ich meine, Patricks Fall, dieses Urteil, das sollte Walter für ungültig ausrufen lassen. Sollte den Fall abgeben an ein neues, an ein anderes Gericht, einen Rat einberufen, in dem er selber nicht –«

In der Innentür erschien Frederic. Das Talglicht beschien sein schiefes Gesicht, aus dem die Worte nur in Kratzlauten herausdrängten. »Sind Leute draußen. Wollen den Richter sprechen, sagen sie.«

»Welche Leute«, fragte Mary.

»Priester Kirwan. O'Donnoghue. O'Flaherty.«

»Sag ihnen, Lynch ist nicht wohl. Sie möchten ihn schonen, heute und morgen.«

»Sie wollen unbedingt –«

»Frederic –« Das war Walter Lynch. Die Stimme mit dem Sprung. »Laß sie warten. Mach erst mal mehr Licht.«

Fitzpatrick ging wieder hinaus in den Hof.

»John«, redete Walter Lynch mit seiner müden, zerborstenen Stimme. »Dein Richter in Cork, die Geschichte kenne ich. Ein anderer als ich, John, auch der hätte nach der Verfassung zu richten. Und mit Verantwortung. Meinst Du, es hätte einer mehr gesucht nach einem Ausweg? Mehr als –?« Konnte nicht weitersprechen. Das Wort ›Vater‹ hätte er nun aussprechen müssen.

Es blieb still im Raum. Nach einer Weile kam Fitzpatrick zurück. Setzte neue Fackeln ein an den Wänden und zündete sie an mit seinem Talglicht. Dann blieb er stehen und schien auf einen Bescheid zu warten. Niemand gab einen.

Als die Fackeln aufflammten, war in der vorderen Ecke eine vierte Gestalt sichtbar geworden. Pater Ricardo.

»Auswege?« murmelte die Frau. »Gallenwege.«

Und nach einer weiteren Schweigenszeit meldete sich John Joyes wieder aus seinem Ratsstuhl. Seine Stimme klang unsicher, so zögerlich, wie man sie von diesem Rauhbein nie gehört hatte. »Vielleicht – es wäre doch denkbar – daß einer, ein anderer, die Gesetze weniger hoch und unabänderlich einschätzt – jedenfalls –«

Kam nicht weiter. Auch ihm fiel die Stimme aus.

Lynch, zusammengesunken im Richterstuhl, blickte geradeaus vor sich hin, in den Irrlauf der verschobenen Sitze und Bänke hinein, und schaute erst auf, als nun die drei Abgeordneten des Bierhauses dicht vor ihm standen.

Die drei Männer, da Mary ihnen eine einladende Geste gezeigt hatte, setzten sich, polterten ein bißchen umständlich in den Bänken herum. Kirwan hustete auch wohl zu aufdringlich, O'Flaherty schaute zweifelnd herum, erkannte im Hintergrund den Spanier, O'Donnoghue aber richtete herausfordernde Blicke auf den Richter. Und dann auf den Priester.

Der faßte sich in den Kragen, hustete und ächzte und begann zu brummen, offenbar hatte er noch immer zu viel Bierschaum in der Kehle und in der Stimme. »Walter Lynch«, begann er, »wir alle, wir wissen –«

»Wer ist ›wir alle‹?«

Kirwan schaute verwundert. Auf eine so schnelle Gegenfrage war er nicht vorbereitet. Hätte das auch von diesem Mann im Richtstuhl, so wie der dort jetzt saß, nicht erwartet. Aber mit seinen Händen fand er doch ziemlich bald eine Antwort in seinem verschwitzten Kragen. »Wir alle, das sind die Menschen hier in Galway. Ob oben wir, die Bürger in der Oberstadt, oder ob unten hinterm Fluß die Iren, eben alle die, wie Du sie hier kennst und wie sie Dich kennen, Engländer wie Iren, alle diese Bürger, die wissen, was es Dich gekostet hat, einen Spruch zu fällen, wie Du ihn heute in dieser Halle gefällt hast. Ich finde für diesen Fall keinen Vergleich. So sehr ich auch die Heilige Schrift hinauf- und hinunterdenke, kein Vergleich findet sich da und kein Ratschlag, was einer tun soll, der, um das Rechte zu tun, immer nur das Schlechte tun kann. Nur Furchtbares. Was immer er an Auswegen findet, er tut Fürchterliches.«

Kirwan schluckte, Bierschaum schien seinen Hals zu verstopfen. Mary war es, die ihm zu trinken gab, vom Spanischen. Der Priester trank gern, atmete tief, hustete, und seufzte dann einigermaßen befreit auf, räusperte sich nochmal und fuhr fort. »Keine andere vergleichbare Geschichte finde ich als die, in der ein Vater bereit war, seinen Sohn zu opfern. Wo dann aber der Gott ihm das erlassen hat. Dem Abraham. Und keinen weiteren Vergleich finde ich als höchstens noch, ja, den höchsten von allen, den mit unserem himmlischen Vater. Der bekanntlich ebenfalls seinen eingeborenen Sohn hingab. Hingab für unser aller Heil. Für die Erlösung unserer miserablen Seelen.«

Erschöpft, als hätte er eine steile Treppe bezwungen, atmete Kirwan mehrmals kurz und tief, um dann besonders viel Luft in seine Schlußfolgerung zu pressen. »Dieser Vergleich, dieser letzte, der macht mich wirr. Walter, ja, er macht mich schwindlig. Denn ich finde, Walter Lynch, mit Gott dem Herrn, mit dem Weltenschöpfer, der alle Plage der Menschen auf sich und seinen Sohn lud, mit dem soll der Mensch sich nicht gleichstellen. Nein, so vermessen und so tolldreist darf er nie sein, daß er meint, er könne leisten, was allein der Allmächtige konnte. Und was dem biblischen Abraham erlassen wurde.«

Damit war er zu Ende. Klappte den Kopf hinab, sein Kinn fiel ihm auf die Brust und verdoppelte sich. Griff wieder zum Weinglas.

Da war allen im Raum recht feierlich zumute. Niemand hätte bestreiten wollen, daß diese Rede von allen Reden Kirwans, an die man sich erinnern konnte, die beste war. Dankbar sah O'Flaherty auf seinen tüchtigen Priesterfreund, nickte, und mit der Hand, unten bei der Bank, im Dunkel, boxte er ein bißchen gegen dessen Bein.

In Walter Lynchs Gesicht, in diesem Antlitz aus der Totenstadt hinterm Black Head, da schienen wenigstens die Augen für einen Moment noch einmal Glanz bekommen zu haben. Doch schon bei der Antwort war das schon wieder erloschen, versunken wie in einem verfalteten Krater. »Dank, Kirwan.« Lynch preßte die Lippen gegeneinander, so daß sie lang und schmal wurden wie die Netzbänder über den Rollen, wenn der Hai ins Boot gezogen wurde.

Während er so gespannt weiterdachte, schienen die Augen herauszutreten aus den zerknitterten Rändern. »Kirwan, glaub mir«, preßte er heraus, »glaub mir, es war nie meine Absicht, in einen solchen Vergleich hineinzukommen. Ich bin in den geraten wie der Fisch ins Netz. Und wehe dem, so sagt es Deine Bibel, wehe dem, über den das kommt. Der spürt – allerdings – der kriegt zu spüren, beim Allmächtigen, da hast Du recht, der begreift, daß er unterliegt. Fürchterlich unterliegt, was immer er anstellt. Und daß ihm das den Kopf spaltet.«

Die meisten im Raum verbanden mit Lynchs Worten Vorstellungen, die sie nicht zu Ende denken wollten.

Lynch stockte. Wollte nun nicht mehr weiterreden. Ein Schmerz verzog seine Züge, er biß sich auf die Lippen, wandte sich ab.

Es kommt vor, daß Leute sich zwar sehr leise unterhalten, daß sie fast flüstern, daß sie dabei aber doch zu schreien scheinen, weil ihnen auch diese geflüsterten Mitteilungen überaus dringlich sind. Gerade so ging es zwischen Betty und ihrem Schwager George, mit dem sie hinter der Blake-Burg den Schuppen öffnete, leise, mit einem kleinen Licht, den Schuppen, in dem die Wagen standen.

»Die Schlüssel«, flüsterten sie, »die trägt er am Bauch. Alle an einem einzigen Ring.« – »Aber nicht nachts. Im Bett mit all den Eisenhaken?« – »Nachts legt er sie natürlich weg, das ist Deine Chance.« – »Wohin?« – »Wohin wohl, neben sein Bett vermutlich. Unters Kissen. Das kriegst Du raus.«

Sie standen nun vor dem Fahrzeug, George hielt das Licht, Betty öffnete die Tür, klappte den Deckel vom doppelten Boden auf. Sie nickten sich zu, stiegen dann in den Wagen, setzten sich auf die Bank. Und zischelten weiter. Zunächst George. »Nachts schließt er sie weg, der Schlaukopf. Hat nachts nur noch einen einzigen um den Hals. Den Schlüssel zu den Schlüsseln.« – »Das kriegst Du raus.« – »Besser eine Frau.« – »Vor Frauen kriegt er Pickel. Schlaganfälle.« – »Nicht vor Agnes. Die respektiert er.« – »Unmöglich. Agnes dort drüben? Da wär klar, was sie wollte.« – »Dann also Du.« – »Unmöglich. Er erstickt. Frauen bringen ihn um. Du mußt es machen. Bist schließlich sein Freund.« – »Sein Freund? Hab ihn immer nur geärgert.«

Einen Augenblick schwieg sie. »Eben drum. Kennst ihn. Kennst ihn am besten.«

George seufzte. »Also gut. Ich greif mir den Gnom.« – »Bravo. Und außerdem –«. Betty stockte. – »Was ›außerdem‹?« – »Du mußt ihn überzeugen.« – »Wovon?« – »Falls irgendetwas –« Betty wollte es gar nicht erst aussprechen, daß irgendetwas auch mißlingen könnte. – »Falls was?« – »Falls, mein Gott, er ist schließlich der Henker. Wenn irgendwas, zum Beispiel diese verdammten Schlüssel, wenn da was nicht so laufen sollte wie nötig, dann ist doch wohl klar, dann muß Fitzpatrick sich weigern! Verstanden?« – »Natürlich.« – »Mach ihm das klar, Georgie!« – »Mach ich. Und Du? Wohin jetzt Du?« – Betty wollte weg. – »Wichtiger als alle Henker ist das Militär.« – »Edward?« – »Den Hauptmann krieg ich rum. Mit allen Mitteln.«

Inzwischen hatte Kirwan, nach einem weiteren Schluck, einen neuen Anlauf genommen. Und sagte: »An diesem Tag, bei dem ersten Gericht an diesem Tag, da haben wir hier fast alle dem Jeremiah Curtin vorgehalten, er habe seine Tochter unwissend gelassen. Habe sie das Leben nicht gelehrt. Dumm gehalten. So daß sie zum Beispiel die Gelüste des Leibes nicht kannte, des eigenen nicht und die der anderen nicht. Nun, nach diesem schauerlichen Unglück, da ist, fürchte ich, zu fragen, was denn eigentlich der Sohn Lynch zu lernen hatte. Wenn ich mir das ausmale, dann lernte der wohl vor allem, recht zu haben. Ein großes Haus zu haben. Ein Schiff, zwei Schiffe. Eine schöne junge Frau. Das alles war für ihn, fürchte ich, das Oberste. Und als es dann, in unserer lebenswilden Feier, womöglich so aussah, als könnte ihm jemand das Wunderbarste wegnehmen, diese schöne Frau, diesen vermeintlichen Besitz, mußte er da nicht in die größte Angst geraten? In Panik? Weil ihm Besitz doch alles war? das Höchste?«

Da schwiegen sie nun alle. Kirwan trank.

Der Richter blickte seitlich, ins Finstere. Hob dann endlich, kaum merklich, eine Hand. »Deine Predigt, Priester, wird immer besser. Und ich, entsprechend, immer ratloser.«

»Lynch«, sprach der Brauer O'Donnoghue, aber der Richter drehte sich nicht zu ihm um. »Erlaube auch mir ein Wort. Wenn morgen alles so gehen soll, tatsächlich so, wie Du heute geurteilt hast.«

»Du auch, Donnoghue. Auch Du hast so geurteilt.«

»Ich bestreite keinen Moment, daß unser Urteil rechtmäßig war.«

»Was bestreitest Du?«

»Daß es auch vollstreckt werden muß. Bin mir nämlich sehr sicher, daß man nun, da dem Recht Genüge getan wurde, Gnade walten lassen darf. So denken fast alle, in Galway. Auch diejenigen, die streng nach der Verfassung geurteilt haben.« Auch dem Brauer reichte Mary vom Wein. Der trank gern, nahm das als Ermutigung. Und sagte: »Nach einer Hinrichtung, Lynch, nach einer solchen Tat, da wird niemand Deine Gerechtigkeitsliebe preisen. Niemand Dein unerschütterliches Eintreten für Galways Glück. Sondern alle werden von Deiner Unbeugsamkeit reden. Von Deiner Härte. Deiner Verstocktheit. Darum bestell nunmehr ein zweites Gericht ein. Ein Gnadengericht. Das wäre kein Rechtsbruch. Und es wäre gut für Deine spanischen und Deine portugiesischen Geschäfte. Hol Dir aus Limmerick den Richter Browne. Alle Rechtsgelehrten und alle Leute in der Stadt wären sich sicher, das wäre kein Rechtsbruch. Es wäre rechtens und es wäre vernünftig.«

Schweigen stand in der Halle. Atmen hörte man, tiefes Atmen. Den Regen. Marys Gläsersetzen.

Lynch hielt sein Gesicht immer noch zur Seite. Bewegte auch jetzt, als es still war, keine Miene.

Da kam John Joyes aus seiner Rats-Ecke heran. Neben dem schweren Stuhl blieb er stehen und schaute zwischen dem Richter und den drei Männern hin und her. »Ich weiß zwar nicht, weshalb Douglas hier so herzensgute Worte findet für Galway. Auch nehme ich nicht an, daß Lynch sein Urteil nur den spanischen oder portugiesischen Geschäften zuliebe so und nicht anders gefällt hat, nein, er hat nach dem geltenden Gesetz geurteilt. Unser neues wie unser altes Galway-Gesetz muß ihm recht geben. Und doch bestärkt mich, was der O'Donnoghue jetzt sagte, in der Hoffnung, daß hier in Galway, wo wahrlich die unterschiedlichsten Leute wohnen, genügend Männer bereit wären, ein neues Gericht einzuberufen über Pat Lynch, zum Beispiel unter dem Vorsitz dieses sehr angesehenen Richters Browne, ein Gericht, das ein neues Urteil spricht, weil von keinem Menschen auf der Welt verlangt werden kann, daß er über sein eigenes Fleisch und Blut mit klarem Kopf zu Gericht sitzt.«

Lynch schwieg.

Joyes schaute hilflos, blickte zu Mary, die hinter dem Stuhl stand. Vielleicht zeigte die, in Haltung und Gebärden, was jetzt zu hoffen war oder zu fürchten.

Doch Mary hielt ihr geneigtes Haupt ruhig. Das alte schöne Lächeln war erstorben, war erstarrt in bitteren Mundfalten. Ihre Hand lag auf Lynchs Schulter.

Ratlos schauten sich die anderen an. O'Flaherty wandte sich um, schaute in die hintere Halle, zu Pater Ricardo hinüber, doch der saß dort, als hätte ihn nicht der Herrgott gemacht, sondern der Steinmetz Costa aus Cadiz.

Diese schreckliche Stille. Starrten alle den an, auf dessen Stirn nun Schweißperlen standen. Da ging Mary langsam hinaus.

»Douglas«, sprach nun zum erstenmal in dieser Runde der listige O'Flaherty, »was jetzt zu tun ist, das liegt allein an uns.«

»Was meinst Du?«

»Es liegt an uns, ob dies alles hier eine Beerdigung wird oder ein Hochamt.« Flann schielte kurz wieder zurück, zum Pater, hatte sich offenbar einiges vorgenommen. Rückte sich in seinem Sitz zurecht. »Denkt

Euch in ihn hinein. Er kann ja nicht anders. Er muß ja bei seinen drei Grundsätzen bleiben. Auch bei der ›Verfassung für immer‹. Und darum auch bei seinen harten Urteilen. Gerechtigkeit. Wohlstand. Verfassung. Das ist seine Religion. Nicht wahr?« Wieder der schnelle Blick zurück. »Selbst wenn es ihm als Vater das Herz zerreißt oder, wie er sagt, den ›Kopf spaltet‹, er kann nicht anders. Und das bedeutet für uns –«, der Rotgesichtige stockte. Mary war zurückgekommen, kühlte ihrem Mann mit einem nassen duftenden Tuch die Stirn.

»Das heißt für uns?« bedrängte Douglas den Flann, erleichtert, daß jetzt O'Flaherty redete, denn dem las Lynch nicht so rasch wie ihm, dem Brauer, die eigentlichen Absichten von der Nase.

»Das«, sagte Flann, »das heißt für uns alle, die wir Pat nicht dem Henker ausliefern wollen aus was für Gründen auch immer, daß wir diesen unseren großartigen Walter Lynch werden hindern müssen. Ja, wir werden ihn hindern zu tun, was er für Vernunft hält. Denn wenn wir ihn zwingen, dann wahrt er sein Gesicht. Dann ist er es, der die Verfassung korrekt einhalten wollte. Dann kommt er auch vor den Spaniern korrekt weg. Und muß nicht tragen, was in der Tat kein Mensch tragen kann und soll. Er muß es nicht, wenn wir ihm den Gefallen tun und morgen den irisch-katholischen Pöbel spielen. Und Auflauf machen und Sturm.«

»Im Ernst«, sagte Douglas, »das ist es. Flann hat recht.« Und wandte sich nun doch noch einmal an den Richter, direkt und mit neuem Schwung. »Würdest Du unbeugsam bleiben, bedenke das, Lynch, würdest Du morgen stur dem Buchstaben des Galway-Gesetzes gehorchen wollen und dem, was zugleich

Deine spanischen Geschäfte verlangen – dann – dann würden sich morgen in Galway genügend Männer finden, die den Makel eines Rechtsbruchs getrost ertrügen. Wenn es denn ein Rechtsbruch sein sollte, Deinen Patrick vor dem Strick zu bewahren –«

Da geschah es, daß Walter Lynch sich erhob. Fast erschraken sie darüber. Die braunen Augen in dem Totengesicht blickten niemanden mehr an. Lynch schien, wenn er in diesem Gesicht überhaupt noch eine Empfindung zu zeigen hatte, für die in dieser Halle versammelten Männer nur noch eines zu empfinden – Ekel.

So, hinter dieser Maske aus der Totenstadt Black Head, wandte er sich ab und ging weg. Ging hinauf in das Zimmer, das er für sich selbst und für das Philippsfenster hatte einrichten lassen.

Als die Tür hinter dem schleppenden Schritt sich geschlossen hatte, verließen alle außer Mary und Ricardo ihre Plätze und liefen flüsternd umeinander. Die drei Bierhausboten und John Joyes, sie steckten die Köpfe zusammen und waren sich einig oder wollten es sein, einig darüber, daß Lynch ihnen nun selber ein Zeichen gegeben hätte, indem er Flann und Douglas ihren Plan nur andeuten, nicht zu Ende beschreiben ließ. Er wollte nicht teilhaben an diesem Wissen, oder? Aber verwirklichen könnten, ja sollten sie ihn doch wohl. So beredeten sie sich, wie Jäger, die endlich wissen, wo das Wild ist, und die nur noch einzuteilen haben, wer welche Strecke übernimmt. Aus der redend hinauskreisenden Gruppe löste sich O'Flaherty und näherte sich noch einmal der Mary Lynch, Flann wollte Gewißheit haben und zischelte: »Nicht wahr, Mary? Walter will es doch selber so, oder? Will, daß wir ihn zwingen?«

Da begann auch Mary, fortzugehen. Hielt dann aber, kurz vor der Tür, noch einmal an und sagte: »Nein. Er will es nicht. Aber tut nur, was ihr für richtig haltet. Walters Urteil war richtig und wichtig. Und was ihr tut, das, ja, das könnte noch richtiger sein. Das ist alles, was eine Frau dazu sagen kann.« Und ging hinaus, hinauf zu ihrem Mann. Flann O'Flaherty aber sorgte dafür, daß ihr Bescheid verbreitet würde, dieses Wort mit dem ›richtig‹ und mit dem ›noch richtiger‹.

Inzwischen redeten in einer der dunklen Badenischen Fitzpatrick und George. Der ›Gnom‹ und der ›Sprechbold‹. George Blake redete mit Hingabe auf den alten Haus- und Stadtmeister ein.

Der gab zwar vorerst keine Antworten, schien aber mehr und mehr beeindruckt, denn sein krummes Gesicht, das in keiner seiner Partien je zu Ebenmaß gefunden hatte, verzog sich immer häufiger, schließlich immer heftiger.

Über die nassen schwarzen Straßen Galways, an den schlaffen Kränzen, Bannern und Girlanden vorbei, am Opferstein mit den im Sturm umgestürzten roten Fuchsien, auf der Brücke über den Corrib, am Hafen und bis in die unterste Vorstadt, bis ins Viertel der Fischer wuselten und eilten und pendelten in dieser Nacht die Gruppen und Botengänger und Abordnungen, trieben geschäftig jenen Plan vom Sturm und Auflauf vorwärts, den O'Flaherty den irisch-katholischen Pöbelplan genannt hatte.

Anweisungen wurden überbracht und Vorschläge,

neuerlichen Rat hielt man in O'Donnoghues Bierhaus und benachrichtigte schließlich sogar die Ersatzleute in Edwards gälischer Stadtgarde, nun sprach sich's herum bis ins hinterste Fischerhaus der Irenstadt – keine Losung blieb ungedolmetscht, jeder wußte am Ende seine Rolle und die Stichworte und Orte seines Auftritts. Die besten indes wußte Betty.

Während dies alles vorbereitet wurde und auch die Zufälle und Fehlgriffe von O'Donnoghue vorausbedacht und mit Gegenmaßnahmen versehen worden waren, sorgte sich Bruder Kirwan sehr. Denn er sah wohl, daß die meisten, wenn sie ›Pat‹ sagten, nur ihre eigenen Vorteile meinten, Nutzen, den sie aus dem allgemeinen Umsturz der Lynch-Ordnung zu ziehen hofften.

Da schlich er sich fort, der Priester, stahl sich aus der Runde der geschäftigen Umtreiber und ging in seine Kathedrale St. Nicholas. Dort, in dem finsteren großen Haus dessen, den der Märchenmann O'Brian den Lebensfürsten genannt hatte, schlich er, nur ein Lämpchen vor sich hertragend, herum, drang in die Schatten vor, tappte durch die hallende kühle Luft und betrachtete die prunkenden Grabmäler.

Die wappengeschmückten, die bilderwuchernden Steinwülste der englischen Dynastie-Gräber sah er sich an, die Ruhestätten der Kirwan, Joyes, Blake, Skerrett und Lynch beleuchtete er, ihre prächtig herausgemeißelten Besitzmonumente. Für die Gräber der Lynchs hatte ein eigenes Seitenschiff gebaut werden müssen. Bedenkt, o Nachgeborene, riefen ihm diese Steine zu, bedenkt und bewundert, was wir zu unserer Zeit gerafft und geschafft haben. Diese unsere Prachtgräber künden im Tode, wozu wir fähig waren im Leben. Von unserer Macht in unseren Tagen zeugt dieser normannische und jener spanische Adel im irischen Stein.

Kirwan stand da und sah blau aus und alt und verfroren. Da stand er zwischen den Grüften und hätte so gern auch hier seine Arme ausgebreitet und ›Goldne Freunde!‹ gesungen wie am Fest-Abend in Lynchs Halle. Und hätte gerufen ›Greift die Grüße‹ und ›Stoßt den Nachbarn nicht zurück!‹ Aber in St. Nicholas wehte ihn nichts an von Nähe und Nachbarschaft, die goldenen Freunde hier starrten kalt aus ihrem Connemara-Marmor, aus ihren stolzen Besitzburgen.

Da wandte der Unglückliche sich ab und fiel vor dem nackten Mann am Kreuz nieder. Senkte sein Haupt bis auf die Steinplatten und schluchzte. »O Herr! Fluch über den Dünkel und den Geist des Neides, der diese Stadt verdirbt! Fluch der Handelsreligion! O Herr, ich flehe Dich an, gib uns wieder, daß wir teilen können wie auch Du teilen konntest mit Deinen Jüngern und mit den Frauen! Daß wir wieder brechen lernen und gemeinsam genießen alles, Brot und Wein und Fleisch und Haus. Und uns wieder freuen an allem in Freundlichkeit. O höre Deinen ohnmächtigen, Deinen verzweifelten Knecht.«

Schluchzen schüttelte den schweren Mann am Boden. Die Worte, nun staken sie ihm im Hals fest. »O Herr« kam nur noch hin und wieder hervor. Aber es schien, daß er sich seinem ›Herrn‹ ganz anders, ganz kindlich anschmiegen konnte und keineswegs mit ihm im Kampf lag wie drüben Lynch mit dem ›Erpresser‹-Gott.

»Ach Du Unbegreiflicher«, klagte er. »Hier liege ich, nach alter Christenweise, exakt dort liege ich, wo vor einem Menschenalter derjenige betete, der kurz darauf eine riesige Insel entdeckte, eine Neue Welt. Auch Walter Lynch hält sich für einen solchen Entdecker. Glaubt, Deine Welt neu erfinden zu müssen. O befreie uns von solchen Dünkeln – befreie uns von dem Rechthabenwollen –«

Kirwan kam zur Ruhe. Das Zucken ließ nach, blieb endlich fort. Dann, nach einer reglosen Zeit am Boden, erhob sich der Priester. Und aufrecht stehend sagte er zu dem Mann oben am Balken: »Und erlöse uns von dem Entsetzlichsten – von dem Wahn, wir könnten irgend etwas besitzen –«

Erst gegen Mitternacht legte sich Ruhe über die niedrigen Strohhütten unten im Claddagh, hinterm Fluß. Und bald darauf beruhigten sich auch die Umtriebe in der Oberstadt. Hinter den steinernen Bögen und gedrehten Säulen der englischen Handelsburgen im spanischen Geschmack wurde es still. Ganz zuletzt erst verlosch das Licht in O'Donnoghues altem Brauhaus und bei O'Flaherty, in des Hauptmanns Kammer.

Licht schimmerte dann nur noch im Lynchhaus. In der Mitte von Galway, wo sich die Hauptstraßen kreuzen, da schimmerte es an zwei Stellen in diese windige nasse Nacht hinaus. Aus einem Loch im Gefängnisturm leuchtete das eine, das andere aus Lynchs Fenster mit dem Bild des tatkräftig vernünftigen Philipp.

Im Turm saßen seit Stunden die beiden Verurteilten. In den entferntesten Ecken des hohen Raumes saßen die. Keiner beachtete den anderen. Kehrten einander den Rücken. Pat starrte gar gegen die Steinwand. Jeremiah blickte, das Kinn auf die Fäuste gestützt, zum schwarzen Fensterloch hinauf, ab und zu auch zur Tür oder zur Fackelflamme an der Wand.

»Pat!« zischte er nochmal. »He!« Und bekam auch jetzt keine Antwort. Keinerlei Bewegung zeigte der andere.

»He, Pat!« Und dann wieder »Du Unglückswurm!« Und kurz drauf: »Nun tu nicht so, als hörtest Du mich nicht. Jetzt, bitteschön, hör mich doch endlich! O Heiland, hilf.«

Schaute wieder zum Fenster hinauf, von dort zur Flamme, dann zurück zu dem jungen Lynch. »Je, Pat! Junge! Wir beide sitzen hier im selben Elend! Ist Dir das nicht klar? Jetzt hilft nur noch, daß wir zusammen – im Namen der Mutter Gottes – o weh, er hört nicht. Bei allen Heiligen. – Auch wenn Du mich verachtest, jetzt hilft uns beiden nichts anderes, als daß wir zusammenhalten! – Irgendwie – oder willst Du unbedingt den Narren machen? – Weh –«

Curtin zog die Schultern. Wandte sich ab. »Geb's auf. Wahnsinnig ist der.«

Noch immer redete Sprechbold George in der Nische des Badehauses auf Fitzpatrick ein. Inzwischen hatte er die längeren Anläufe und die ausgeklügelteren Umwege aufgegeben, nun ging er Galways Sänger und Lynchs Haus- und Kerkermeister direkt an. »Frederic«, raunte er dem Krummgesichtigen zu, »Du weißt, wann immer ich Dir was sagen wollte, auch Unangenehmes, da habe ich nie lang drumrumgeredet, nicht wahr? Wenn Deine Abendgesänge nicht rechtzeitig die Gnomen auftischten oder als Walter Lynch erklärte, den Henker, den werde im

Ernstfall der Fitzpatrick machen, da, das weißt Du, bin ich Dir mit Worten oft grob ins Gesicht gesprungen als Schwatzbold –«

Frederics unregelmäßige Schönheit geriet unter immer stärkere Zuckung. George wertete diese Erregung als Zustimmung und tuschelte um so heftiger und bohrte weiter: »Und darum, alter Hausgeist, will ich auch heute nacht gar nicht erst ein langes Spektakel machen, sondern gerade heraus –«, George schaute sich noch einmal im Halbdunkel des Badehauses um und horchte, fand aber alles still, »direkt heraus: Wir müssen Pat aus dem Kerker kriegen.«

Fitzpatricks schiefes Mienenspiel geriet so stark in Erschütterung, daß er sein Gesicht mit beiden Händen bedeckte, daß er es offenbar festhalten mußte.

»Ich weiß, Frederic, Du bist der letzte, der nicht seinem Patrick die Freiheit wünscht. Nur, was kannst Du dazu tun? Was bleibt Dir übrig? Dir, dem treuen Hausknecht beim Walter Lynch bleibt nichts Besseres, als den vermaledeiten Spruch des selbstherrlichen Herrn Walter in die Tat umzusetzen. Ausgerechnet Du mußt das tun. Der Du den Pat schon seit seinen Kinderzeiten kennst. Mußt das tun, und keine Sau kümmert sich darum, was der alte Frederic davon hält, was er fühlt und leidet. Dich nimmt man immer erst dann ernst, wenn Du uns Sauf- und Freßbrüdern mit neuen Balladen kommst. Wie Du es aber zu solchen Liedern bringst, daß Du einer bist mit mehr Einbildungskräften und Durchblicken als alle Blakes, Joyes und Lynchs zusammen, das macht sich keiner klar. Du lieferst Deine Arbeit, basta. Selbst dann, wenn es darum geht, Deinem kleinen Pat das Genick zu brechen, ihn zu erdrosseln, selbst dann sollst Du nur Deine Arbeit tun, basta. Pat, den Du achtzehn Jahre lang jeden Tag um Dich hattest, das ›Jungchen‹, das sollst Du morgen aufknüpfen.«

Frederic Fitzpatrick hatte sein um Erbarmen ringendes Gesicht tief in seine riesigen dürren Hände geduckt. Das Zucken hatte inzwischen den ganzen Körper ergriffen.

»Andererseits weiß ich«, fuhr George fort, »und versteh sehr gut: du liebst auch den Alten. Auch den kennst Du von Kind an und, weiß der Himmel, er ist ja auch der Beste, den Galway je hatte. Den Alten liebst Du wie den Jungen. Wohin Du nun auch denkst, wohin Du Deinen Kopf auch hebst, Frederic, eine Knüppelgasse zerschlägt ihn Dir, zerreißt ihn Dir, Deinen armen Kopf.«

George schaute eine Weile auf den ächzenden alten Mann in der Holznische, der sich ganz von ihm abgewendet hatte, so daß der grobe Kittel sich an seinem Leib emporschob und der Schlüsselgurt sichtbar wurde. George hätte nur danach zu greifen brauchen. Aber der junge Blake fuhr fort: »Du siehst, Frederic, hier ist einer bei Dir, der Deine Lage mitfühlt. Und Frederic, ich glaube, ich habe eine Lösung für Dich. Für uns alle.«

Der Lynchknecht schien darauf nicht zu reagieren, die Erschütterungen dauerten an.

»Ich könnte jetzt umständlich warten, bis Du schläfst, bis Du in Deiner Kammer liegst. Und könnte Dir dann diese Schlüssel da auf Deinem Bauch, die könnte ich Dir heimlich wegnehmen, nicht wahr? Und Du? Wärst dann morgen früh kreuzunglücklich, aber heimlich unbändig froh. Denn Dein Pat wäre weg, weit weg über alle Berge und Sümpfe, niemand weiß wohin. Du würdest Dich beschimpfen lassen müssen und wärest insgeheim glücklich, daß er davon ist. Frederic – und jetzt kommt der Augenblick, in dem wir zwei alten Gauner, die wir uns oft geärgert haben, zusammenhalten und ganz offen zueinander sein müssen. Frederic, erspar uns beiden das Umständliche – nur nach außen, verstehst Du, nur nach außen muß es dabei bleiben, daß Dir heute nacht einer in die Kammer schleicht und Dich bestiehlt. Aber, unter uns, altes Wildschwein, gib mir jetzt die Schlüssel!«

Frederic war zuletzt ruhiger geworden. Nun hörten die schmerzlichen Anfälle ganz auf. Nur die Hände bedeckten noch immer das Gesicht. Freilich, jetzt lösten sich diese Hände von den alten trüben Augen, diese Augen lugten nun aus den schiefen Stirnwinkeln hervor und schienen zu blinzeln. Und die Hände glitten immer tiefer hinab, bis zu der Stelle, wo der Gurt das Bündel mit den Schließeisen hielt. Dort lösten diese Hände zwei Exemplare heraus. Und hielten sie dem George hin. Der nahm die beiden Stücke, und der schiefe alte Mund öffnete sich zu einem schmerzhaften Grinsen.

Galways Kerker schloß sich ans Haus des Richters unmittelbar an. Vom Lynchhaus brauchte man nur über den Innenhof zu gehen, dann kam man in den Vorraum und stand vor der niedrigen schweren Tür zum Turm.

Das Verlies war ein hoher Raum aus großen grauen Steinquadern. Ein schmales Fensterloch zum Innenhof füllte ihn tags mit dämmrigem Licht. Für die Nacht hatte Frederic neben der Tür diese Fackel in eine Steinfuge gesteckt. Die war nun fast ausgebrannt. Beide Gefangenen saßen noch immer weit entfernt voneinander, so weit wie das in diesem Raum möglich war, kehrten sich noch immer den Rücken zu. Saß jeder auf einem steinernen Quader. Am Fußgelenk eine Kette, die in den Quader eingelassen war.

Noch immer hielt Patrick die Augen geschlossen. Sah nicht die schwarze Fensteröffnung, nicht das Fackellicht. Achtete nicht auf die Gesprächsversuche seines Mitgefangenen und achtete auch nicht auf die Geräusche draußen im Hof, bei denen Curtin jedesmal zwischen Fenster und Tür aufgeregt hin und her schaute.

Pats Wunsch war es, endlich das dröhnende bohrende Kreisen in seinem Kopf, dieses Gewirbele aus Geschrei und Schlägen und Sprüchen und Stimmen ruhigzustellen. Wünschte sich einen großen Schlaf. Nicht den kleinen zwischen Tag und Tag, sondern den Absprung von allem Tun und Sein. Hätte es hinter oder unter diesem Verlies noch einen kleineren Raum gegeben, einen noch engeren und dunkleren, Pat wäre hineingekrochen.

Manchmal, wenn aus den Strudeln in seinem Kopf Worte auftauchten wie ›Ihr paßt nicht zueinander‹ oder ›Ihr ergänzt euch gut‹ oder ›Niemals den Kopf verlieren‹, wenn dann vor seinen Augen dies ›Mariagesicht‹ in einem Mückenwirbel aus Faustschlägen tanzte und wenn er dazu wieder diese schwere Stimme des Vaters hörte mit dem ›Nicht wahr, Pat, Du schämst Dich‹, dann schüttelte er sich, bedeckte die Augen, duckte sich, verweigerte Hören und Sehen, suchte mit den Augen die dunkelsten Stellen in der steinernen Kerkerecke vor sich und hätte seinen Schädel in deren Kanten zerstoßen, hätte er nicht das Nichtsmachen vorgezogen. Es tat ihm leid, daß er nicht den Atem anhalten, daß er sich nicht auflösen konnte.

So saß Pat Lynch da als ein Klotz, unansprechbar und unbrauchbar für Curtin, der den Jungen ohnehin haßte als den Sohn des gehaßten Walter Lynch.

Curtin war immer noch überwach, rutschte ständig auf seinem Steinklotz herum. Es bereitete ihm Sorgen, daß nun schon so lange keine Schritte, kein Schlurfen, kein Türenschlagen und keine Stimmen mehr von außen zu hören waren. Im Hof schien alles still.

Ab und zu stieß Jeremiah einen größeren Schwall angehaltener Atemluft ärgerlich aus. Dann schob er Füße und Beine ein wenig zur Seite, nahm sie aber gleich wieder zurück an die alte Stelle und lauschte von neuem, mit verkniffenem Gesicht. Wenigstens von O'Donnoghue erhoffte er sich etwas, irgend etwas, eine Hilfe, eine Botschaft in jedem Fall –

Der Regen rauschte nicht mehr. Auch das schwere Tropfen vom Turmdach hatte aufgehört, es fiel nichts mehr in die Pfützen im Hof. Vollkommene Stille war eingekehrt. War es wirklich still?

Curtin drehte seinen Kopf ein wenig zur Seite, duckte sich und blickte wieder zum Fensterloch hinauf. War da nicht doch ein Schritt zu hören auf dem nassen Hofboden? Kam Frederic, um noch einmal hereinzuschauen? Frederics Schritt so leise? Oder schlich da nur eine Katze oder tappte ein Hund?

Es flog etwas durch das Fenster. Flog in den Raum. Das fiel klatschend auf den Steinboden und lag da, hell, auf dem Boden, mitten im Verlies. Ein Geldsack? Ein Brief? Die Fackel flackerte zu unruhig, als daß Curtin hätte erkennen können, was das war.

Jeremiah war aufgesprungen, war zur Mitte des Raums gestürzt, aber seine Kette war zu kurz, er erreichte mit seinen Händen das Hereingeflogene nicht. So flach er sich auch auf den Boden preßte und sich streckte und griff – ächzend blieb er liegen, wälzte sich zur Seite, schüttelte an der Kette, er kam um nichts weiter –

Starrte von dem weißen Bündel weg, hinüber zu Patrick Lynch. Der hatte auch jetzt offenbar nichts bemerkt, starrte gegen die Wand, in den unteren Wandwinkel, wie zuvor.

»Pat!« zischte der Seiler ihn wieder an. Denn es war klar zu erkennen, daß der junge Lynch das Päckchen würde erreichen können. »Pat!« pfiff Curtin ihn an und schnurrte, fauchte und drückte leise die wüstendsten Flüche durch die Kehle und stierte, vor Aufregung flatternd und keuchend, blickte aufgeregt und grimassierend in Pats Ecke hinüber und dann wieder zur Tür, die geschlossen blieb. Kein Frederic machte seinen Kontrollgang. Jeremiah sah zum Fackellicht, das erlöschen wollte, und wieder zurück zu dieser Botschaft von draußen.

»Pat!« Der machte keine Bewegung. »Pat, beschissener Dreckskerl, rühr Dich endlich, he! Mistknochen, verbohrter, verrückter!«

Jeremiah war außer sich, krallte sich mit den Händen in den Boden, grub sich in den Schmutz hinein, brach schließlich aus dem gestampften Bodendreck einen Steinbrocken heraus und schmiß ihn dem Pat mit Wucht in den Rücken.

»Nun kuck doch endlich her!« giftete Jeremiah hinüber und schaute gleichzeitig wieder zurück zur Tür, als könnte er sehen, wie dahinter Fitzpatrick sein Gezisch belauschen könnte. »Kuck doch hin! Dorthin!«

Pat hatte sich nach dem Schlag tatsächlich umgedreht, hatte sich aufgestellt und den Arm halb zum

Rücken gebogen, aber den Blick weit und woandershin gerichtet.

»Kuck dort hin! Da! Was da reingeflogen kam, grad jetzt, durchs Fenster, heb's doch auf, los! Komm! Beeil Dich! Nimm es! Dann gib es mir! Wenn es Dir egal ist, gib es wenigstens mir, ich hab ein Kind draußen, Du nicht, komm, verdammter Saukerl, los, hilf doch wenigstens mir, Du siehst doch, ich komm von hier aus nicht dran, muß ich Dir erst den Schädel einschmeißen, widerliches Herrensöhnchen, eingebildeter Drecks – na siehst Du, na wunderbar, ja, nun mach's doch auch auf, los!«

Pat war tatsächlich dorthingegangen, das heißt, er hatte einen Fuß vor den anderen gesetzt, bewegte sich vorwärts wie ein mechanisches Uhrwerk, aufgezogen vom Steinwurf und vom Geschrei des Jeremiah Curtin, ging wie im Traum, bückte sich nun und hob unter den zappelnden Kommandos seines Mitgefangenen das Bündel auf.

»Gib es mir! Darin sind Schlüssel! Ich seh's doch von hier aus!«

Hörte Curtins Gekeif nicht, wickelte langsam das Pergament auseinander, sah die Schrift und die beiden Schlüssel, las die Schrift, erkannte sie, sah ihre Worte und hörte sie bitten: »Bitte komm zu mir! Deine Agnes.«

Bettelworte schoben sich nun hinein in seinen kreisenden dröhnenden Gedächtniswirbel. ›Bitte komm zu mir!‹ und ›Deine Agnes‹. Das behämmerte nun seinen Hals, beklopfte seine Adern und Nerven, das zuckte jetzt durch seine Finger wie elf Elfen durch alle fünf Finger, die ließen das Papier fallen, hoben es wieder auf, griffen die Schlüssel –

– die beiden Eisenstücke da vor ihm in seinen

Fingern, die schauten aus den Fäusten heraus und warteten und wollten offenbar benutzt sein. Curtin starrte mit riesigen Augen, das Fackellicht schoß an den grauen rauhen Steinen hoch und verschwand und schoß aus der Finsternis abermals hoch an der Wand, versackte wieder –

»Worauf wartest Du! Maria hat uns geholfen, das sind die Schlüssel, der kleine für die Kette, der andere für die Tür, na los, probier's!«

Pat blickte auf die Schlüssel, bog langsam die Knie, ›bitte komm‹, steckte den Schlüssel ins Fußkettenschloß. ›Deine Agnes‹, drehte um, ›bitte‹ und hatte die Schritte frei.

»Gib ihn jetzt mir!« Curtins Stimme zitterte ihn an.

Pat warf ihm den Schlüssel zu, hinüber zu Jeremiah, ging langsam zur Tür und wollte sie aufschließen. »Warte!« fauchte der Rasende hinter ihm her und hatte ihn schon eingeholt, riß ihm den Kerkerschlüssel aus der Hand, schloß selber auf, schob das Tor zur Seite und verschwand in der Nacht.

Pat stand drei, vier Atemzüge lang im offenen Ausgang. Hörte es in sich betteln und zugleich schreien. »Va – – ter!«

Ging dann einen Schritt, hielt inne, um wieder den Schrei zu hören, ging dann schnell hinaus, um mit seinen Schritten die Nachschreie zu überlaufen, lief hinter dem ›Bitte komm‹ her, ging hinaus, wie nachtwandelnd ging er, aus dem Hof hinaus, durch die Hauseinfahrt auf die Straße, durch die leere dunkle Schlucht der Hauptstraße, schritt durch die Stadt, sah nicht die quadratische Schwärze der Türme, der Familienburgen, sah nicht die Kastelle gegen die windige Nacht stehen, nicht die Mauern, hörte diesmal auch nicht den Brauereibach und ging doch sicher jeden Schritt über alle Hindernisse, bemerkte nicht die Ecke hinter O'Brians Schafstall, in der die drei Alten ihn festgehalten und beschwätzt hatten, hielt das Gleichgewicht auch oben auf der Mauer, auch auf der hinteren, fiel nicht, wurde von niemandem angesprochen oder aufgehalten, kam sicher auf das Vordach des Joyes-Hauses, hinauf übers Sims und Hauptdach und kniete in Agnes' Fenster.

Agnes, obwohl sie auf ihn gewartet und gehofft hatte, als sie ihn jetzt plötzlich im Fenster knien sah, da schrie sie leise. Stand auf und ging erschrocken ein paar schnelle Schritte zurück. Zur Wand zurück, dorthin, wo die Tür war.

»Pat –«

»Ich sollte kommen.« Er hielt das Papier noch immer in der Hand, auf dem sie das geschrieben hatte. In diesem dunklen Nachtfenster, da war er plötzlich aufgetaucht, er, der ›Berserker‹. Der den Juan hinabgestürzt hatte.

»Ja, Pat, es ist gut, daß Du gekommen bist –«

»Warum? Warum sollte ich kommen –« Setzte seine Worte, wie er seine Schritte gesetzt hatte. Wie im Traum sprach er, unter den Rädern seines Kopfes. Geduckt nach wie vor unter den ›Vater‹-Schreien. »Warum hast du mir das geschrieben?« Zeigte ihr den Zettel.

»Pat, Lieber, ja, ich wußte nichts anders mehr, hab Dir geschrieben zu den Schlüsseln, es ist gut, daß Du hier bist. Hatte nicht geglaubt, daß Du – daß Du kommen würdest –«

»Warum hast Du das nicht geglaubt?«

»Doch schon, es ist ja gut, jetzt bist Du doch da –«

»Warum ist das gut? Warum – sollte ich – da – sein –?«

»Pat – damit – mein Gott, lieber Pat, damit wir uns

sehen, sprechen können, wir gehören doch zusammen – meine ich –«

»Damit wir uns sprechen können? Worüber sollen wir sprechen?« Pat, der mit seinem verwüsteten gelben Haar noch immer in der Nachtöffnung gekniet hatte, stieg nun vom Fenster in das Zimmer hinunter und setzte sich auf das Bett, so wie er dort oft gesessen hatte. »Worüber sollen wir reden?«

Agnes wagte nicht, zu ihm zu gehen. Schließlich ging sie schnell von der Türwand bis hinter ihren hohen Lehnstuhl und stützte ihre Arme auf die Lehne, damit die zitternden Hände Halt hatten. So schaute sie, gestützt, geschützt von dem hohen Stuhl, den Pat Lynch an. Ihren Pat.

»Über alles sollten wir reden. Es ist doch Entsetzliches passiert.«

»Ja.« Mehr sagte er nicht. Das Ungeheuerlichste war ›passiert‹. Und er sagte nur dieses »Ja«.

Und erst nach langem Schweigen: »Also reden wir«, sagte er. »Bitte, sag mir zum Beispiel, was meine Mutter gemeint hat.«

»Deine Mutter? O ja, sie hat mit meinem Vater geredet. Hat ihm gesagt, was Walter geurteilt hat, das mußte er so urteilen. Nach der Verfassung. Für die Stadt war das wichtig und richtig.«

»Das hat sie gesagt?«

»Wörtlich das. Wichtig für das Glück von Galway. Und hat aber weiter gesagt: Was Ihr dagegen vorhabt, das ist noch viel wichtiger.«

»Wer hat was vor?«

»George und Betty.«

»Was?«

»Pat, daß Du diese Schlüssel bekommen hast, das haben die – sie haben Dir die Schlüssel besorgt und hineingeworfen – sie wollen uns helfen wegzukommen, weg aus Galway.«

»Das findet sie wichtiger? Mary?«

»So hat sie geredet. Wörtlich.«

»Du lügst nicht?«

»O Pat, jetzt nicht, und auch vorher nicht.«

»Ach ja?«

»Glaub es mir.«

»Was?«

»Auch daß ich Dich liebe. Jaja! Heute nacht noch fährt George uns beide weg, in Blakes Wagen, in dem mit dem doppelten Boden, darin verstecken wir Dich. Hinten über die Joyce-Berge, bis Dublin, oder bis England, irgendwohin, wo uns keiner kennt, Pat!« Nun ging sie die paar Schritte und fiel tatsächlich vor ihm auf die Knie, vor ihrem Pat, dem Berserker, der noch immer auf dem Bett hockte, so wie er oft dort gesessen hatte. Rutschte ganz zu ihm hin, auf ihren Knien, um mit ihren Händen seine Knie berühren zu können, wenigstens die. »Pat, hör auf Deine Mutter, glaub doch wenigstens ihr, daß es richtig ist so! Ist alles vorbereitet – und so wie Mary, so denken in Galway fast alle! George hat Dir die Schlüssel zukommen lassen, Fitzpatrick hat sie ihm freiwillig gegeben – freiwillig, hörst Du? – o Pat!« Drückte nun ihr Gesicht gegen seine Knie, konnte seinen steinernen Blick nicht mehr ertragen. »Verzeih mir – meinen Unsinn – wir beide, wir haben doch immer – jeden Irrsinn – he, Pat, nein, ich lüge nicht – ich liebe Dich! Wir zwei, wir ziehen weg von hier, weit weg – laß uns das alles vergessen!«

Schaute nun doch zu ihm auf, flehend – hilflos. Versuchte, seinen Blick zu erreichen, mit ihrem Blick. Aber ihr Gast, dieser fremde Gast in ihrem Zimmer, der mit dem anderen Gesicht, der nickte nun, wie abwesend. »Ja«, sagte er, »immer Unsinn. Jeden Irrsinn.« Legte zart seine Hände auf ihre Hände, einen sehr kurzen Moment nur. Sie wollte schon hoffen. Er aber nahm dann ihre Hände von seinen Knien und stand auf. »Du hast recht. Laß uns das alles vergessen.« Ging zurück zum Fenster. »Hast vollkommen recht. Weg von hier. Weit weg. Halt's gar nicht mehr aus hier. So weit weg wie möglich.«

Und stieg wieder in das schwarze Fenster. Zurück in die Nacht.

Um diese Zeit etwa, Mitternacht war lange vorbei, wollte Mary Lynch auf die Suche gehen, wollte den Pater Ricardo finden im Kapellenhaus, weil sie meinte, diese Nacht sei ohne den Rat des Spaniers nicht zu überstehen.

Öffnete leise die Tür zur großen Halle und wollte hindurchgehen, als sie aus dem schwarzen Raum angesprochen wurde.

»Ist Lynch noch wach?«

»Ricardo, zu Euch wollte ich, Gott sei Dank, ja, er ist noch wach, und ich meine, er braucht Euch. Helft uns. Wenn Ihr könnt.«

Ging wieder zurück, vor ihm her, hinauf in den Raum mit dem Bild Philipps, das jetzt, gegen die Nacht, ohne den strahlenden Mittelpunkt auskommen mußte, das im unruhigen Licht der Naphtaflammen kaum noch zu erkennen war.

Er saß noch an seinem Schreibpult. Den Körper, wie im Schreck, hoch aufgerichtet.

Auf dem Pult vor ihm zwei Bücher. Eine schwere Handschrift und ein ledergebundenes Konvolut.

Die Handschrift hatte Ricardo schon einmal gesehen, im Vorübergehen, auf dem Deckel war tief eingraviert das ›Herz in beiden Händen‹.

Das Buch war ›Das Neue Gesetz der freien Stadtrepublik Galway‹. Es war geschlossen. Daneben aber lag auf dem Pult, aufgeschlagen, diese Handschrift. Wahrscheinlich hatte er darin gelesen.

Ricardo blieb beim Schachtisch stehen. Mary trat vor, bis sie neben ihrem Mann stand, wandte sich dort mit ihren blinden Augen zurück zu dem Geistlichen und wußte nun offenbar nicht, wie sie die beiden Männer in ein Gespräch bringen sollte.

Doch auch jetzt fiel ihr etwas ein, sie nahm die Handschrift vom Pult und bat den Spanier, sich neben den Schachtisch unter eine der Lampen zu setzen, bat ihn, dort zu lesen, was Walter soeben gelesen hätte.

Sie blätterte einige Seiten zurück und zeigte auf eine kunstvoll verzierte Titelei, eine sehr alte. Dies sei das wichtigste Dokument im Hausbuch der Lynchs. Es sei dies das Testament des ersten Galwayer Bürgermeisters namens Lynch, jenes John Lynch, der vor gut dreihundert Jahren von England in diese Stadt gekommen sei, im Namen und Auftrag der Krone. Sein Testament war es, das solle nun auch Ricardo lesen, das Zeugnis des ersten in der langen Reihe der Lynchs.

Ricardo nahm das, war etwas unvorbereitet auf das Gewicht und sah zu, daß er sich damit unter dem Naphtalicht bequem im Stuhl zurechtsetzen konnte. Da der Richter ihn weiterhin nicht zu bemerken schien und auch Mary sich wieder fürsorgend zu ihrem Mann zurückzog, begann er zu lesen. Und erkannte bald, welche Bedeutung diese Schrift allerdings hatte für Galway und für Walter Lynch.

John Lynchs Galwayer Testament oder Beschreibung der vernünftigsten Bürgerverfassung

Nach einem langen Leben, das mich in Handelsgeschäften durch England wie durch Europa geführt und in dem der vormalige Fischerflecken Galway sein weltläufiges Aussehen gewann als wehrhafte Kaufmannsstadt, merke ich wohl, daß meine Jahre gezählt sind und ich Platz zu machen habe hier auf der Erde für die jüngeren Familien, die nunmehr an diesem denkwürdigen Ort ihr eigenes Leben führen wollen.

Doch habe ich auf meinen Reisen viele Städte und Stadthäfen zu sehen bekommen als außer London noch Amsterdam, Bremen, Gent, Bordeaux, Lissabon, Cadiz, Malaga, Venedig, Neapel, Marseille und Genua und auch große Binnenstädte als vor allem Rom, doch auch Florenz, Mailand, Wien, Köln, Prag, Nürnburg, Augsburg, Bologna, Toulouse, Nîmes und Paris und noch viele andere und haben mich solche Städte immer wieder zu verwunderter Betrachtung angehalten, wie denn ein solches Stadtwesen sich so vernünftig verfaßt, daß alles darin möglichst so segensreich abgeht wie in den genannten.

Ricardo hörte ein Geräusch. Mary Lynch hatte den Raum verlassen.

Und da nun zuletzt ein gelehrter Mann mich überzeugt hat, daß der Name ›Politik‹ von nichts anderem genommen ist als von dem griechischen Wort ›polis‹, womit nichts weiteres gemeint ist als ›Stadt‹, daß also die Kunst, einen Staat zu lenken, schon für die Alten und zumal für die Klügsten dasselbe war wie die Kunst, eine Stadt zu lenken, und weil nun jahrelange Erfahrungen mich ge-

rade in Galway gelehrt haben, was alles zu beachten ist, wenn ein Gemeinwesen lebhaft blühen soll und mir dies immer neu als das eigentliche und höchste Menschenkunstwerk erscheinen wollte, so will ich auch nicht versäumen, am Ende meines Handelslebens vom Geheimnis dieser Kunst den nachfolgenden Männern Galways hier so viel niederzulegen, als ich in meinem fahrenden Leben nur immer erkennen konnte.

Bevor er den Hauptteil des Testaments zu lesen begann, blickte der Spanier noch einmal auf und sah, wie drüben, vor dem matt glänzenden Philipps-Fenster, der Richter immer noch so aufrecht saß wie zuvor. Nur hatte er jetzt seine Hände von beiden Seiten gegen seinen Kopf gestemmt, als gelte es, ihn zusammenzuhalten.

Der Name ›Bürger‹, das weiß man, ist von dem Wort ›Burg‹ genommen. Mit ›Burg‹ aber, das sollte man ebenfalls wissen, sind nicht gemeint die prunkenden Ritterhäuser auf Bergen und Bergspornen, sondern ›Burg‹ meint eben ›Stadt‹, und heißen viele große Städte in den fränkischen, englischen und deutschen Ländern eben so, nämlich ›Burg‹, als da sind Edinburgh, Regensburg, Augsburg, Hamburg, Nürnburg, Bourge, Strasbourg und viele mehr. Heißt also ›Bürger‹ nichts weiter als ›Stadtbewohner‹.

Das Erstaunlichste aber scheint mir, daß die Vernunft und überhaupt das Wesen eines ›Bürgers‹ förmlich zu sehen ist, wenn man auf solche Städte herabblickt. Förmlich abzulesen ist dieses Geheimnis, wenn man nur genau genug anschaut, worin er täglich lebt und wirkt. Solche Stadt oder ›Burg‹ zeigt aus der Vogelschau oder von einer Kirchturmspitze herunter eine wimmelnde Bewegung um fest gegründete Ruhe- und Standpunkte. Allem

Unsteten sind durch Straßen, Mauern und Tore stabile Grenzen vorgezeichnet.

Ein Bürger oder Städter hat nämlich Sicherheit und Möglichkeit zum Leben nur dann, wenn er sich mit den anderen in ummauerte Bezirke hineinduckt, in Städte also und Häuser. Er hat darum zwar Enge, aber er hat auch Wärme und Schutz vor Unwetter und hat vor allem Sicherheit vor Überfällen und vor der Willkür der Fürsten und anderer Räuber, wie es ja ein offenes Geheimnis ist, daß keine Fürstenmacht anders begründet wurde als durch Piraterei, meist in blutigen Gemetzeln.

So wie das Bild aus der Vogelsicht oder vom Kirchturm herab äußerlich erscheint, so ist dieses Gleichgewicht aus Bewegung und Ruhe auch innen, in der verbrieften Stadtverfassung. Welchem Bürger im Schutz der Stadtmauern Grundstücke und Rechte gewährt sind, von dem ist gefordert, und er selber legt eigene Ehre darein, daß er aus seinen Stand- und Ruhepunkten heraus die meistmögliche Unternehmungslust und Beweglichkeit entwickelt, indem er sein Herz in beide Hände nimmt als ein Handelsmann oder als ein Handwerksmann in tüchtigen Werken und Künsten.

Mithin ist Bürgerpflicht zum einen die fröhliche Bewegung, namentlich von Einbildungskräften, Herz, Mut, Ehrgeiz, Wettstreit, Aufwärtsstreben, Geschicklichkeit, Austausch und Witz, zum anderen aber auch Ruhe, namentlich Innehalten und Rücksichtnehmen auf das verbriefte Recht auch aller anderen innerhalb der Mauern, also auf die Verfassung, das gut durchdachte Miteinanderleben in der Stadt. Wie die Stadtmauer den Bürger umschließt, ihm aber im Umschließen auch überhaupt erst die Möglichkeit gibt zu leben, so umgeben die Stadtgesetze sein Handeln und Werken und machen es in der Einschränkung überhaupt erst möglich. Dieses Gleich-

gewicht zwischen Lust und Rücksicht erscheint mir als das Hauptgeheimnis des Stadtwesens oder eben aller ›Politik‹.

So halte ich dafür, daß eine Stadtburg das weisheitsvolle Instrument glücklichen Gemeinlebens ist, worinnen alles Äußerliche innerlich zu verstehen ist und alles Innerliche auch im Äußeren zu fassen. Wer freilich glaubt, das allgemeine glückliche Gemeinleben sei schon erreicht, der ist nichts als ein Idiot, da er meint, es gelte nicht mehr Aufwärtsstreben und Witz, es gelte plötzlich nur noch die Ruhe als Bürgerpflicht und nicht vielmehr, ständig neue Erfahrungen zu riskieren und zu probieren.

Der Tod im Kopf, die versteinerte Ruhe, sie ist die eine der beiden Gefahren für alle Gewerbe und Künste und Gemüter. Nicht nur für den Handelsstand ist das die ärgste Krankheit. So abenteuerlich und gefährlich des Kaufherrn Ausfahrten auch sind über Land oder See, diese Reisen, die er den Rittern, Pilgern und Räubern abgekuckt hat, so ist es doch unumgänglich, daß er zu reisen nie aufhört und den Schutz der Mauern von Mal zu Mal verläßt. Doch unternimmt er solche Ausfahrten nie ziellos um ihrer selbst willen, was die zweite der Bürgergefahren ist, denen ein fahrender Ritter oder Räuber anheimfällt, sondern steht beim Bürger auch das Fremde im besten Dienst an seinem Handel und seiner Stadt, bleibt der bürgerliche Fahrensmann also auch draußen in der Welt insgeheim stets im Mauerrahmen seiner Verfassung, selbst im fernsten Afrika. Denn es ist sein wahrhaftes Ziel die Heimkehr. Seine alten Stand- und Ruhepunkte wird er nach so großen Bewegungen reicher als zuvor betreten, nicht nur mit neuen Waren, sondern auch mit neuen Erfahrungen und Erkenntnissen. Diesen wachsenden Reichtum in Gütern und im Gemüt, den kann er nie haben ohne Wagnis und Probieren und Austausch mit dem Fremden, was er sich von den Rittern und Räubern abgesehen hat als deren besseres Teil.

In den einzelnen Häusern wird noch einmal dasselbe Gesetz oder Gleichgewicht sichtbar und greifbar wie in der Stadt insgesamt, wonach also Bewegung für sich, nämlich absolute Abenteuerei, ebenso zu Schaden führt wie das Gegenteil, die bloße Ruhe, die Blödheit, der Tod im Kopf. Auch in den einzelnen Häusern sind Stetes und Unstetes im Spiel gegeneinander. Türen und Fenster lassen durch oder aber versperren, und ist darauf zu sehen, daß ein Haus weder ein Kerker wird noch ein offenes Windloch.

Austauschende Nachbarschaft und Freundesumgang im und außer Haus sind nötig ebenso wie die Ausfahrten der Handelsleute aus der Stadt und der Witz in allen Handwerken und Künsten, denn auch im Haus ist kein Leben und Glück ohne Austausch nach allen Richtungen, worin die Städte, die ich gesehen, die schönsten Späße entwickelt haben durchs ganze Jahr in den verrücktesten Festen und Geselligkeiten. Sie besorgen den Austausch der Geschichten und Gedanken und Nachrichten und bringen Beratung und Erfahrung, fördern am Ende Geschicklichkeiten und Klugheiten.

So jeder Mensch verschieden ist vom anderen, hat er auch Gleiches mit dem anderen. So jedes Haus Unterschiede hat zum Nachbarhaus, hat es auch gleiche Teile als Türen, Fenster, First, Giebel, Dach, Erker, Wasserspeier und Treppen und Stockwerke. Im geselligen Fest wie in allen anderen Bürgerkünsten öffnen sich die Menschen wie die Häuser dem Anderen und Fremden und machen sichtbar, wie in den Verschiedenen das Gemeinsame ist und wie das Außen so ist wie das Innen und das Innen wiederum wie das Außen. Und zeigen uns diese bürgerlichen Künste gerade nichts anderes als dasje-

nige, was man erblickt, wenn man von oben herab auf den Plan einer Stadt schaut, wo im glücklichen Fall ein Bild zu sehen ist von der gerechten Verteilung der Plätze, so daß auch ein scheinbar nur äußerliches Mosaik der Grundrisse in Wahrheit ein Zeichen ist für ein Geistiges, nämlich für Gerechtigkeit und Gleichgewicht.

Im Austauschen der Kenntnisse und Geschichten, im Ernst der Gelehrsamkeit wie im Spaß der Geselligkeiten, erst darin lernt jeder das Gemeinwesen zu bedenken und sieht er, daß allen Bürgern nicht bloß gleiche Vorschriften gelten sollten, sondern auch gleiche Wohlfahrt, indem jedermann gleiches Recht hat zum Kaufen, zum Feilbieten und Hervorbringen nach eigenem Dünken und Wagemut und Witz, in diesem immer neu zu leistenden Haupt-Abenteuer zwischen dem Tod in absoluter Raserei oder dem Tod im absoluten Stillstand.

Das Stadtwesen oder die Politik, sie ist wahrlich die höchste und eigentliche Schöpfung des Menschen. Und ist darum auch am schwierigsten zu handhaben. In Gefahr ist es dann, wenn an einem der beschriebenen Orte – ob im Ganzen oder in den Häusern oder in den Zünften oder in den Verfassungen wie in den einzelnen Bürgerköpfen – Bewegung und Ruhe aus dem Gleichgewicht stürzen.

Meisterschaft in diesem Gleichgewicht, im sicheren, gerechten, wohlfahrenden Miteinander, genügend Erfahrung und Witz in dieser wichtigsten der Künste, dem glücklichen Bürgerleben, gebe ihre Vernunft den Bewohnern von Galway.

Gegeben am Sankt-Patricks-Tag 1262 *John Lynch*

Ricardo blätterte vorsichtig wieder zurück, las einige rot herausgehobene Worte noch einmal, ›Gerechtigkeit‹, ›Wohlfahrt‹, ›Verfassung‹. Auch ›Gleichgewicht‹ war rot unterstrichen. Er erkannte die drei Vernunftsätze, die Walter Lynch offenbar aus diesem Testament herausgezogen hatte und las das wieder und wieder. Das Schriftstück war sauber gemalt. Wohl nur die Unterschrift stammte von John Lynchs eigener Hand. Ausgeführt war sein Namenszug in großen zitternden Bögen. Eine Notiz am unteren Blattrand besagte, daß John am Michaelistag 1263 im Alter von 79 Jahren gestorben sei.

Sah hinüber zum schwarz glimmenden Fenster. Lynch saß bewegungslos. Dieses also hatte er noch einmal gelesen, dieses Dokument vom Aushalten und Erfahren der Gegensätze, vom drohenden Absturz. Seine Hände hingen jetzt über die Stuhllehnen herab, die weißen Hände vor dem schwarz gebeizten Holz, reglos. Walter Lynch hatte sich zurückgelehnt, wie um zu schlafen, doch war von Ricardos Platz aus nicht zu sehen, ob die Augen geschlossen waren.

Mit Vorsicht, als dürfe er keine Geräusche machen, stand der Pater auf und trug die schwere Schrift, das Hausbuch der Lynchs hinüber und legte sie so, wie sie gelegen hatte, vor den Richter, zurück auf dessen Schreibpult. Lynch schlief nicht. Hatte die Augen geöffnet, schien den leisen dünnen Ricardo aber nicht zu bemerken.

Der wartete einige Augenblicke, schaute zwischen der Handschriftensammlung und dem starren Mann hin und her und sagte dann: »Mary bat mich, das zu lesen. Mit Euch darüber zu sprechen.«

Kam keine Bewegung in Lynchs Gesicht.

»Ich weiß, es ist spät. Vielleicht zu spät. Aber –« Ricardo schien der Mut zu verlassen vor diesem unansprechbaren Mann, er seufzte, sah dann aber wieder dorthin, wo die Bücher lagen, und konnte weitersprechen. »Ich erinnere noch einmal an mein Angebot.«

Wartete einen Moment, und als Lynch auch jetzt nicht reagierte, legte der Pater die Hand auf die Schrift. »Ich erneuere mein Angebot, nachdem ich dieses Testament der Lynchs gelesen habe. Diese Schrift von einer Politik ohne Gott.«

Schaute den Richter mit großen schwarzen Augen an. Lynch schien sich höchstens ein wenig von ihm abzuwenden.

»Mary Lynch, als sie meinte, ich sollte es lesen, hatte recht. Es beschreibt Euer Handeln, erklärt mir Euer Unglück. Ihr glaubt, auf Seilen gehen zu können, schon auf dieser Erde hinüber ins Paradies. Diese Schrift bestätigt mir, daß Ihr wundersamen Einbildungen nachlauft. Dem Traum von einem vernünftigen Menschen. Dem Bild vom ›Bürger‹, der, nur auf die eigene Vernunft gestellt, Maß zu halten wisse zwischen all den Gegensätzen, in die uns die Schöpfung gestellt hat. Diesen anderen Menschen, diesen Engel in der Stadt, in der ›Politik‹, den wird es nie geben. Auf Erden nie.« Während der Pater so redete, schaute auch er sein Gegenüber nicht mehr an. Nur noch sehr gelegentlich und rasch und flüchtig. Da wollte der beredte Mann wohl nur mitbekommen, ob seine Worte auch Wirkung zeigten.

»Dieses verzückte Wunschbild von Einklang, Gerechtigkeit und Ebenmaß, vom Ausgleich zwischen Bewegung und Ruhe, zwischen dem Einzelnen und dem Gemeinwesen, dieses wunderbare Bürgerkunstwerk ist ein Traum. Weil es sich einbildet, Leidenschaften und Irrwitz und Blödheit für immer ausschließen zu können. Sie so zu vernichten, wie dort Euer Fürst Philipp alle Blindheiten und Verranntheiten. Die Menschennatur aber und die Elemente und Triebe, sie lassen sich nicht wegreden und wegträumen. Nicht mit Stadtmauern und nicht mit Vernunftsätzen. Ihr selber habt das erfahren müssen, an Euerm eigenen Sohn. Weder bändigt Ihr die Leidenschaften nach unten, weder Hunger und Liebe. Noch bannt Ihr je die Leidenschaften nach oben, die Sehnsucht nach Gott und nach Ewigkeit.«

Pater Ricardo ließ sich von der Erstorbenheit in Walter Lynchs Gesicht, ließ sich von diesem bleichen Black-Head-Antlitz nicht irritieren. Ging ein wenig in den Hintergrund des Zimmers, warf im Fortgehen schnell doch auch einen Blick zurück, um den Richter vielleicht doch noch bei einer Bewegung zu ertappen, ging bis zur Tür vor und kam wieder zurück in seinem gestochen eleganten Zierschritt, kam, bis er wie vorher zwischen Lynch und dem grauschwarzen Fenster stand.

»Ich weiß, was Ihr denkt. Der soll mir endlich weggehen mit seinem Angebot. Soll mich verschonen mit seinem erpresserischen Gott. Mit einem Gott, der den Menschen erst heimsucht mit Unabwendbarem. Der ihn überfällt aus verschiedenen Richtungen gleichzeitig, als wollte er ihn spalten. Und der ihm dann, wenn er als ein dermaßen Heimgesuchter ratlos daliegt und hilflos, der ihm dann gnädig die Hand ausstreckt und ihn aufzurichten anbietet – nicht wahr? Einem solchen Erpresser-Gott gebt Ihr nicht nach, ich weiß.«

Der Pater wandte sich ab, dem dunklen Fenster zu, schaute daran hinauf und hinab, als gelte es, die Güte der handwerklichen Arbeit zu prüfen, die Genauigkeit der Winkel beim Berechnen des Kurses, drehte sich dann wieder um und blickte auf den schweigenden Mann.

»Ich weiß, Ihr wollt auch jetzt noch alles richten aus eigener Kraft. Denn Ihr haßt den Schöpfer, Ihr haßt ihn, wie Ihr einen Erpresser zu Recht hassen solltet. Ihr seht, ich weiß das und erkenne Euch. Aber mein Vorschlag ist, sich einmal vorzustellen, daß auch dieser Schöpfer angewiesen sein könnte auf Hilfe. Auf Geschöpfe, die ihm nach- und mitschöpfen. Daß auch er angewiesen wäre auf ein Gleichgewicht zwischen seinem unendlichen Witz und unserem endlichen. Denn wenn wir tatsächlich geschaffen sind ›nach seinem Bilde‹, so haben wir nicht nur von ihm, sondern er auch von uns etwas. Das ist das Geheimnis, wonach ohne Ausgleich und Gleichgewicht gar nichts existieren kann. Aber nun genug von dem. Mit dem verschone ich Euch jetzt. War nur ein Denkvorschlag. Mein Angebot sieht anders aus. Ist ein Angebot, das ein Bürger in Eurer Lage nicht abschlagen kann, aus reiner Vernunft nicht und auch aus praktischer nicht. Weil es ihm sein Dasein erhält. So wie die Stadtmauern das Dasein des Ganzen.«

Der schlanke wendige Mann ging einige Schritte in den Raum zurück, hielt die Arme auf seinem Rücken gekreuzt, als habe er einen Schüler zu unterrichten. Drehte sich vor der Tür wieder um und kam zurück. »Lynch, es ist Zeit. Darum keine Umwege. Ich sage es Euch auf den Kopf zu, daß Eure Lage ausweglos ist. Daß Eure Existenz als Bürgermeister, als Handelsherr und als Richter dabei ist, vernichtet zu werden. Ihr habt die Drohungen gehört. O'Donnoghue, Kirwan, O'Flaherty und John Joyes werden alles daransetzen, zusammen mit den Katholiken aus der Unterstadt und mit Hauptmann Edwards Garde morgen früh die Vollstreckung zu verhindern. Der Mob wird es mißachten, Euer Urteil. Verfolgen nun mal alle, in ihrer blöden Ausgeliefertheit an die Menschennatur, ihre eigenen niederen Interessen. Und zwischen diesen leiblichen Lüsten und Begierden herrscht alles andere als John Lynchs wunderbares Gleichgewicht. Das bleibt auf Erden ein Traum, diese kunstvolle ausgeglichene Waage zwischen Kopf und Leib.«

Gonzales schaute nur kurz auf, redete sofort weiter. »Andererseits hängt, wie Ihr selber am besten wißt, Galways Glück und Zukunft in der Tat davon ab, daß die Verfassung lebt und daß der Handel mit Spanien weitergeht. Wie immer das morgen früh endet, ob mit oder ohne Vollstreckung, es ruiniert Euch. Und das heißt, es ruiniert Galway, das Lebenswerk, das Bürgerkunstwerk der Lynchs. Weil den Galwayern das Vorbild vor ihren Augen zerbricht, der vorbildlich vernünftige Walter Lynch. Warum stürmen Eure eigenen ›Bürger‹ gegen dieses Urteil? Gegen die eigene Stadt? Selbst solche, die gar keinen Vorteil darin sähen, wenn Patrick am Leben bleiben würde, selbst solche wie dieser schlaue Bierhändler, sie werden morgen protestieren und verhindern. Warum? Weil inzwischen Protestantismus und Vernunft und Überheblichkeit und Selbstdünkel aus den englischen und aus den lutherischen Lehren in ihre Köpfe geblasen wurden, die ihnen einzureden wußten, sie seien die Mitte der Welt, bräuchten nur ihr Herz und den Hammer in die Hand zu nehmen und selbstherrlich zuzuschlagen. So daß nunmehr all diese Menschelei und Vernünftelei sich gegen den erhebt, der sie selber in diese Stadt gerufen hat. Die Freiheitstrunkenen wollen sich nun selbst befreien, nunmehr von ihm, von ihrem König Ghue, der gehofft hatte, bereits wirkliche ›Bürger‹, neue Menschen um sich zu haben, irdische Engel, und der doch nur Kleinbürger vor sich hat, Rasende oder Verblödete, Spinner oder Kleinmütige, deren Vernunft nur um die nächste Häuserecke herumreicht, ja, die höchstens dazu ausreicht, sich den nächsten Vorteil auszurechnen, mehr nicht. Wenn Ihr morgen aus reiner Bürgervernunft handeln wollt, im Sinne jener ›polis‹, dann werden Euch diese Iren aus lauter Spießbürgervernunft verjagen und verfluchen.«

Don Ricardo hatte sich vor seinem regungslosen Zuhörer in Hitze geredet. Sprach mit vielen eleganten Bewegungen der Arme und Hände und bemerkte nicht, daß Lynch, den Blick auf sein Hausbuch gerichtet, murmelte: »Wer schützt Gott vor den Priestern.«

»Ich biete Euch an: Laßt mich morgen sprechen. Laßt mich zu den Leuten von Galway, wenn sie aufgebracht gegen Recht und Gesetz verstoßen und das Leben Eures Sohnes retten wollen, laßt mich dann zu ihnen sprechen. Aus den tausendjährigen Erfahrungen der Kirche mit ihren Schäfchen. Laßt mich Euer Urteil untermauern aus dem Alten Testament. Laßt mich mit Bildern und Vergleichen die Weisheit des Moses und seiner Gesetze beschwören und die Weisheit des römischen Rechts wie der römischen Kirche. Am Haus der Gründer Galways, Ihr selbst habt darauf hingewiesen, nährt noch immer Roms kapitolinische Wölfin die Hilflosen, die Kinder, die dann die Stadt aller Städte zu gründen hatten. Schon Moses konnte nur mit den strengsten Gesetzen die Kinder Israels durch barbarische Finsternisse führen, mit Gesetzen, die so hoch im Kurs standen bei den Israeliten, daß vor diesen Gesetzen auch die Opferung des eigenen Sohnes möglich schien, ja nötig, die Opferung des Sohnes Isaak durch seinen Vater Abraham. O Lynch, laßt mich zu ihnen reden, nicht mit der Kraft der Vernunft, die Euch hier und jetzt dieses spanische Fenster zeigt, die in den Zeiten der Finsternis verblassen muß, nicht mit klugen Worten von Gerechtigkeit und Wohlfahrt und Verfassung, sondern laßt mich morgen die ganze schrecklich peitschende Bilderkraft und Magie der alten Kirchenväter ausbreiten! Laßt sie mich verzaubern, die Kinder Galways, zurückverzaubern in die Macht dessen, was mit unserem Kopf niemals zu erfassen ist, an dessen Gewalt jeder Gedanke erlahmen muß.«

Pater Ricardo stand nun vor Walter Lynch, hielt seine gespreizten Hände beschwörend vor sich hin, wartete einen Moment noch und noch einen weiteren und fuhr dann fort, jetzt ein wenig verhaltener. »Seht, Richter, und wenn Ihr dann Euer Urteil vollstreckt habt, dann steht Ihr nicht da als ein Geächteter, nicht als ein unmenschlicher Patriarch, sondern im Gegenteil, dann umleuchtet Euch der Geist des Ewigen, der Glanz einer überirdischen, einer zeitlosen Gerechtigkeit. Nicht bloß der Schein eines Traums vom Bürgerglück. Und statt Euch zu verdammen, werden sie Euch bewundern. Werden sie Euch verehren wie einen Heiligen.«

Weiterhin stand Ricardo da, in gleicher Pose. Seine gespreizten Hände, die Linke wie die Rechte hatte er gespreizt, die sollten nun zwar auf das bleiche Gesicht im Lehnstuhl ausstrahlen, aber sie bewegten es nicht.

Da setzte der Pater ein letztes Mal an, noch leiser als zuvor, so leise, als könnte in diesem nächtlichen Zimmer ein Unbefugter mithören. »Walter Lynch, nicht nur priesterliche Magie, nicht nur geistlichen Beistand biete ich an. Gleichzeitig will ich Euch als Bürger helfen. Als Mensch einem Menschen von dieser Welt. Als Spanier, als einer aus der schwer getroffenen Sippe der Gonzales. Auch da hoffe ich, der Stadt Galway mit aller Energie, trotz der Untat hier, die Handelswege nach Malaga und nach Cadiz offenzuhalten. Auch da, auf der Ebene des Tages, des Nutzens und des irdischen Glücks, weiß ich etwas auszurichten, glaubt's mir.«

Er sah Lynch nun zuversichtlich an, nahezu lächelnd. Nahm einige Schritte Abstand von dem Richter und streckte, rückwärtsgehend, noch immer beide Arme nach ihm aus mit gespreizten Fingern. Und flehte: »Lynch! Nach allem, was ich von Eurer Lage erkannt habe, ist dieses der letzte Ausweg. Der einzige Weg aus der Hölle! Laßt mich Euch dienen – als Spanier – als Priester –«

Pater Ricardo Gonzales blieb stehen. Behielt seine Arme ausgestreckt und ebenso alle Finger beider Hände – forderte mit dieser Geste nun unweigerlich eine Antwort von dem Mann vor ihm.

Und der gab sie. Der stützte sich plötzlich auf die Armlehnen, stemmte sich empor, rief: »Wer schützt Gott vor den Priestern!«, wankte drei, vier Schritte auf den Geistlichen zu, hob beide Arme zu ihm auf, als wollte er ihn packen, brüllte, die Hände zitterten ihm, sein Hals blähte sich vor Anstrengung, brüllte ein ungeheures »Nein!« in die Nacht, ergriff den Pater unter den Armen, und »Nein!« würgte er abermals heraus und hob den Priester hoch, stemmte ihn stöhnend empor, hielt den Entgeisterten über sich, und mit einem dritten »Nein!« schmetterte er ihn unter irrsinnigem Gebrüll durch das Fenster der Vernunft.

Vollstreckung

Als sich in der Frühe des nächsten Tages die ersten Galwayer vor dem Lynchhaus einfanden und das Philippsfenster zertrümmert fanden, war keiner, der dies nicht als Vorzeichen sah, als Alarm, als Zeichen jenes großen Unheils, das nun über alle in dieser Stadt hereinbrechen werde. Vor Lynchs Castle stand keiner, der sich bei diesem Anblick nicht bekreuzigt hätte, obwohl Bruder Kirwan seit langem geraten hatte, das Leidenskreuz zu schlagen, das sei nicht mehr nötig, auch davon könne man sich nun befreit fühlen, seit der Papst in Galway nichts mehr zu melden hätte.

Doch bei der heiligen Mutter Gottes, wer hatte in dieser Stadt am Atlantik nun überhaupt noch das Melden und das Sagen? Nicht nur dies ›Fenster der Vernunft‹ starrte hohl und lag zersplittert unterm Eingang der Lynchburg, mit Schaudern begann man nun auch endlich zu begreifen, was dieses zweideutige Steinbild bedeuten sollte, das der spanische Künstler zwischen Portal und Philippsfenster hatte befestigen lassen, nun war es klar, dieses bissige Große, das küßte das Kleine nicht, das fraß es.

Die Betroffenheit der wartenden Menge wuchs aber noch, als durchs Williamstor die alte Kate hereingeschlichen kam und gleich auf der Straße dem ersten, den sie traf, mitteilen mußte, daß gegen Morgen der Pater Ricardo bei ihr angeklopft und um Einlaß gefleht habe, blutend aus Dutzenden Wunden. Richter Lynch habe ihn, ja, den Priester Gonzales habe der durch das Philipps-Fenster geworfen. Gott sei's getrommelt, aus dem Haus auf die Straße gestürzt habe er den katholischen Geistlichen.

Sie, Kate, habe den noch bis eben jetzt mit Salben und Kräutern behandeln müssen und verbinden. Alsdann aber habe der sich geweigert, mit ihr in die Stadt zurückzukehren, die er endgültig für gottlos halte und nie wieder betreten werde. Ehe er den Weg nach Osten davongehumpelt sei, in Richtung Dublin oder zuerst mal zum Kloster Clonmacnoise, habe er die gesamte Gemeinde verflucht und ihr den tiefsten Niedergang prophezeit. Gottes Hand sei von Galway abgezogen.

Als das die wartenden Leute hörten, schienen sie sich zu ducken, da wagten sie nur noch verstohlen zu der Fensterhöhle hinaufzublicken und zu dem fürchterlichen Steinbild. Nachdem also heraus war, auf welche Weise ihr Stadtoberhaupt sein von ihm selbst so hochgeschätztes Fenster zerbrochen hatte, mit dem Leib des Pater Ricardo, da hörte man um so aufmerksamer die unguten Sprüche aus den Lederlippen der alten Kate. Dies, so murmelte die Kräuterfrau, sei der letzte Lynch, der in Galway regiere. Und heute, jetzt gleich, werde nicht Jeremiah Curtin, sondern ein Lynch diese grauenvolle Welt verlassen, bei Banchee, bei der Todesfee, am Irischen Platz.

So redete sie und wußte offenbar nichts vom geplanten Auflauf und vom Pöbel.

Zugrunde richten werde Lynch alles. So sei es auch heute wieder aus ihrem Mund zu verstehen gewesen. Das erzählte der Märchenmann O'Brian. Dem alten Blake wollte er das in die blauen Ohrenlöffel rufen, aber da der nicht gut hörte, verstand es auch Julia Blake, die es schleunigst Jessy Murray weitersagte. Der aber erklärte: Und wenn es noch so sehr aussehe, als würde Kate mal wieder recht behalten, diesmal möge er der alten Frau kaum glauben, denn wer eine so treffliche Tat wie Lynch vollbracht und diesen ekelhaften Pater aus dem Fenster geschmissen habe, der verdiene kein so böses Ende. Da nickte Julia und sagte es Clare O'Brian weiter und die sagte es Tobby und der berichtete alles seiner Helen, die es der Ann nicht verschweigen wollte und die wiederum –

Die meisten glaubten aber doch eher dem Kräuterweib als dem Steuermann Murray und der glubschäugigen Julia. Deren Groll auf den Don Ricardo immerhin konnten viele nachfühlen.

Inmitten des stolzen schönen Galway, in dem damals einige gehofft hatten, die Bürden jener Jahrhunderte, die man nachmals das ›Mittelalter‹ nannte, diese Alps und Buckel seien endlich abgeschüttelt, im Zentrum dieser wehrhaften Stadt, vor Lynchs Haus, auf der Hauptkreuzung, da sah man nun Gesichter über Gesichter, die unter dem grauen Morgenwind bedrückt schienen, kaum ausgeschlafene, ja kummervolle Gesichter waren das, die hinter Händen und Kopftüchern aufgeregt von Befehlen zu reden wußten, von verabredeten Zeichen. Auf Douglas O'Donnoghue habe man zu achten, hieß es, und wenn das erste nicht gelinge, müsse ein zweites folgen. Genaueres aber wußte keiner, alles Genauere sollte geheim bleiben. Einige Frauen beschwerten sich, daß Priester Kirwan noch nicht hier war, daß nicht wenigstens der den Leuten gewisseren Bescheid gebe, von den eigenen Männern seien keine klaren Nachrichten zu erhalten, ausgerechnet in dieser vertrackten Stunde wisse kaum eine, nicht mal Elisabeth Joyes oder Isobella O'Flaherty, etwas Unmißverständliches. Die den Aufstand machen sollten, wußten von nichts.

Doch, Isobella widersprach, sie wußte etwas, von Agatha O'Brian wußte sie, daß die etwas Unerhörtes geäußert hatte, die alte Mutter Blake selber soll es ihr anvertraut haben und die habe das direkt von ihrer Schwiegertochter Betty Blake und wenn die es sage, dann müsse das ja wohl stimmen: In der vergangenen Nacht hätten die beiden Gefangenen sich befreien können. Oder seien befreit worden, ja. Beide seien jedenfalls heraus aus dem Turm oder herausgewesen. Gewesen? Also wieder eingefangen? Nein, davon sei nichts gesagt worden, widersprach Roy Gallagher, er persönlich habe, und was er nun flüsterte, sprach sich in Windeseile durchs Spalier der Leute, er, Roy, habe noch heute früh den Jeremiah Curtin frei herumspringen sehen hinter O'Donnoghues Bierhaus. Also doch auf und davon? Beide Delinquenten? Pat und Jeremiah in Freiheit? Keine Hinrichtung? Alles nun doch wieder ganz anders?

Keine Hinrichtung. Diese Aussicht sprach sich nun ebenfalls herum und man sah schon doch auch eine gewisse Enttäuschung in manchen Gesichtern. Zumal in den Gesichtern derjenigen, die sich seit dem Frühesten einen günstigen Platz erstanden hatten, direkt gegenüber der Lynchburg oder bei Freunden in einem Fenster über der Hauptstraße zum Irischen Platz hin –

»Jawohl!« Tobby Keats, der Hausknecht bei den Joyes, der rollte jetzt frech sein gälisches Breitmaul in die Unterredung der Frauen, jawohl, sie würden es demnächst alle erleben, in jedem Fall. Nämlich was? Ha, daß die feinen englischen Ladies, die Damen Joyes und Blake und all diese anderen Halb-Edlen, daß die demnächst ebenfalls Netze zu säubern und zu flicken bekämen und Segel zu nähen und Fische zu trocknen und zu räuchern und zu verkaufen, spätestens dann würden auch diese Damen begreifen, daß Kate recht gehabt hätte mit ihrem ›zu spät‹ – »– und wenn Ihr edlen Kaufmanns-Damen dann immer noch Weintrauben wollt, dann müßt Ihr halt Stachelbeeren rasieren.«

Diese ungehobelte Dreinmischung ließ viele sehr ärgerlich werden und noch blasser, auch solche Frauen, die sich beinahe noch für ›Ureinwohnerinnen‹ dieser Region am Corrib hätten halten können. In Galway war es nun mal auch unter Irinnen seit langem beliebt, englischer zu scheinen, als es die ›vornehmen‹, als es die wirklich englischen Damen je waren.

Man fror auf der kühlen Straße und glaubte nun ohne jeden Zweifel an die Außergewöhnlichkeit dieser Morgenstunde. Früher hätte niemand, nicht einmal dieser Keats, ein so unverschämtes Mundwerk riskiert. Und was eigentlich bedeutete es nunmehr, daß drüben, beim Irischen Platz, nicht weit vom Schuhmacher-Turm, ein Reisewagen stand, offenbar fahrbereit, davor ein Rappe und ein Apfelschimmel, ein fahrtüchtiger Reisewagen, gehörten denn diese beiden Pferde nicht dem Pat Lynch? Oder der Agnes Joyes? Oder beiden?

Alles schien sich ins Ungewisse verflüchtigen zu wollen, der hart gepflasterte Straßenboden, der schien sich zu bewegen oder gar zu öffnen. Kinder begannen zu plärren, weil ihre Mütter ihnen nicht genügend Aufmerksamkeit schenkten. Alle richteten sie jetzt ihre Blicke die Straße hinunter, in die Richtung, aus der nun, von der Unterstadt her, aus der katholischen Iren-Gegend, dumpfer Trommelton zu hören war.

Ein einfacher, gleichbleibender Schlag drang vom Brückentor herauf, und im Stadttor dort unten wurde sie nun auch sichtbar, die gälische Stadtgarde. Lahm, in dumpfem Langsamschritt kamen sie heran, die achtzig Kriegsknechte mit ihren Lanzen und Spießen über den schwarzen Nasenhelmen, angeführt von Edward O'Flaherty, dem mißmutigen Sohn des rotgesichtigen listigen Flann. Dieser grimme Edward, obwohl er auch heute wieder seinen prächtigen Stab mit den Falkenfedern hoch hinaus stieß und schwenkte, der schien all seinen Zorn in diesen Auftritt hineinzulegen. Und seinen Groll, den wollten die meisten nun doch auch nicht mehr belächeln, sondern anerkennen, in der Tat, wie war das denn auch zu ertragen von einem so großen und starken Mann, daß die fünf Kinder dieses stattlichen Befehlshabers vom eigenen rosafarbenen Vater gezeugt worden waren, nein, dieses energische, dieses furchteinflößende Soldatengesicht, das verlangte Respekt, zumal an diesem denkwürdigen Tag dieser prunkvolle Edward seine Verfinsterung nicht nur seiner persönlichen Unbill zu verdanken schien, sondern heute, an diesem Vormittag, da verkörperte der sichtbar all jene Verhängnisse und Schatten, die von der Verwahrlosung der Galwayer Sitten und von der Frechheit der Lynch-Politik über die Stadt gefallen waren. Diesen Stadthauptmann, den hatten sie noch in der letzten Nacht konkret bedrängt in der Gestalt der Betty Blake.

Wer diesen Riesen ansah und nun ihm und der Garde Platz zu machen hatte und nach rechts und links auswich, der spürte, daß dieser Tag wohl ein Tag des Haudegens Edward O'Flaherty werden würde. Und man begriff nun auch, weshalb Leute wie der Sprüche-George oder wie Priester Kirwan sich vor diesem Finsterling nicht zu zeigen wagten.

Edwards wilde Mannen schritten also dumpf vorüber. In jedem der achtzig Gesichter wiederholte sich auf vielfältig düstere Weise das Edward-Gesicht. Die große Erbitterung, Züge von Wichtigkeit und Entschlußkraft. Vorm Lynchhaus, an der Hofeinfahrt, da scherten der Hauptmann und der Trommler seitlich aus und stellten sich diese beiden Imposantesten, die Gesichter zur Straße gewendet, in die Einfahrt und ließen die grimme Horde an sich vorübergehen. Als ungefähr die Hälfte vorbeigeschritten war, stieß Herr Edward mit dem Falkenfederstab ein verwegenes Zeichen in die Luft und brüllte ein gälisches Machtwort. Darauf blieb der Haufen stehen, die eine Hälfte noch vor, die andere schon hinterm Eingang zum Kastell des Richters.

Zu Edward und seinem Trommler gesellten sich nun zwei Unteroffiziere, und alle vier Führer verschwanden im Schatten der Hofeinfahrt. Die Galwayer drängten von der anderen Straßenhälfte, auf der keine Stadtgarde stand, näher heran, gingen aufeinander zu und bildeten nach dem Verstummen der Trommelhiebe abermals Gesprächsgruppen, in denen sie sich ihre neuerlichen Beobachtungen zuflüsterten, vor allem solche über die Außerordentlichkeit von Edwards Grimm. Hörten sich aber auch gegenseitig neue und genauere Überlegungen ab über das zerstörte Spanienfenster und über den verwundeten und geflohenen Priester Gonzales, Überlegungen, worauf man denn nun aus all dem zu schließen hätte – auf unerbittliche Vollstreckung der beiden Urteile? Unterm Schutz dieser martialischen Garde? Oder aber auf geheimen irisch-katholischen Aufstand? Auf pöbelhafte Pläne also hinter Edwards umwölkter Stirn?

Man kam überein, daß alles möglich sei. Und schwieg nun. Sah hinauf zum zerbrochenen Philippsfenster, hinter dem vielleicht eben jetzt die Entscheidungen fielen. Diese kleine böse Skulptur gleich darunter, dieses gefräßig verschlingende Vater-Sohn-Bild, das verhieß nichts Liebevolles mehr, nur noch Schauerliches.

Man sah höher hinauf zum Himmel, dessen hohe Morgennebel nun aufrissen, wo am blauen Firmament jetzt grauweiße Wolken nach Osten flogen, hinter dem Priester flogen die her, dem klügsten wohl, der je einem Lynch entgegengearbeitet hatte. Der nun Stadt und Bürger verflucht hatte.

Unterm Wechsel von Wolken und Sonne, im Vorüberhuschen von Schatten und Licht über die nässeglänzenden Steinwände hätte man fast übersehen, daß inzwischen auch George und Betty unter den Leuten standen. Tobby Keats wollte beobachtet haben, die beiden wären aus der Kutsche gestiegen, unten beim Schuhmacher-Turm. Ja, nunmehr stand da auch Douglas O'Donnoghue, von dem doch die meisten Botschaften ausgegangen sein sollten heute nacht. Aber auch Coolridge war nun da, der Erbauer des Gerüsts, auch Mike Pitt und O'Connell, sein Freund, und, roten Gesichts, aber die flinken Lippen zum Schweigen aufeinandergepreßt, Edwards Vater, der Flann O'Flaherty.

Und während man jeden von ihnen zu befragen begann, was denn dran sei, ob die Verurteilten in Wahrheit nicht längst davon seien oder was denn jetzt geschehen werde, entging den meisten, daß auch Priester Kirwan gekommen war, in dunkler langer Kutte war der aus der Menge heraus sofort im Eingang zum Lynchhaus untergetaucht –

– war es also nicht Edward, sondern der protestantische Priester, der dem Lynch den städtischen Widerstand zu melden hatte, den Aufruhr oder die Bedingungen des ›Pöbels‹? Oder ging Kirwan nur, um seines geistlichen Amtes zu walten, um Trost zu spenden in der unglücklichen, in der untröstlichen Familie der Lynchs – abermals kam man überein, daß alles möglich sei.

Mit Seufzern und langen Atemzügen blickten Frauen und Männer an dem stolzen Haus hinauf, zum zerbrochenen Prachtfenster, zum finsteren Drohbild und dann wieder hinüber zu Betty und George. Die sahen bekümmert aus, ja, verzweifelt. Betty stand ohne Piepsie da, kein gutes Zeichen, stand da, ohne etwas zu reden, ein noch weniger gutes Zeichen. Sogar George brachte kein Wort hervor.

O'Donnoghue und Flann dagegen, die hatten sich neben die Einfahrt zum Hof der Lynchburg gestellt, wie es schien, mit wachen, mit frechen Augen, die beiden schienen Pläne im Kopf zu haben. Die Ruhe hier vor Lynchs Richterburg, die Ruhe über all diesen Köpfen, die spannte sich um die Brustkörbe, die umklammerte das Atmen und bohrte sich tief hinab bis in die Magengruben. Da half es wenig, daß sich inzwischen bei fast allen auch das herumgesprochen hatte, was von Mary Lynch gesagt worden war in der letzten Nacht, jene leise Bemerkung, wonach ihres

Mannes Todesurteil zwar richtig war, wichtig für Galways Glück, daß aber anderes denkbar sei, was noch richtiger wäre, noch wichtiger. Eben jetzt beugte sich George seiner Schwägerin zu, nah an ihr Ohr heran und raunte, er halte dieses Warten hier draußen nicht länger aus, er gehe nun ebenfalls in die Lynchburg. Betty reagierte nicht, sah verwüstet aus, entstellt, düster, wie sie bislang nie ausgesehen hatte. Eine halbe Nacht lang hatte sie versucht, vergebens versucht, den Hauptmann der Stadtgarde von dem zu überzeugen, was seine wahre Aufgabe sei.

Priester Kirwan, in sein langes Begräbnisgewand gehüllt, hatte die Halle betreten und im ersten Augenblick glauben wollen, sie sei leer, wollte schon wieder hinausgehen, hinüber in den Hof, da bemerkte er, daß in der Dunkelheit Walter und Mary standen. Neben ihnen Edward und der Trommler, aber auch der junge Ronn und Roy Gallagher. Die standen an den Enden eines weißen Sarges. Das alles hatte Kirwan zunächst, geblendet noch vom Sonnenlicht auf der Straße, nicht erkennen können. Neben der Tür zum Hof stand Frederic Fitzpatrick. Ebenfalls in einer dunklen bodenlangen Kutte, in der Henkerkutte. Wie ein Märtyrer stand er da, das Gesicht geneigt und schmerzlich verzerrt.

Man hatte offenbar nur noch auf ihn, Kirwan, gewartet, denn nun, als auch George die Halle betrat, ging Richter Lynch auf die Tür zu, die zum Hof führte, Fitzpatrick folgte ihm, folgte in seinem humpelnden lahmen Gang, die vier Gardisten schritten hinterher.

Kirwan schloß sich an, auf den hellen Hof hinaus. Nur Mary und George blieben in der Halle zurück, neben dem offenen weißen Sarg.

Noch in der Mitte des Hofs stieß dann der Henker und Sänger seinen wohlvorbereiteten Schrei aus.

Lynch hielt nach diesem Schreckenschrei an, drehte sich zu Frederic um. Die Nachfolgenden drängten sich um den Sänger und Henker, das alles sahen Mary und George aus der dunklen Halle heraus, sahen den Frederic, wie der sich mit entsetzter Miene seinen Schlüsselgurt vom Leib zog und ihn hochhob, so daß alle ihn sehen konnten.

»Die Schlüssel! Gestohlen!« heulte er auf und hielt die vielen Schlüssel immer noch über seinen leidenden Kopf. Stand da, zitternd in Händen und Gesicht, und hielt die Eisenstücke hoch. »Heute nacht – zwei fehlen – fürs Verlies – für die Ketten –«

Da ging Walter Lynch rasch weiter vor, eilte voraus zum Turmhaus, schleppend und eilig zugleich ging er, Fitzpatrick schwankend hinterher.

Im Vorraum zum Kerker war dann der Richter stehengeblieben, hielt an, wie erstarrt, vor der Kerkertür. Die stand offen. Frederic schlich an Lynch vorbei, schlurfte um ihn herum, ergriff die schwere Tür, schob sie ganz auf und –

– und dann stieß Frederic Fitzpatrick an diesem Vormittag seinen zweiten Schrei aus. Diesmal einen unvorbereiteten. Denn was er nun sah, das hätte er kaum erwarten, höchstens befürchten können. Das schickte diesem alten treuen Mann Winterschauer über den Leib. In der Mitte des hohen Kerkerraums stand Patrick Lynch. Stand da, mit hängenden Armen, unbewegt. Auf die grauen Wandsteine starrend.

In der Halle hatte die Mutter beide Schreie gehört. Hatte sich in den großen schwarzen Richterstuhl begeben. Blieb beim ersten der beiden Schreie ruhig auf ihrem Sitz. Wollte aber beim zweiten sich erheben. Wankte. George sah das, kam rasch und stützte sie.

»George?«

»Ja, ich bin's.«

Sie setzte sich wieder, er half ihr. – »Hast Du das gehört?«

»Fitzpatrick war das.«

»Jaja, aber warum! Warum dieses zweite Mal!«

»Ich geh, ich sag's Dir.«

George ging in den Hof, erfuhr dort alles, und als er wieder in die Halle kam, bewegte Mary sich in dem großen schwarzen Lehnstuhl sehr unruhig. »George? Also?«

»O Mary.«

»Sag es.«

»Die Schlüssel zu den Ketten, zum Kerker, die sind weg.«

»Jaja. Aber dann. Der zweite Schrei. Der war ein richtiger, ein fürchterlicher.«

»Der Turm stand offen.«

Sie wollte aufstehen, zitternd. »Also dann – dann ist er doch weg! Oder? George, sag es! Ist Pat etwa nicht weg?«

Schluckte. Hatte seine Hände schon ausgestreckt, die Mutter des Pat aufzufangen. »Zur Hölle – Jeremiah ist weg.«

»Und er?«

»Er nicht« – und war schon bei ihren Armen, stützte sie, die Wankende, ließ die Klagende, die Zitternde zurücksinken in den schwarzen spanischen Stuhl.

»Mein Verrückter – mein Pat – aber nun hör mal, o George – nicht wahr – Frederic wird es nicht tun – das kann er doch gar nicht. Hörst Du, George? Ist es nicht so? Sag es. Du kennst ihn von uns allen am besten –«

»Niemals wird er das tun. Unmöglich. Frederic kann das nicht. Wird doch nicht seinen Pat – unseren Jungen –«

Draußen, hinterm Osttor der Stadt Galway, lag der ›Irische Platz‹, dem irischen Binnenland zu gelegen, ein weites Quadrat, von niedrigen Mauern und von Viehgattern umgeben, auf das sonst die Bauern aus dem Connought Rinder, Schafe und Schweine trieben, wo sie Markt hielten. An diesem Tag jedoch, unterm wechselnd hellen Vormittagslicht, stand in der oberen Hälfte des großen Quadrats das Gerüst aus hellem frischen Fichtenholz. Eine Treppe führte hinauf. In den Gerüstboden hatte Coolridge eine Klappe gebaut, die von einem Holzpflock gehalten wurde. Man brauchte den Pflock nur mit dem Fuß wegzutreten, damit die Klappe sich nach unten auftat und der, welcher auf ihr gestanden hatte, frei über dem Erdboden schwebend in den Halsstrick fallen konnte.

Vom Querbalken hing bereits ein Seil herab mit einer Schlinge. Hing, leicht vom Morgenwind bewegt. Während rings ums Gerüst und über die Weite des ganzen Platzes aufgeregte Kinder liefen und riefen, standen viele Ältere seit langem bereit, von Beginn an genau zu sehen, wie denn nun und an wem hier Urteile vollstreckt würden. Und ob überhaupt.

Bisher schien alles noch exakt nach den Bestimmungen des Gerichts abzulaufen. Hinter der Stadtmauer tönte jetzt wieder der Schlag des Trommlers. Aus dem Osttor gingen, eilten, stolperten immer mehr Menschen, katholische wie englische kamen heraus und bildeten sofort Spalier und beugten die Köpfe vor, um in die Stadt zurückzuschauen, vorneweg aber ihn zu erblicken, den finsteren Edward, der seinen Federstab in die Höhe stieß von Schritt zu Schritt, während hinter ihm der Trommler seinen Trommelstock niederstieß, von Schritt zu Schritt.

Ihnen folgten die Spießgesellen, die erste Hälfte jedenfalls des gälischen Haufens, aus dem dunklen Torbogen traten sie heraus unterm Hellebardenwald, die Waffenspitzen blitzten gegen die Morgensonne und wanderten, Schrecken verheißend, auf den Irischen Platz hinaus. Der Trommler, den Blick dumpf versunken in seinen eintönigen Schlag, schien nichts als Finsternis zu verkünden, Unheil, Ende, aus, aus.

Hinter den Soldaten trugen, in schwarzen wehenden Umhängen, Jessy und Roy vorn, zwei andere Knechte hinten, den weißen offenen Sarg. Jessy wie Roy, aber auch die beiden hinteren, ebenfalls Knechte im Lynchhaus, diese vier Träger waren kaum zu erkennen in den langen spanischen Mänteln.

Und wer etwa noch zu fragen beginnen wollte, wen sie da trugen, dem antwortete auf der Bahre die spanische Fahne, die nur zwei Tage zuvor unten am Hafenplatz zum Empfang geleuchtet hatte in Hitze und in Licht, unterm fröhlichen Geschrei all derer, die nun mit erstarrten Mienen betrachteten, was aus all dem hochfahrenden Jubel geworden war.

Hinter dem Sarg trat Walter Lynch aus dem Stadttor, in der schwarzroten Robe des obersten Richters, bleich und von seinen Bürgern mit Schrecken kaum mehr erkannt. Gleich nach ihm, kaum zwei Schritte später, erschien sein Sohn, links und rechts neben sich einen bewaffneten Gardisten. Aber ohne Fesseln ging er. Und frei hingen ihm die Arme herab. Im erdfarbenen Kittel ging er auch jetzt. Auch jetzt der Hals frei, ohne Kragen.

Und wo blieb Jeremiah? Was war nun mit der nächtlichen Befreiung gewesen? Ein Gerücht nur? Nur den Jeremiah hatten sie herausgeholt und nicht auch diesen hier? War das denn denkbar, daß dieser hier, der mit dem dicken gelben Schopf, daß der, wie es nun hieß, aus freien Stücken im Kerker geblieben und freiwillig den Gang zum Galgen angetreten hatte? Daß der in dieser letzten Nacht – freiwillig – zurückgekehrt war in die Todeszelle?

Das war nicht denkbar. Aber es war so.

Wenig später, als im ›Galgen-Galway‹ der bittere, der schwarze, der Gallenweg bis an sein Ende durchschritten worden war, bis an das endgültige unter allen Enden, da wußte das jeder, daß es so gewesen war. Und wer es nicht glauben wollte, der konnte es sich, als alles vorbei war, von Kirwan oder von Betty bestätigen lassen. Wogegen den untröstlichen Frederic dann niemand mehr anzusprechen wagte.

Der leidende Kerkermeister, der folgte jetzt dem Pat und seinen Bewachern. Frederic ging unterm dunkelbraunen Kuttenrock seinen schwankenden Gang, Kopf und Gesicht nun unter der Kapuze verborgen. Vielen, die diese Gestalt sahen, sank alle Hoffnung. Denn diese von Spießen bewehrte Folge von Sarg, Richter, Täter und Henker, die redete eine Sprache, die jeder verstand.

Da war den meisten die Luft im Hals eingewürgt.

An den verschiedensten Stellen der beiden langen Zuschauerreihen hörte man immer öfter Atemstöße, die schmerzhaft gepreßt schienen. Nicht nur von Frauen hörte man die, auch von Männern.

Hinterm Sänger und Henker Fitzpatrick ging dann der Priester. Was wollte der noch ausrichten? Hilfe wäre höchstens von diesen Stadtgardisten zu erwarten, die mit ihrer zweiten Kolonne den Schluß machten im Zug. Aber diese Kerle, die trotteten so puppenhaft hinterdrein, so gut dressiert oder verzaubert, streng und korrekt wie Räderwerke, daß es schwerfiel, sich vorzustellen, daß von diesen verdrossenen Kerlen je ein Funke überspringen könnte, um einen Aufruhr zu entflammen.

Doch war denn nicht, so fragten sich kluge Frauen wie Elisabeth und Isobella, war denn nicht in den letzten drei Tagen schon so manches geschehen, was keiner sich je hätte vorstellen können? Hatten sie nicht allesamt an einem meilenlangen Strick riesige Schiffe in ein und derselben Richtung gezogen? In dieser Stadt, das hatten diese letzten Tage doch jedem erwiesen, war alles möglich. Auch das Undenkbare. »Nicht mal sein Schwanz rührte sich«, lispelte Betty.

Elisabeth Joyes sah gegenüber, in der Menschenreihe auf der anderen Straßenseite, ihre Tochter Betty stehen, böse verquollen das sonst so glatte und fröhliche Gesicht. Von ihrer witzigen Streitlust schien nur noch der helle Jammer übriggeblieben, Zorn über die Vergeblichkeit ihres Ansturms diese ganze Nacht hindurch, ja, dieser gewaltige Edward, der war, das hatte sie begreifen müssen, der war wirklich das, als was ihn sein Vater so oft und gern bezeichnet hatte, der Fürchterliche war eine ›hohle Nuß‹.

Edward, mit der Spitze des Zuges nun beim Holzgerüst angekommen, stellte sich neben die Treppe. Der Trommler stellte sich auf die andere Seite der Treppe. Die übrigen Soldaten traten zum Schlag der Trommel um das quadratische Gerüst herum und nahmen, in geringen Abständen voneinander, Aufstellung. So daß sie am Ende, den Rücken gegen das Hochgericht gekehrt, den Galwayer Galgen ganz umringt hatten. So daß sie nunmehr die Menge, die von allen Seiten näher trat, mit ihren störrisch einfältigen Gesichtern anstarren konnten.

All das lief offenbar immer noch so ab, wie Richter Lynch es angeordnet hatte. Der Trommler bei der Treppe schlug unerbittlich den gleichen Schlag, immerzu. Nichts sonst war zu hören auf dem weiten Irischen Platz. Ein Schniefen hier und da oder ein zerdrückter Ton, aus einer Kehle, die zu eng geworden war.

Jessy und Roy und die zwei anderen, die trugen nun, begleitet von Priester Kirwan, den Sarg die Stufen hinauf. Oben setzten sie das letzte Gehäuse des schönen Spaniers nieder, dort war es für alle weithin sichtbar. Auch die spanische Flagge.

Die Sargträger gingen wieder über die Treppe nach unten. An ihre Stelle traten zwei Gardisten die Stufen hinauf, die beiden Unteroffiziere, die blieben nun oben an den äußeren Geländern des Gerüsts stehen, je einer an jeder Seite, die blinkenden Lanzen hatten sie neben sich auf den Boden gestellt und hielten die von nun an mit ausgestreckten Armen und mit unnachgiebigen Gesichtern.

Dann ging, langsam, Walter Lynch die Stufen hinauf. Gleich hinter ihm, kaum zwei Schritte nach ihm, sein Sohn. Als hätte der sich in Lynchs Schatten zu ducken. Auch oben ging er seinem Vater unmittelbar nach. Ging mit ihm bis unter den Galgen. Dort blieben beide stehen, und der Vater drehte sich um und der Sohn gleichfalls. Da standen sie nun, der eine und der andere Lynch.

Pat hatte den Kopf gesenkt, sah vor sich hin, auf den Boden, mit hängenden Schultern. Walter Lynch dagegen blickte zur Treppe, dem Henker entgegen.

Frederic hatte so lange gewartet, bis die Lynchs standen. Nun setzte sich auch der Mann in der Kapuzenkutte in Bewegung, stakste unsicher zur Treppe, wollte hinaufsteigen –

– im selben Augenblick aber eilte George Blake aus der Menge nach vorn, zum Henker sprang er, bis an die Treppe und ergriff Frederics Kapuze. Zog sie ihm vom Gesicht, so daß Fitzpatricks schiefer alter Kopf mit dem weißen wirren Haar sichtbar wurde und in der Sonne leuchtete.

Braumeister O'Donnoghue hatte an diesen beiden vorbei die Treppe hinaufstürmen wollen. Ihm versperrten nach einem Kommando des Hauptmanns Edward zwei Lanzenträger von beiden Seiten den Aufgang, versperrten die Treppe mit ihren vorgehaltenen Waffen.

O'Donnoghue drehte sich um und rief: »Bürger von Galway! Es ist genug Unglück über unsere Stadt gekommen!«

Und vor ihm, der George Blake, Frederics Kapuze festhaltend, rief: »Jawohl! Vermeiden wir jetzt das allerschlimmste! Hindern wir diesen ehrenwerten Frederic Fitzpatrick daran, einen Unglücklichen umzubringen, Unglück mit Unglück zu beantworten!«

Nun trat auch John Joyes nach vorn, richtete aber sein Wort nicht an die Menge, sondern rief so laut, daß es auch die Menge hören konnte, zum Richter

Lynch hinauf: »Walter! Gib Pat frei! Tu es freiwillig! Sieh Dich um! Wir alle, alle Galwayer Bürger, sofern sie noch einen Funken Verstand haben, wünschen Deinem Pat die Freiheit! Lynch! Füge Dich dem Willen Deiner Bürger! Sonst, Walter, sonst müßtest Du Dich einer blutigen Gewalt fügen! Verhindere, daß wir Dich und Deine stupiden Soldaten auf eine fürchterliche Weise zwingen müssen!«

Von oben, vom alten wie vom jungen Lynch, kam keine Antwort. Nicht einmal eine Bewegung war zu erkennen.

»Nun holt Pat doch herunter!« Das war Bettys Stimme.

Stille.

Niemand sprang jetzt mehr vor und redete. Alle blickten zu Lynch hinauf. Nun auch die Stadtsoldaten.

Auch unten an der Ecke, beim Schuhmacher-Turm, vom fahrbereiten Wagen herunter schaute Agnes Joyes entgeistert zurück und wäre in diesem Augenblick gewiß losgefahren mit dem Gefährt, in dessen doppeltem Boden, in Decken gehüllt, etwas lag, was mehr wert war als eine Burg, hätte sich nicht in dieser jungen Frau dort, wo Angst und Lust und Hoffen und Schrecken zu Hause sind, alles dermaßen zusammengekrampft, daß auch sie zu keiner Bewegung in der Lage war.

»Warum holt ihn denn niemand!« Betty war außer sich.

Da sprang doch noch einer vor, von hinten durch die Menge nach vorn rannte der bis an die Treppe, bis vor die scharfen Lanzen lief er und rief schon beim Heranstürmen: »Legt ihm das Handwerk! Legt ihm doch endlich das Handwerk! Diesem selbstherrlichen gottlosen Patron!« Und alle erkannten Jeremiah Curtin, den Seiler, den anderen, der heute hätte hängen sollen. Der sprang bis vors Holzgerüst und schrie hinauf: »Du größenwahnsinniger Idiot! Jetzt ist es aus! Endlich ist Schluß mit Deinem höllischen Irrsinn, mit dem Du über Leichen gehst! Ja sieh doch her, häng mich doch auf, wenn Du kannst – Du kannst es nicht mehr! Nie mehr! Aus ist es! Aus!«

Da zog ein Schatten über den Platz. Und Walter Lynch hob die Arme, umarmte seinen Sohn, küßte ihn. Dann aber, aus der Umarmung heraus, hob er die Hände und ergriff die im Wind baumelnde Seilschlinge. Und legte die Schlinge seinem Pat um den Hals.

»Nein!« Betty schlug sich die Fäuste auf die Augen und fiel um –

»Lynch!« brüllte John Joyes, und war nicht in der Lage, sich zu bewegen, lehnte sich, halb ohnmächtig, gegen seine Frau –

– auch ihre Tochter Agnes wäre jetzt umgefallen, hätte nicht in eben diesem Moment George Blake sich mit dem Wort »Wahnsinn!« neben sie auf den Reisewagen geschwungen, von wo aus beide, im Blick zurück, sahen, wie Lynch die Schlinge zugezogen hat –

Und dieser Walter Lynch blickte nun mit einem Gesicht, das die Galwayer gesehen haben, das sie nie mehr vergaßen und das sie nie beschreiben wollten, blickte mit diesem zerstörten Gesicht auf die Menge hinab. Und legte, für alle sichtbar, seine Hand dorthin, wo sein Herz zersprang, wendete sich wieder zurück zu seinem Sohn. Und stieß mit dem Fuß den Pflock weg. Die Tür klappte hinunter. Pat fiel in die Schlinge und hing. Mit gebrochenem Genick.

Nachbericht

Mary Lynch, so wird überliefert, als sie hörte, was auf dem Galgenplatz geschehen war, überlebte es nicht.

Ihr Mann wurde nie wieder in der Öffentlichkeit gesehen. Es heißt, er sei wahnsinnig geworden.

Agnes und George setzten sich ab, mit dem Reisewagen über die Joyce-Berge, bis nach Dublin. Von dort später nach London. – Galways Handel mit Spanien verfiel. Schon unter Elisabeth von England, endgültig unter Cromwell. Unter strenger neuer Aufsicht wurde der Ort wieder zum irisch katholischen Fischereihafen. Keine Konkurrenz mehr für London.

James Joyce berichtete 1912: »Die alten spanischen Häuser zerfallen zu Ruinen. Die Burgen der ›Tribes‹ sind zerstört. Unkraut wächst in den Fenstern und Innenhöfen. Über den Torbögen verblassen die Adelswappen, die kapitolinische Wölfin …«

Der graue Kastellturm der Lynchs steht noch heute. Nach wie vor im Zentrum der Stadt. Über dem wieder sehr vitalen und fröhlichen Leben der Galwayer Hauptgeschäftsstraße ist es nach wie vor zu sehen, dieses steinerne Bild vom Kleinen, das vom Großen geküßt wird. Oder gefressen.

Derzeit residiert dahinter, in ›Lynch's Castle‹, mit den wachsenden Erträgen eines neuen Goldenen Zeitalters, die ›Vereinigte Bank von Irland‹.

Die Personen

In der Stadt Galway regierten 1550 14 »Tribes« (Großfamilien), die als Kolonisatoren in den Westen Irlands gekommen waren, meistens englischer Herkunft, u. a.: Lynch, Browne, Joyes (Joyce), Blake, Kirwan, Skerrett:

Walter Lynch, 62, Lord Mayor, Richter, Kaufmann
Mary Lynch, 41, geb. Blake, Walters Frau
Pat Lynch, 18, ihr Sohn, verlobt mit Agnes Joyes
John Joyes, 54, Kaufmann, Stadtrat
Elisabeth Joyes, 49, geb. Skerrett, Johns Frau
Agnes Joyes, 18, ihre Tochter, verlobt mit Pat
Betty Blake, 33, Agnes' Schwester, Daniels Frau
George Blake, 33, Bruder des Daniel Blake
Daniel Blake, 39, Oberhaupt der Blake-Sippe
Julia Blake, 17, Schwester von George u. Daniel
Mutter Blake, 59 } Eltern der obigen
Vater Blake, 71 }
Kirwan, 52, Stadtpriester (anglikanisch)
Ronald Skerrett, 65, Kaufmann, Stadtrat

Gäste aus Spanien:

Juan Gonzales, 18
Ricardo Gonzales, 37, Juans Vetter, katholischer Pater

Gäste aus dem Hinterland
(Grafen, ›Landlords‹, Raubritter):

Graf Cluricaun von Killmanroy, 57
Theodora, Gräfin von Killmanroy, 41
Graf Cork auf Larminie, 55
Esther, Gräfin auf Larminie, 36

Handwerker, Mittelstand:

Frederic Fitzpatrick, 74, Schreiber, Sänger, Kerkermeister, Henker, Hausfaktotum in Lynch's Castle
Marc Coolridge, 39, Schiffszimmermann
Douglas O'Donnoghue, 39, Bierbrauer
Dorothy, seine Frau, 32
Jeremiah Curtin, 43, Seiler
Martha, 16, seine Tochter
Jessy Murray, 24, Lynchs Steuermann
Edward O'Flaherty, 29, Hauptmann der Stadtgarde
Isobella, seine Frau, 27

Fischer aus »Irish Town«, der Unterstadt, dem Claddagh:

William O'Brian, 67, Märchenerzähler
Clare, 18, } O'Brians Kinder
Samuel + David, 16 } O'Brians Kinder
Patrick MacBride, 52
Roy Gallagher, 22
Ronn O'Connel, 32
Flann O'Flaherty, 51, Edwards Vater
Tobby Keats, 19, Knecht bei den Joyes
Mike Pitt, 31
Kate, 65, Kräuterfrau

Der Roman LYNCH basiert auf einer historischen Begebenheit, die in drei Versionen mitgeteilt wird auf den Seiten 70 bis 73 des 1820 in Dublin erschienenen Buchs »The History of the Town and the County of the Town of Galway from the Earliest Period to the Present Time by James Hardiman, Member of the Royal Irish Academy«. In einer vierten Variante erschien sie 1912 in Triest in einem Zeitungsartikel von James Joyce: »La Città delle Tribù«. 1976 publizierte der Diogenes-Verlag Jürgen Lodemanns Roman »Lynch und Das Glück im Mittelalter«, diese Erstausgabe ist nicht mehr lieferbar, als Taschenbuch gibt es sie noch in der Edition Isele in Eggingen. Aufgrund vielfältiger Recherchen und weiterer Funde in Galway entstand nach zwanzig Jahren für die Büchergilde Gutenberg die hier vorliegende präzisierte und erweiterte Neuausgabe.

Erweiterte Neuausgabe 1996

Typographie und Herstellung Susanne Köhler, Mannheim
Schrift Aldus-Buchschrift
Satz Dörlemann Satz, Lemförde
Papier Alsterwerkdruck
Umschlaggestaltung Tiina Hurme, Hamburg
Druck und Bindung Franz Spiegel Buch GmbH, Ulm
Printed in Germany. ISBN 3 7632 4550 2

Originalausgabe
Nur bei der Büchergilde Gutenberg

Jürgen Lodemann: Der Mord

Das wahre Volksbuch von den Deutschen

Ostern im Jahr 486: Bei einem Verlies des Klosters Lorsch bei Worms wartet der 23jährige Giselher auf die Vollstreckung des Todesurteils, das sein eigener Bruder, der Burgunderkönig Gunther, ausgesprochen hat. Giselher weiß, daß es Hagen war, der den Xantener Königssohn ermordet hat, er kennt auch Hagens Beweggründe. Der wahre Sachverhalt soll im Dunkeln bleiben, deshalb muß Giselher hingerichtet werden. Der Todeskandidat nutzt die verbleibenden 40 Tage bis Pfingsten, um die dramatischen Ereignisse auf Pergamenten zu notieren und hat dabei die Unterstützung eines Mönchs, der die beschrifteten Kalbshäute aus dem Klosterkerker herausschmuggelt. Doch Retter der Aufzeichnung ist Kilian, der Kelte, und es vergehen noch Jahrhunderte, bis die Wahrheit ans Licht kommt.

Jürgen Lodemanns »Volksbuch von den Deutschen« erzählt die Geschichte von der Ermordung des Nibelungen neu. Völkerwanderungen, Gewalt, Gier, Klugheit, Witz und ein am Ende dramatisches Geschehen am Rhein sind die Kulisse für eine Handlung, in der Perspektivwechsel und vieldeutiges Spiel mit Begriffsebenen die Nibelungengeschichte in einem neuen Licht erscheinen lassen.

Mit Illustrationen von Erhard Göttlicher,
Leinen mit Schutzumschlag, 560 Seiten

Über den Autor

Jürgen Lodemann, geboren 1936 in Essen, Studium der Germanistik und Geographie (Staatsexamen und Promotion), Fernsehredakteur, Initiator der Bücher-»Bestenliste«, zahlreiche Romane (u. a. »Anita Drögemöller«, »Der Solljunge«, »Essen Viehofer Platz«), Reisebücher, Dokumentarfilme (u. a. »Die Bagdadbahn«, »Erdbebenland Kalifornien«, »Desert Wind«, »Samonthrake«, »Bornholm«, »Eroica Place Kléber«, »Galway«).

Über den Illustrator

Erhard Göttlicher, 1946 in Graz geboren, Studium in Wiesbaden, Kopenhagen, Bielefeld und Hamburg. Seit 1971 über 120 Einzelausstellungen. Zahlreiche Auszeichnungen, Preise und Stipendien. 1980 Ernennung zum Professor an der Fachhochschule Hamburg, Akt und figürliches Zeichnen. Seit 1987 Leiter der Internationalen Akademie für Gestaltung »Pentiment«, Hamburg.

»Erhard Göttlicher, ein wahrhaft begnadeter Zeichner, hat sich in dreißig überwiegend mehrfarbigen stark biographisch-markanten Illustrationen mit dieser von Jürgen Lodemann neu erzählten Nibelungen-Geschichte künstlerisch sehr engagiert auseinandergesetzt. Es kam ihm bei der Geschichte von Siegfrieds Ermordung auf die Personen und auf die Stimmungen an, die er sehr treffend mit düsteren Farben wiedergegeben hat.«

Uetersener Nachrichten